财政干部岗位培训阶梯教程
CaiZheng GanBu GangWei PeiXun JieTi JiaoCheng

能力提升
NENGLI TISHENG

（管理卷）

财政部干部教育中心 组编

经济科学出版社
Economic Science Press

图书在版编目（CIP）数据

能力提升．管理卷／财政部干部教育中心组编．—2版．—北京：经济科学出版社，2009.4
财政干部岗位培训阶梯教程
ISBN 978-7-5058-7979-9

Ⅰ．能… Ⅱ．财… Ⅲ．财政管理-中国-干部教育-教材 Ⅳ．F812.2

中国版本图书馆CIP数据核字（2009）第025831号

责任编辑：凌　敏
责任校对：徐领弟
版式设计：代小卫
技术编辑：李长建

能力提升（管理卷）
第二版
财政部干部教育中心　组编
经济科学出版社出版、发行　新华书店经销
社址：北京市海淀区阜成路甲28号　邮编：100142
教材编辑中心电话：88191354　发行部电话：88191540
网址：www.esp.com.cn
电子邮件：espbj3@esp.com.cn
北京密兴印刷厂印装
787×1092　16开　20印张　350000字
2009年4月第2版　2009年4月第1次印刷
ISBN 978-7-5058-7979-9　定价：42.00元
（图书出现印装问题，本社负责调换）
（版权所有　翻印必究）

财政干部岗位培训阶梯教程编写委员会

主 任 委 员：王 军　刘红薇
副主任委员：王建国　欧文汉
委　　　员：（以姓氏笔画为序）
　　　　　　王建华　孔和平　刘祝余　李　赤
　　　　　　余蔚平　张秉国　郑晓松　胡静林
　　　　　　贾荣鄂　郭宝正　郭兆旭　戴柏华

第二版序言

以科学发展观为统领
提升财政干部能力

在举国上下纪念改革开放三十周年之际，由财政部干部教育中心组织编写的《财政干部岗位培训阶梯教程——能力提升》第二版与广大读者见面了。我认为这是值得庆贺的一件好事喜事。

2006年，为适应财政部开展的岗位培训工作需要，干部教育中心组织编写了《能力提升》第一版。《能力提升》第一版的出版发行不但满足了培训工作的需要，也得到了系统内外的广泛关注和一致好评。2009年我们在广泛吸收有关方面意见的基础上，经过周密组织、精心修订，推出了《能力提升》第二版。

《能力提升》第二版编纂的指导思想就是深入学习贯彻科学发展观，切实做到让科学发展观"入教材"、"入课堂"，进而深入每一名财政干部的头脑。力图把财政部门、财政干部在贯彻落实科学发展观中形成的好经验、好做法、好建议写进教材，并提供给广大财政干部，以不断提升财政干部履行岗位职责的能力和水平。

《能力提升》第二版，根据第一版的反馈意见组织专家进行了改写和精练，删除了第一版中过于繁琐的部分内容，增加了新理论、新技能的讲述，并打破原有的篇章结构对内容进行了重新的组合。不但以实用为原则力争少而精，而且注意了紧跟形势，与时俱进。在每个单元的开始明确了学习目的，增加了引例，使读者开宗明义，有的放矢。对于案例，一方面增加了"启发与思考"，启发读者联系实际，深入思索；另一方面增加、精选并改写了干部教育岗位培训课程中学员们自己提交的实例，以增加教材的生动性和实用性。同时，将四卷教材的读者分别界定为新录用人员、执行层、管理层、决策层，并根据新的读者定位对内容及表述进行了相应调整。对体例和版式也进行了重新设计编排，从而使结构更加清晰，亮点更加鲜明。

总之，《能力提升》第二版实用性、时效性、针对性、可读性等方面均较第一版有较大的提升，我们希望该套教材的出版发行，能受到财政系统以及社会的关注和欢迎，并能促进全国财政系统学习型机关的建设，为全面落实大规模培训干部、大幅度提高干部素质的战略任务而作出积极贡献。

学习的过程，不仅是吸纳的过程，还应该是思索的过程，更应成为行动的过程、实践的过程。诚挚地希望每一名读者通过学习真正做到"总结自己、学习他人、准备将来"，在科学发展观的引领下，开创财政工作生机勃发的新局面，为推动中华民族的伟大复兴做出应有的贡献。

2009年3月

第一版序言

强化干部教育培训工作
努力建设一支高素质的
财政干部队伍

党的十六届四中全会做出了《中共中央关于加强党的执政能力建设的决定》并明确指出,当前和今后一个时期,加强党的执政能力建设的主要任务是:按照推动社会主义物质文明、政治文明、精神文明协调发展的要求,不断提高驾驭社会主义市场经济的能力、发展社会主义民主政治的能力、建设社会主义先进文化的能力、构建社会主义和谐社会的能力、应对国际局势和处理国际事务的能力。

最近,中共中央颁布的《干部教育培训工作条例(试行)》,从着眼于推进干部教育培训工作科学化、制度化、规范化的目标要求,对干部教育培训工作的各个方面作出了明确规定,成为干部教育培训工作必须遵循的基本规章。特别是胡锦涛总书记近日就加强干部教育培训工作做出了重要指示,并强调指出,加强干部教育培训工作,最重要的是要联系实际创新路,加强培训求实效,不断探索干部教育培训工作的新方法、新途径,不断增强教育培训工作的针对性和时效性,不断提高各级领导干部的马克思主义理论水平和运用理论解决实际问题的能力。这对进一步做好干部教育培训工作具有十分重要

能力提升（管理卷）

的指导意义，同时对财政系统干部队伍建设工作也提出了新的更高要求。

　　财政事业是党的事业的重要组成部分。面对新形势和新任务，必须进一步加强财政干部队伍建设，全面提升财政干部综合素质，牢固树立社会主义荣辱观，不断提高财政工作的能力和水平。长期以来，财政部一直非常重视干部教育培训工作。为落实中央提出的大规模培训干部、大幅度提高干部素质的战略任务，本届财政部党组始终把加强干部教育培训工作作为提高财政干部工作能力、加强财政干部队伍建设的一项重要举措。金人庆部长专门作出重要批示，要求干部教育培训部门再接再励，不断探索、不断创新、不断总结、不断完善、不断前进，为提高财政干部素质、建设学习型机关作出新贡献。近年来，我们在坚持做好各类干部教育培训工作的基础上，积极探索并重点加强了具有财政部门特色的岗位培训，先后多次举办了不同级别的财政干部岗位培训班，取得了良好效果，得到了中组部和人事部的充分肯定，也受到了部内各司局和参训学员的一致好评。

　　教材是教育培训工作的重要载体，教材建设是干部教育培训的基础工作。为了充分安排好教学内容，便于广大学员学以致用，更好地推动财政干部岗位培训工作，进一步提高培训质量，我们在不断总结培训工作经验、精心选择培训内容和努力改进培训手段的同时，对岗位培训教材建设进行了系统深入的研究，组织编写了这套财政干部岗位培训教材——《能力提升》。这套教材主要体现了以下四个特点：

　　一是注重能力培养。这套岗位培训教材，打破了以往培训教材按照知识和专业进行纵向分类的传统做法，而是采用按照不同级别干部的岗位能力素质要求进行横向切分的新形式，既追求培训体系的完整性，又注重解决实际问题；既追求学科知识的涵盖面，又注重培养行为能力。

　　二是注重案例分析。案例是培训教材的血肉。这套岗位培训教材特别注意避免"从理论到理论"的知识堆积，努力从财政实际工作中发掘案例素材，一些共性案例都尽可能贴近财政工作，从而使培训教材更加贴近学员的思想要求和财政工作实际。

三是注重形式创新。考虑到广大财政干部日常工作紧张繁忙的实际情况，这套岗位培训教材不仅在内容的选择上力求重点突出、精益求精，而且在每个单元的体例篇幅方面力求简洁明了、通俗易懂；同时，在版面设计上也下了很多工夫，注重增强培训教材的趣味性和可读性。

四是注重编用互动。本套教材的使用对象主要是财政部门干部，充分发挥他们在教材编写中的能动作用是使本套教材更具针对性和适用性的重要保证。因此，在岗位培训教材的编写过程中，不仅部内相关司局承担了编写任务，而且许多参加过岗位培训班学习的同志也提供了各自亲身经历的案例，极大地丰富了培训教材的内容。

当然，这套教材尚有许多需要改进和完善之处。如果说岗位培训的过程是一个"总结自己、学习他人、准备将来"的过程，那么，这套教材的编写也同样是一个"总结自己、学习他人、准备将来"的过程。我希望这套培训教材能够成为推动财政干部岗位培训的重要载体，成为提升财政干部综合素质、提高财政干部工作能力的重要手段，为推动财政改革和发展，为促使财政在全面建设小康社会及构建社会主义和谐社会中发挥重要作用。

2006年3月

《能力提升》各卷编写修订人员名单

入门卷

第1单元 财政系统公务员基本素质：由财政部苏金秀、杨光、刘娜编写；张猛、杨光修订。

第2单元 财政机关运行：由财政部欧文汉、刘新安、刘国荣编写；穆树彬、李湧波、刘国荣、邱玲修订。

第3单元 财政基本业务：由财政部王保安、汪义达、张清、左伟编写；戴柏华、张清、左伟修订。

第4单元 财政立法：由财政部张秉国、周劲松、王丹编写；张秉国、周劲松修订。

第5单元 公文处理：由财政部欧文汉、卜祥来、刘国荣、邱玲和中央财经大学莫林虎编写；穆树彬、李湧波、刘国荣、邱玲修订。

第6单元 财政信息化：由财政部刘祝余、徐丰、李伦哲、李晶晶、杨晖、谢少波、金晓北编写；刘祝余、徐丰、杨晖、谢少波修订。

第7单元 公务礼仪：由外交学院文泉编写及修订。

第8单元 人生、文化与财政：由中国财政博物馆翁礼华编写及修订。

执行卷

第1单元 财政执法：由中央党校傅思明、付夏婕编写及修订。

第2单元 思维能力：由甘霖智慧培训中心吴甘霖编写及修订。

第3单元 高效工作方法与艺术：由甘霖智慧培训中心吴甘霖编写及修订。

第4单元 调查研究：由中央党校辛鸣、教育部杨海英编写；广州大学张仁寿修订。

第5单元 谈话与沟通：由中国教育电视台闻闸编写及修订。

第6单元 对外交往：由外交学院文泉编写及修订。

第 7 单元 公务应用文写作：由华中农业大学余国瑞编写及修订。

管理卷

第 1 单元 领导干部基本素质：由财政部苏金秀、杨光、刘娜编写；张猛、刘娜修订。

第 2 单元 依法行政：由财政部张秉国、周劲松、王丹编写；张秉国、周劲松修订。

第 3 单元 政策的制定与执行：由中国人民大学谢明编写及修订。

第 4 单元 领导角色与领导艺术：由中央财经大学贾岚生编写及修订。

第 5 单元 团队建设：由国家行政学院许晓平、胡月星编写；胡月星修订。

第 6 单元 人际沟通协调：由北京大学张智勇编写；经济科学出版社崔岱远修订。

第 7 单元 演讲：由中国教育电视台闻闸编写及修订。

第 8 单元 公文审核：由财政部欧文汉、卜祥来、刘国荣、邱玲和中央财经大学莫林虎编写；穆树彬、李湧波、刘国荣、邱玲修订。

决策卷

第 1 单元 领导干部的哲学素养：由国家行政学院胡冶岩编写及修订。

第 2 单元 战略思维：由中共中央党校屠春友编写及修订。

第 3 单元 领导决策：由中国人民大学谢明编写及修订。

第 4 单元 中国财政对外交流与合作：由财政部朱光耀、杨少林、邹刺勇、姚怡新、徐冬宁、龚俸、王冠珠编写；郑晓松、杨少林、陈诗新、吴晋康、黄仲阳、刘伟华、王凌、邹刺勇、姚怡新修订。

第 5 单元 依法执政：由中共中央党校傅思明、付夏婕编写及修订。

第 6 单元 领导力：由国家行政学院胡月星编写及修订。

第 7 单元 公共危机管理：由清华大学彭宗超、中国政法大学詹承豫编写及修订。

第 8 单元 应对新闻媒体：由中国教育电视台闻闸编写及修订。

总　纂　崔岱远

目录

第1单元 领导干部基本素质 1

1.1 领导干部概述 ………………………………………… 3
1.2 领导干部基本素质的特征 …………………………… 8
1.3 财政部门领导干部应具备的基本素质 ……… 13

第2单元 依法行政 37

2.1 依法行政概述 ………………………………………… 38
2.2 依法行政的基本原则 ………………………………… 47
2.3 依法行政的基本要求 ………………………………… 52
2.4 依法理财 ……………………………………………… 60
2.5 依法行政能力 ………………………………………… 65

第3单元 政策的制定与执行 69

3.1 什么是公共政策 ……………………………………… 70
3.2 政策制定过程 ………………………………………… 73
3.3 政策规划 ……………………………………………… 81
3.4 政策执行 ……………………………………………… 99

第4单元 领导角色与领导艺术 117

4.1 现代领导行为的新规范 ……………………………… 118
4.2 中层领导干部处理人际关系的技能与艺术 …… 127
4.3 领导者推动事业发展的技能与艺术 …………… 146
4.4 召开会议 ……………………………………………… 154

第5单元　团队建设　163

5.1　团队与团队精神 …………………………… 164
5.2　团队领导班子心理的优化 ………………… 168
5.3　团队凝聚力的形成 ………………………… 170
5.4　建设一个高效团队 ………………………… 173

第6单元　人际沟通协调　181

6.1　培养沟通协调能力为什么是必要的 ……… 182
6.2　矛盾冲突的缘由与协调策略 ……………… 186
6.3　实施有效沟通的几个要点 ………………… 198

第7单元　演讲　209

7.1　演讲的目标 ………………………………… 210
7.2　演讲基础 …………………………………… 214
7.3　演讲结构 …………………………………… 222
7.4　演讲表达修辞 ……………………………… 228
7.5　实施领导的演讲 …………………………… 232
7.6　表达自我的演讲 …………………………… 237
7.7　多种场合的演讲 …………………………… 243
7.8　演讲形象 …………………………………… 249
7.9　演讲技巧 …………………………………… 252

第8单元　公文审核　263

8.1　财政部机关公文的审核程序 ……………… 264
8.2　管理层干部公文审核例说 ………………… 267

后记 …………………………………………………… 306

第1单元
领导干部基本素质

■ 引 言

高效能的政府组织要求有高素质的领导者。领导干部作为领导活动的主体，其素质如何，直接关系到领导能力的强弱、领导水平的高低和领导绩效的大小。财政工作的重要地位和作用，对财政系统的领导干部的基本素质提出了严格的要求，这不仅是客观标准，更是领导干部重要的实践内容。而建设好这一层面的干部队伍，是我们发展财政事业的有力保障。

■ 学习目的

- 理解领导干部的基本含义；
- 了解领导干部所应具备的素质特征；
- 树立自觉提升自身内在素养的理念。

■ 引 例

某财政厅因工作需要新设立了一个行政处，通过竞争上岗选拔原综合处副处长王某任处长，原综合处3人一同转至该处工作。王某上任后又从其他处室物色人才，先后调入3人。王某36岁，年富力强，精力旺盛，在没有配备副手的情况下，他组织其他6人迅速展开工作。但一个月后，许多问题开始显现。由于处内不管是工作分配、组织协调，还是指导监督、对外联络，都是王某一人拍板定案，尽管他工作认真负责，每日起早贪黑，还是适应不了如此繁杂的事务。再加之行政处新成立，各项工作都处于初建、试行及开拓阶段，哪个环节考虑不到都会出现问题，慢慢地，行政处内部也因为职责不明、协调不力及因王某对原综合处3人颇有照顾引发的分工不均等问题出现矛盾，与其他处室也发生了不少冲突。

在这种情况下，上级领导决定调出王某，派原办公室主任李某接任行政处处长。李某上任后，首先，寻求上级机关支持，进一步增强行政处人员力量，着手搭建处领导班子，迅速通过竞争上岗从行政处6人中选拔了一名副处长，从别的处室选拔了一名副处长，同时还将3名主任科员提拔为副调研员；其次，建立内部管理机制，明确职责分工。李某采取这些做法，目的就是改变处内沉闷的气氛，调动大家的工作积极性，提高行政处的工作效率。这样，一个8人的行政处再次以新的面貌投入到工作中。但是过了不久，行政处的工作效率不仅没有提高，反而更加糟糕了。一位副处长认为李某经常越权乱指挥，副处长分管的工作常常被打乱，没法儿继续开展；另一位副处长则认为李某事事包办代替，没事找事干，和副处长争权；有的同志认为行政处官多兵少，没有正经干活的；还有的同志认为干部已经配满了，没有上升空间，工作没有动力。不到半年，行政处又陷入重重矛盾之中，不仅人际关系紧张复杂，而且大家都没有干劲，有几个人均要求轮岗到其他处室。在这种情况下，李某只好主动提出辞去行政处处长职务。但他很困惑：自己工作热情很高，相对于王某也采取了很多管理措施，为什么还是领导不好行政处的工作？

启发与思考

王某和李某两次管理上的失败，究其根本，是他们的领导素质有待于提高。

王某失败的原因：其一，缺乏管理思路，没有对处内资源进行有效的整合，管理层次太少，没有体现出分权管理的原则；其二，作为一个处室的领导干部，在用人处事上有失公正，不是任人唯贤，而是用人唯亲，以致出现职责不明、工作分配不公等问题；其三，管理幅度过宽，1:6的幅度有些失衡，以致虽起早贪黑、事必躬亲，仍会出现诸多疏漏。

李某虽懂得一些管理知识，也有一定的工作思路，但由于某些能力素质的欠缺，仍难逃失败的结局。李某的问题主要是：其一，缺乏知人善任的能力，领导方法不当，过于揽权，虽搭建了领导班子，却没有充分发挥他们的作用，影响干部的工作积极性；其二，干部配备过急，没有注意适当留有余地，官多兵少，机构头重脚轻；其三，缺乏沟通协调的能力，与下属沟通不够，难免产生一些误会和矛盾。

1.1 领导干部概述

1.1.1 解释"领导干部"

根据《中华人民共和国公务员法》（中华人民共和国第十届全国人民代表大会常务委员会第十五次会议审议于 2005 年 4 月 27 日通过，自 2006 年 1 月 1 日起施行），我国实行公务员职位分类制度。按照职务级别分类，我国的公务员职务分为领导职务和非领导职务。其中，领导职务层次分为：国家级正职、国家级副职、省部级正职、省部级副职、厅局级正职、厅局级副职、县处级正职、县处级副职、乡科级正职、乡科级副职 10 个层次；非领导职务层次在厅局级以下设置，与同级别的领导职务相对应，共分为巡视员、副巡视员、调研员、副调研员、主任科员、副主任科员、科员、办事员 8 个层次。在职责要求上，担任领导职务的干部依法行使领导职权，担负着一定的组织、管理、决策、指挥职能；担任非领导职务的干部可以独立负责或管理某一方面的事务，享受与同级领导职务相一致的待遇，同时与同级领导职务还可以相互改任，但不承担行政领导职责。在能力素质要求上，领导职务较非领导职务对驾驭全局能力、领导决策能力、团队组织与管理能力等要求更高。

对在我国行政职务序列中担任领导职务的公务员，我们统称为"领导干部"。根据在行政职务序列中所处的具体位置，每个领导干部都对应政府机关或其他行政组织机构中的一个职位，是其所处具体岗位职权、职责的载体。

从社会主体的角度讲，领导干部是指在国家各级各类行政机构中担任一定领导职务的个人。从对应职位的角度讲，领导干部担负着政府机关或其他行政组织机构分配给他们的职务和责任。职务和责任是职位的两个不可分割的基本要素。就职务要素来看，领导干部在某一职位上工作，就意味着他们将拥有与这个职位相匹配的职务，即负有相应的胜任这个职位的权限；从责任要素来看，领导干部占据某一职位，即相应承担与该职位相匹配的责任。

领导干部不仅包括单位的领导，也包括单位内部的部门领导，就是我们常说的中层干部。

值得指出的是，领导职务和非领导职务、正职与副职只是职责和分工的不同，并不能截然分开。因为干部的职务是在随时变动的，因此与职务相对应，其所承担的职责也在不断变化，对其能力素质的要求也必然要相应调整。我们并不能严格地界定哪种基本素质是担任领导职务的干部需要具备的,而担任非领导职务的干部就不需要,也无法断言哪种基本素质是正职必须具备的,而与副职则无关。对于关心财政事业成长和发展的财政干部而言,我们随时随地都要注意加强对自己"内功"的修炼,以适应不断变化的形势和更高岗位的需要,只有这样,在面临更高层次要求的挑战时,我们才能做到胸有成竹、从容应对。

1.1.2 中层领导干部工作的特点

1.1.2.1 辅佐性

中层领导干部工作的辅佐性主要体现在其参谋、咨询功能的发挥上。在机关,中层干部所负责的业务工作,一切重大问题均由上级领导做决定,中层干部要当好上级领导的参谋和助手,协助主管领导制订计划、措施,通过自己参谋、咨询功能的发挥,不同程度地参与上级领导的宏观或重大决策活动。中层干部的辅佐性工作主要表现在:提供信息,包括信息收集、信息分析和信息反馈;出谋划策,即提出设想、设计方案、出主意、想办法等;起草文件,包括各类计划、报告、通知等文字材料。中层干部的工作具有专业性、前沿性,需要具有丰富的实际经验。在实际工作中,决策层领导对具体工作不可能一一熟悉,在决策过程中,涉及具体业务问题的,必然要由负责部门全面或某一具体方面工作的中层干部为上级领导提供重要的参谋和咨询。中层干部的辅佐性工作特点决定了其必须要明确自己的职权、职责范围,防止越权行事和办事的随意性,要求严格做到事前请示、事后汇报。在辅佐上级领导决策时,要坚持科学性、严肃性。

1.1.2.2 中转性

由中层领导干部在行政机关内部所处的位置决定,其工作必然带有鲜明的中转性。在机关,中层干部承担着承上启下、沟通协调的职责。他们的工作具有上情下达,下情上报,沟通联系,使基层部门与上级部门、地方系统与中央机关相互联结,把上级精神与下级实际结合好,从而达到既把上级精神贯彻好,又把下级实际问题解决好的目的。也就是说,中层干部在上下沟通过程中扮演着信息传递的角色,或者说发挥着"中转站"的作用。中层干部的中转性工作主要表现在:上情下达,即把上级领导的指令(不论以文件形式或是口头形式)原原本本地向下层机构和人员传达，不得更改、删节，不得断章取义，随便解释，更不得有所歪曲；下情上报，即要及时将下属的执行情况和意见、要求等如实反馈给上级领导；贯彻落实，即把上级的宏观决策转变为本部门具体的工作任务和方法、措施；沟通协调，当上下级出现不协调的矛盾状态时，中层干部必须要根据实际情况做好沟通协调的工作。例如，上级决策不符合本部门或基层单位实际情况的，应及时、如实地向上反映，并提出解决问题的方案；或者有时为了全局利益和长远利益，本部门或基层单位的局部利益可能要做出某些牺牲。遇到这种情况，作为中层干部就要努力去找出把全局利益、长远利益与局部利益、眼前利益结合起来的办法，同时要积极地向下级做好思想工作。中层领导干部既是领导者，又是被领导者；既是业务指导者，又是被指导者。这种中转性的工作特点，要求中层干部既要学会抓落实，又要学会妥善处理各方面的关系，发挥出全方位功能，这样才能把所负责的工作干得有声有色。

1.1.2.3 执行性

中层领导干部的工作还具有很强的执行性。中层干部的工作以执行为主，这是中层干部很重要的一种角色特征。从工作内容上看，中层干部也在一定程度上参与宏观决策，不过这种决策多是通过参谋、咨询功能的发挥，从而对上级的宏观、重大决策形成一定影响的间接决策。实际工作中，中层干部更多的工作是具体实施上级的决策，即便是由其直接做出决策的，一般也属于带有执行性的决策，是在执行过程中对具体事项（问题）的决策，即对部门或分管工作的一些具体事务和问题的处置。如：某些工作怎样去落实；某些关系怎样去处理；某些问题用什么办法去解决；某些活动参加不参加等等。在我国政府行政机关中，部门或单位的一切重大事项，如长远工作规划、年度工作计划或某些重大改革等，须由上级领导统筹做出安排决定，并以其机关的名义发布文件或传达部署。部门的工作只是宏观规划或计划中的一部分，中层干部的主要任务就是认真落实根据职责划分由自己所担负的那一部分任务，即如何把上级的指导、决议、规划等结合实际情况进行具体的部署、实施，落到实处，通过严格贯彻执行以实现既定目标。中层干部的工作主要的不是做决策，不是要下属去干，而是要按照上级已经做出的决定，亲自动手带领部属去干。

中层干部的执行性要求其必须扮演好实干家的角色。执行性、务实性的工作特点要求作为一名中层干部必须具有实干精神。中层干部应该既是"实干家"，又是"指挥家"。中层干部必须培养实干作风，善于亲自动手，狠抓工作落实，但并不是要中层干部陷入事务主义，出现"事必躬亲"、"越俎代庖"的行为。

从辩证的角度分析，工作的务实绝不等于事务主义，更不是包办代替。强调中层干部工作的执行性、务实性，并不是要分解工作目标，不讲究分工负责；并不是事无巨细，一概都由一个人包办，更不是每件事都要亲力亲为；并不是不要发挥下属的积极性、主动性、创造性。恰恰相反，强调执行性、务实性尤其需要具体贯彻和体现群策群力，是"抓落实"，而不是"干落实"。只有知人善用，合理分工，以身作则，狠抓落实，中层干部的工作才能扎实而有效。

1.1.3 单位领导干部工作的特点

1.1.3.1 政治上的导向性

单位领导干部，特别是单位的主要领导干部，往往是本单位工作的决策者，因此，在工作中拥有更强的驾驭权，对本单位整体工作的政治方向具有重要的导向性作用。政治上的导向性，笼统的来讲就是指领导干部通过宣传贯彻党的路线、方针、政策，把本单位工作引导到实现党的总目标、总任务的方向上来。具体到财政系统的单位领导而言，就是要通过自己在政治上的导向性作用，把工作引导到与党的总目标、总任务相一致的方向上来，引导到财政工作中心任务上来。作为主导本单位工作方向的单位领导干部在重大的政治原则问题上必须要有"主心骨"，站在党和人民的立场上，从人民的根本利益和长远利益出发，明辨是非，认准方向，在任何时候、任何情况下，都要坚持党的基本路线，在思想上、政治上同党中央和财政部党组保持高度一致。当重大方针政策出台的时候，要及时、准确、深刻地领会上级的意图和每一个重要部署，认真学习，积极思考，提出符合本单位实际的贯彻意见，并预测可能出现的新情况、新问题，增强工作的预见性和准确性。通过正确的政策引导、舆论引导、方法引导、自身表率等，把本单位职工的思想和行动引导到党所指引的方向上来，并在具体的指导过程中，要注意抓好总体方向与本单位实际的有机统一。在此，特别需要提出的是，在正常情况下，单位领导干部对政治上的把关掌舵是比较容易做到的。但在复杂情况下，遇到关键时刻、关键问题，就不那么容易。特别是当突发性事件猝不及防地出现时，是对单位领导干部的判断能力、应变能力、指挥能力的严峻考验。这就要求，作为一个单位的主要领导人，单位领导干部必须要注重自身的能力素质培养，学会从宏观上、政治上考虑问题，时刻不忘加强自身的政治理论素质，不断提高自身的政治修养。只有具备了过硬的政治素质和政治敏锐性，才能在保证面临政治风浪考验时，坚定正确的方向，做一个清醒的、坚定的领导者。

1.1.3.2　组织上的凝聚性

单位领导干部的工作还具有很强的组织凝聚性特点，通过发挥组织上的凝聚性作用，使本单位真正做到思想上合心、工作上合力、行动上合拍，凝聚成坚强高效的战斗集体。一个单位，只有所有工作成员团结一致，协调合作，才能成为坚强有力的集体，才能发挥整体的最佳效能。集体的团结协调当然要靠全体工作成员的共同努力和单位内部健全的制度作保证，但在此基础上，单位领导干部的作用至关重要。从对一个单位团结状况的分析来看，单位领导班子强而不团结的少，单位领导班子弱而不团结的多。因此，作为单位领导班子成员的单位领导干部，首先必须要保证班子自身内部的团结，其次要围绕领导目标，通过班子整体的组织协调和导向作用凝聚单位成员的整体力量，发挥集体的最大效能。一个单位运转起来就像一部机器，难免会在运转的过程中产生摩擦，出现不协调的地方，这就要求单位领导干部能当"润滑剂"，善做思想工作，以较高的领导艺术协调关系，特别注意理顺自己和班子其他成员之间的关系。同时，单位领导干部还要发挥"黏合剂"的作用。每一个单位领导干部都要当好凝聚班子的"黏合剂"，而班子又要当好凝聚单位所有成员的"黏合剂"。作为"黏合剂"，要善于在共同点上把矛盾诸方统一起来，抓住每个个体的特点，使每个人的优势都能得到充分发挥。以民主聚人，以宽宏容人，以开明用人，以诚心待人，以身正服人，增强单位的凝聚力和向心力。作为领导班子，还要以单位总体目标协调各项工作，以思想感情的融合促成工作的默契配合，以明确的组织分工使每个成员都能找准自己在集体中的位置，各负其责，各显其能。

1.1.3.3　决策中的主导性

所谓决策，是指人们在认识和改造世界的过程中，寻求并实现某种最优化预定目标的活动。狭义的决策，是指决策的定义；广义的决策，还包括决策的实施。决策是领导者的基本职能，是领导干部发挥作用的核心。单位领导干部在一个单位中的核心地位，决定了其在实现科学决策中必须承担更加重要的责任，必须在实现科学决策的过程中发挥主导作用。科学决策必须遵循一定的程序，运用正确的方法。在现代决策科学中，决策程序大体分为三个步骤：

- 发现问题，确定目标；
- 分析矛盾，拟定预案；

- 分析评估，审定方案。

现代决策活动虽然要广泛利用咨询参谋力量，但发现问题和确定目标的却是领导者。作为一个单位领导核心的单位领导干部，必须具备较强的科学决策能力，能够及时提出正确的决策目标，这就要求单位领导必须吃透党和国家的路线、方针、政策以及上级的精神，站在全局的角度，从理论与实践的结合上思考和研究问题，注意抓住带有战略性、方向性和关键性的重大问题，确定明确的决策目标。制定决策并不是决策活动的结束，因为制定决策不是领导活动的终极目的，实施决策才是真正的目的。

决策的实施，一般分为实施的组织准备、计划实施的落实、实施的监督和控制、追踪决策等步骤。在实施决策的过程中，单位领导干部自始至终都负有主导性责任。在实施决策中，单位领导干部不仅要监督对决策的进一步检验，而且根据实施的具体情况，在必要时还要果断做出相应调整或部分修改的决定，对决策失误的，甚至要做根本性的改正。尤其是对重大决策的实施，单位领导干部更要亲自部署，全程跟踪。在决策付诸前，要组织制定出具体的实施计划，明确执行决策部门的职责、目标以及实现目标的期限，选用最佳执行人选等；决策付诸实施后，单位领导干部要抓落实，加强督促检查，及时掌握情况，针对决策实施中出现的问题，要及时采取必要措施加以解决，保证决策目标的顺利实现。

1.2 领导干部基本素质的特征

1.2.1 领导干部基本素质的含义

素质又称为"能力"、"资质"、"才干"等，是驱动人们产生优秀工作绩效的各种个性特征的集合，它反映的是可以通过不同方式表现出来的人的知识、技能、个性与内驱力等。素质是判断一个人能否胜任某项工作的起点，是决定并区别绩效差异的个人特征（见图1-1）。

在素质冰山模型图中，作为冰山水面下的部分，就是我们通常所指的人的"潜能"，从上到下的深度不同，则表示被挖掘与感知的难易程度不同。在水下越深，通常越不容易被挖掘与感知。而水面上的表象部分，即人的知识、技能与行为，则易于被感知。素质的内容除了包括水面下的潜能部分，还包括水面上人的知识与技能部分。

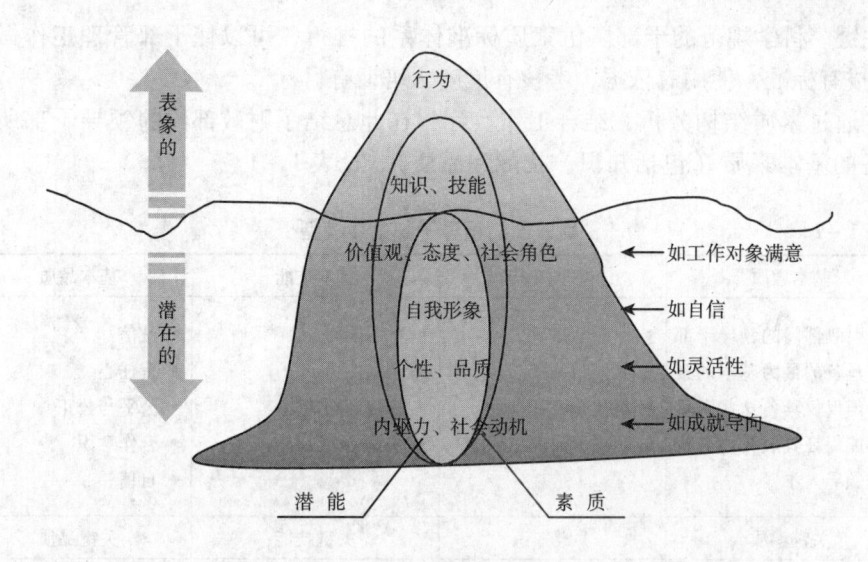

图1-1 素质冰山模型

财政部门领导干部的基本素质，是指财政部门的领导干部在财政管理工作过程中从事领导、管理、指导、执行等活动所必须具备的内在基本条件，是他们在一定先天禀赋的基础上，通过后天的学习、教育和财政工作中的实践而逐渐形成，在其工作活动中经常起作用的那些内在要素，是政治、思想、道德、品格、知识、情操、能力、体质等诸要素的综合体现。就其外在表现形式来说，一般表现为某种能力或影响力，如决策参谋能力、团队建设能力、组织协调能力、分析判断能力、引领能力以及团队影响力等。领导干部素质的高低，一般都是通过这些能力和影响力综合地表现出来的。作为领导干部，如果仅仅依靠先天的禀赋，而不注意加强后天的社会实践去发挥拓展自己的天赋和才能，不注意后天的学习与修养，就不能成为合格的领导者、管理者，不能担负起一个单位或某一方面工作的重担。

干部队伍的素质建设是包括素质标准的制定、素质评价体系的建立、素质培养措施的落实、素质管理制度的规范、素质监督机制的确立等多项内容在内的系统性工程。在这项系统性工程中，干部队伍素质标准体系的制定是一项基础性的工作。干部队伍的素质标准体系，是干部所在职位级别要求的思想政治素养、专业能力水准和现代工作技能等方面包含的各种因素的总和。为干部队伍制定素质标准体系，目的在于明确各级干部履职的素质要求，使"德才兼备"的干部管理原则具体化，使干部管理体制进一步走向科学和规范。根据干部所在的岗位责任要求，制定明确的干部队伍素质标准体系，是新一轮干部管理体制改革的基础和关键。科学规范的干部队伍素质标准体系的推行，可以使干部管理工作做到"选拔有标准，使用有依据，考核有尺度，培训有目标"。

通过素质结构分析，结合工作实际，在此总结了财政部门的领导干部所应具备的基本素质（包括知识、技能和品质）。见表1-1。

表1-1　　　　　　　　　财政部门领导干部素质模型

基本素质	基本知识	基本技能	基本品质
作为财政部门的领导干部所需具备的最为基本的素质，但仅仅具备这些素质并不能保证其成为一名优秀的领导人才。	• 财政学知识 • 其他相关社会学知识 • 科技知识 • 历史学知识	• 学习能力 • 沟通能力 • 解决问题能力 • 协调能力	• 诚信 • 责任心 • 公平与公正 • 合作意识 • 自信
关键素质	关键知识	关键技能	关键品质
在具备基本素质的基础之上，对领导干部提出的更高层次的要求，进一步区别优秀领导干部与一般胜任领导干部的关键性素质。 根据职位职责差异，对中层领导干部和单位领导干部在能力素质要求的侧重点上有所不同。	• 政治理论 • 方针政策 • 各项规章制度 • 财政业务知识 • 法律知识 • 管理知识 • 经济知识	• 政治素质 • 财经公文审核把关能力 • 依法行政能力 • 公务语言艺术与技巧 • 战略思维能力 • 领导决策能力 • 复杂局面应对与危机管理能力 • 团队建设与组织管理能力 • 领导力 • 知人善任能力 • 管理变革能力	• 为人民服务的意识 • 全局观念 • 坚忍不拔的意志 • 敢于决断的气质 • 解放思想、实事求是的作风 • 宽容豁达、虚怀若谷的胸怀 • 谦虚自律、公正廉洁的品格 • 锐意进取、开拓创新的精神 • 财政干部的职业道德
专业素质	专业知识	专业技能	特殊职业素养
针对专业性较强（比如对英语或会计、税务等某项专业素质要求较高）的领导岗位，还必须具备扎实的本领域专业知识、专业技能，以及特殊的职业品质。	根据具体职位提出要求	根据具体职位提出要求（如英语水平要求、注册会计师资格等）	根据具体职位提出要求

1.2.2 领导干部基本素质的特征

1.2.2.1 专业性

财政部门领导干部基本素质的专业性特征，是由其所从事的工作性质决定的。财政是社会主义市场经济条件下政府实施宏观调控的重要手段，在巩固国家政权、维护社会稳定、促进经济发展、实现和保护广大人民群众根本利益等方面具有重要的职能作用。为了更好地运用财政手段，提高驾驭经济的能力，进一步推进财政改革，建立和培养一支知识化、专业化、高素质的财政干部队伍势在必行。随着财政职能的转变和财政改革的深化，财政工作的新形势对财政干部队伍建设提出了更高的要求，只有具备过硬的政治理论素质，深厚的财经理论功底，知识丰富渊博，业务技能熟练，才能算好政治和经济两本账，才能真正为民理好财，服好务。

1.2.2.2 时代性

任何人都是在一定的社会历史条件下成长起来的，必然会受到所处时代的政治、经济、文化、科学技术以及思想观念等因素的影响。同样，新时期下财政部门领导干部基本素质的具体要求和具体内容也会随着时代的变化而变化，必然要打上时代的烙印，表现出鲜明的时代特色。领导干部素质是在一定的国内、国际环境以及不同岗位环境中培育起来的，而不断变化的环境，一方面对干部原有的素质进行着检验和筛选，使其适者生存，不适者淘汰；另一方面又提出更高更新的要求，对其素质进行着不断地培养和锤炼，使之具备时代发展的要求。知识经济时代为财政事业的发展带来了巨大的挑战和机遇，现代高科技的迅猛发展，对行政决策的科学性和有效性提出了更高的要求。当前，经济发展导致公共需求发生变化，随着公共需求的变化，迫切要求政府职能发生转变，即由经济建设型政府向公共服务型政府转变。为适应形势变化的需要，我国财政政策做出相应调整，这些转变对财政干部的素质也提出了新的要求。可见，干部素质如何，是财政事业发展的要求，也是时代进步的结果。

1.2.2.3 综合性

领导干部基本素质是由多种因素构成的有机整体，综合性是工作活动对领导干部素质的必然要求。领导干部所处的地位，所担负的职责，所应该起到的作用决定了其从事的是一项综合性工作。从内容上看，领导干部工作具有多样性，对上是执行者、参谋和助手，对下是领导者、决策者、业务指导者和服务者，对外是沟通协调者。从性质上看，领导干部的工作大多不是简单的重复劳动，而具有很强的组织性、规划性、开拓性，这种工作上的综合性特点要求领导干部应该具备与其职能及工作相适应的素质状态和内容，即应具备良好的综合素质。

1.2.2.4 可塑性

人的素质不仅可以改变，而且这种改变是双向的。人的素质的改变既取决于客观的强制性因素，更取决于主观的自觉性成分。我们这里所说的可塑性主要指在客观现实条件下，通过主体自觉的学习和实践，使人的素质向着好的方向运动和转化。财政部门的领导干部面对执政条件、社会环境和财政改革形势的深刻变化，为适应新形势、新任务的要求，要在实践中不断掌握新知识，积累新经验，增长新本领。虽然领导干部素质受到一定的主观因素和客观因素的制约，但主要还是由领导干部在后天的学习、工作活动中通过锻炼所形成的，具有较强的可塑性。因此，主观努力程度不同，其素质表现就会有很大差别。如果领导干部注重学习，并且方法得当，同时又能接受组织有计划的培养，他们的素质就会得到提高。反之，即使具有一定的天赋，如果不注意学习，不及时"充电"，不经过一定的自身素质修养和组织的塑造培养，就无法胜任领导岗位的工作。

1.2.2.5 差异性

即使同为领导干部，处于同一级别，由于他们的先天禀赋和后天所处的客观环境以及在学习、实践工作中的努力程度不同，常常会表现出在思想道德、性格秉性、业务能力、领导水平等方面的差异。这种差异的实质是领导干部基本素质上的差异。这种差异虽然表现为先天差异和后天差异两个方面，但决定领导干部素质差异的主要还是其后天的实践和自己主观自觉努力学习、锻炼和修养程度的不同。因此，领导干部自己要学会抓住客观环境的有利因素，克服和抵制不利环境的影响，使自己的素质向正确完善的方向发展与转化。当然，也不排除有些差异是因为所处岗位不同，所负责任有差别，工作实践和组织培养的力度上不同造成的，这就需要组织部门有计划、有针对性地采取一些措施予以弥补。

1.3 财政部门领导干部应具备的基本素质

财政部门的领导干部不仅要熟悉有关财政工作的各项规章制度，掌握一定的财经理论知识，而且应该具有开展各种领导、管理、执行活动的能力。身为财政部门的领导干部应具备以下基本素质。

1.3.1 政治素质

政治素质是所有财政干部必须具备的根本素质，就是指干部在财政工作执行、管理过程中所表现出来的政治思想觉悟、政治理论水平和政治品质。它不仅决定着干部自身的发展方向，而且是所有工作活动的灵魂。

1.3.1.1 坚定不移的政治信念

（1）要坚定正确的政治方向。财政部门领导干部必须认真学习马列主义、毛泽东思想，高举中国特色社会主义伟大旗帜，在现阶段，特别要以邓小平理论和"三个代表"重要思想为指导，深入贯彻落实科学发展观，践行社会主义和谐社会理论，坚持改革开放，解放思想，为夺取全面建设小康社会新胜利而奋斗。

党的十七大报告高屋建瓴地回答了在改革发展关键阶段中国共产党治国理政、中国发展进步的一系列重大问题，对今后一个时期继续全面建设小康社会、加快推进社会主义现代化和继续推进党的建设新的伟大工程做出了全面部署，鲜明地向党内外、国内外宣示了在改革发展关键阶段我们党举什么旗、走什么路、以什么样的精神状态、朝着什么样的发展目标继续前进，对今后一段时期政治、经济、文化、社会等各项建设做出了全面部署，为我们指明了前进的方向。

当今世界正在发生广泛而深刻的变化，当代中国正在发生广泛而深刻的变革，在这样的历史大环境下，我国的财政改革也进入到一个深入推进完善的历史性新时期。机遇前所未有，挑战也前所未有，但机遇大于挑战。财政部门的领导干部应进一步结合工作实际，不断深化对科学发展观基本内涵和精神实质的认识，不断增强贯彻落实科学发展观的自觉性和坚定性，始终不渝地贯彻党的基本理论、基本路线、基本纲领、基本经验，从新的历史起点出发，抓住和用好重要战略机遇期，求真务实，锐意进取，坚决贯彻中央要求，坚持正确的政治方向，忠诚于党、忠诚于人民，继续全面建设小康社会，不断开创我国社会主义现代化建设的新局面。

（2）要坚定正确的政治立场。政治立场是认识分析问题和解决问题的出发点和立足点。财政干部的政治立场，是指在观察和处理问题时，一定要站在党和国家的立场，站在财政工作大局的立场，站在人民群众的立场，始终把一切从党和人民的利益出发，全心全意为人民服务作为自己的唯一宗旨。作为一名财政部门的领导干部，当党和国家的重大方针政策出台时，当部党组做出重要决策时，要及时、准确、深刻地领会上级意图，迅速、正确领会上级的每一个重要部署，认真学习，积极思考，提出符合本部门实际情况的贯彻意见，并预测可能出现的新情况、新问题，增强工作的预见性和准确性。作为领导干部，要带头学习、宣传党的路线、方针、政策，宣传上级的决议，要保持在思想上与中央、与部党组的一致，从而在行动上做到有令则行，有禁则止，进而保证党的路线和上级决策顺利地贯彻。

（3）要坚持正确的政治观点。政治观点是分析问题和处理问题的基本看法，是工作活动的指导思想。作为新时期新阶段的领导干部，其政治观点就是辩证唯物主义和历史唯物主义观点，在现阶段就是中国特色社会主义理论和科学发展观的观点。对科学发展观的精神实质认识越深刻、把握越准确，贯彻落实科学发展观的行动才能越自觉越坚定。财政部门的每位干部都必须学习和掌握正确的政治观点，并用正确的政治观点去分析问题和解决问题，积极推动财政事业的不断发展。

1.3.1.2 优良的政治作风

财政部门的领导干部在我国财政事业中饰演着执行者、服务者、领导者、管理者的多重角色，肩负着承上启下、上传下达的重要任务，这要求其必须具有高度的政治鉴别力和政治敏锐性，要善于调查研究，善于在政治上识别大是大非，从政治上去分析各种萌芽状态的矛盾和问题，预测各种财政改革措施出台可能在群众中引起的反应，力争对各种问题见之于未萌，防之于未发。除此之外，领导干部还应遵守严肃的政治纪律。

坚定的政治信念是政治素质的基本支撑点，而优良的政治作风则是政治信念得以实践的坚强保障。政治信念要落实于行动才有它的实际意义，这就要求必须有高度的政治鉴别力、政治敏锐性和严肃的政治纪律作保证。政治鉴别力是在政治上识别大是大非的能力，如果没有很强的政治鉴别力，就很容易迷失政治方向，在原则问题上就不会旗帜鲜明，在重大问题上可能是非不辨、美丑不分，对与党的宗旨和纪律不相容的歪风邪气就不能给予坚决的抵制。

政治敏锐性是在政治实践基础上形成的，从政治事件的局部现象、萌芽状态迅速洞察其本质、预见其趋势、把握其意义的一种特殊认识能力和快速反应能力。丧失了政治敏锐性，就不能在关键时刻判明利害，不能把握事件的发展趋势，从而无法确定正确的态度和采取及时的对策。领导干部政治纪律的实质是其执行党和中央路线方针政策的行为规范，是制约其在政治上、思想上、行动上必须同党中央、财政部党组保持一致，坚决拥护上级的绝对领导权威。同时，政治纪律还要求领导干部必须做到政令畅通、令行禁止，这是领导工作成功的重要保证。

1.3.1.3 扎实的理论功底

理论水平是政治素质的基础，理论上成熟是政治上成熟的基础和标志。身为财政部门的领导干部，必须具备扎实的政治理论功底，这就要求必须系统地掌握马克思主义科学理论。

马克思主义理论是一个开放的理论体系，它只有在实践中不断地发展和完善，才具有强大的生命力。只有在把握其科学体系上下工夫，在掌握基本原理和精神实质上下工夫，才能将理论学习真正落到实处，学会用科学的理论分析问题、指导工作，真正使理论"为我所用"。

作为财政系统的领导干部，在现阶段，特别要深入学习并实践科学发展观和建设社会主义和谐社会的理论。科学发展观，就是坚持以人为本，全面、协调、可持续的发展观，是中国共产党以邓小平理论和"三个代表"重要思想为指导，从新世纪新阶段党和国家事业发展全局出发提出的重大战略思想。科学发展观第一要义是发展，科学发展观核心是以人为本，科学发展观基本要求是全面协调可持续，科学发展观根本方法是统筹兼顾。作为财政系统的领导干部，必须在实践中不断领会科学发展观的理论实质，并且要在奠定扎实的理论功底的基础上，树立实事求是，理论联系实际的作风。只有这样，才能保证正确的政治方向，才能率领本单位的同志更好地依法理财，更好地为财政事业的蓬勃发展服务，为国民经济又好又快发展服务。

1.3.1.4 依法理财意识

"依法理财"是依法行政在财政事业上的具体体现。为贯彻国务院《全面推进依法行政实施纲要》，全面推进财政部门依法行政、依法理财，建设法治财政，2005年5月17日，财政部颁发了《财政部门全面推进依法行政依法理财实

能力提升（管理卷）

施意见》（以下简称《意见》），《意见》提出全面推进依法行政、依法理财，经过十年左右的努力，基本建设法治财政的目标。要实现这个目标，要造就和培养诚实守信、清正廉洁的理财队伍，就必须不断提高财政干部依法行政的水平，树立依法理财的意识。财政收入"取之于民，用之于民"，财政工作与广大人民群众的切身利益息息相关。工作的特殊性和重要性要求财政管理必须尽快实现法制化、规范化和科学化，逐步建立完善适应公共财政体制要求的财政法律制度体系，使各项财政管理活动做到"有法可依"。财政干部无论是在实施财政改革、调整财政政策，还是在开展监督管理、具体操作实施之时，都必须以依法行政、依法理财意识为指导，保证做到"有法必依、执法必严、违法必究"。加强财政基本建设资金和国债资金的管理、加强社会保障基金的管理、确保公职人员工资按时足额发放等等，这些都要求财政干部要坚决树立依法理财意识，切实为人民理好财，多为人民群众办好实事。

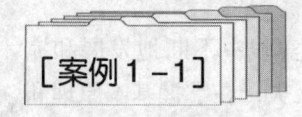

[案例1-1]

某省财政厅在对某会计师事务所审计质量进行检查时，发现该所注册会计师在对某公司前一年度会计报表审计中存在违法行为，决定依据《注册会计师法》的规定对该注册会计师实施行政处罚。根据《行政处罚法》的规定，省财政厅在履行告知程序后，决定对该注册会计师给予暂停执业1年的行政处罚。该注册会计师不服，申请行政复议。

财政部负责行政复议工作的处长经初步审查，认为基本符合《行政复议法》的规定，决定受理，并依据《行政复议法》向该省财政厅发出了通知，要求他们就该案进行答复，并提交相关的证据材料。之后，他对注册会计师、财政厅提交的证据材料进行了认真地审核，掌握了案件的基本情况和争议的主要问题。

本案中，争议的主要问题是：财政厅认为注册会计师在对某公司1999年度会计报表审计时，在长期投资、存货等项目审计中，违反了注册会计师独立审计准则的规定。他们认为对注册会计师的处罚，认定事实清楚，适用法律依据正确，程序合法，内容适当，请求维持财政厅的处罚决定。而注册会计师认为，财政厅的行政处罚，认定事实不清，处罚内容不当，请求撤销财政厅的处罚决定。

在本案审理过程中，财政厅和注册会计师都多次打电话，陈述各自的理由和主张。经认真研究，负责行政复议工作的处长认为，本案虽然是个小案件，但它涉及当事人的合法权益，涉及财政机关依法行政的问题，如果处理不好，不但侵犯了注册会计师的合法权益，而且影响到财政部门依法行政的水平和形象。要处理好本案，必须查明注册会计师在长期投资、存货审计中是否存在违法行为，必须判断财政厅在做出处罚决定时是否存在适用法律错误、处罚内容不当的问题。为此，这位处长一方面走访中注协，请教有关专家，搞清楚有关长期投资、存货审计的规定、程序和要求；另一方面请财政厅案件检查人员和注册会计师当面就有关争议的问题进行陈述、质证，澄清有关事实。同时，还请有关专家就财政厅处罚决定中适用法律是否正确、处罚内容是否适当等问题进行论证。经过审理认为，那位申请复议的注册会计师在长期投资、存货审计中确实存在违反审计准则规定的问题，但财政厅也存在处罚内容偏重的问题。根据结果，该处长提出了初步处理意见，经领导审定，做出了一个变更的复议决定，将对注册会计师的处罚由"暂停执业1年"改为"警告"。同时，针对财政厅处罚决定中存在的问题，给财政厅发出了复议建议书，指出了其存在的问题，并提出了相关的建议。这样处理后，注册会计师和财政厅均表示满意。

启发与思考

中央机关里执掌条法的官员，应当时时感受到手中权柄的分量。既要有依法行政的意识，又要能体察细微，这才能做到"权为民所用"。

1.3.1.5　团结民主的作风

团结是干好一切工作的基础，民主是干好一切工作的前提。团结民主的作风是坚持科学发展观，构建社会主义和谐社会的需要。只有团结民主工作做好了，才能最大限度地发挥领导集体和干部群众的积极性、主动性和创造性，形成生动活泼的工作局面。领导干部作为工作的领导者、指挥者，在工作中必须发扬团结民主的作风，要善于做团结人和发动人的工作，善于听取不同的意见，善于求同存异，真正形成精诚团结、心情舒畅的环境和氛围，进一步增强集体的凝聚力。领导班子要做到"三同"，即班子同心，班子成员要同心同德；目标同向，工作目标要一个方向；工作同步，步调要一致，遇到困难要齐心协力，迎难而上。这是加强领导班子建设、提高工作效率、充分发挥工作效能很重要的方面。发扬团结民主的作风体现在三个方面：重大事项决策事先要调查论证；集体讨论决定相对于个人决策来说往往更科学；重大事项一旦决定，班子成员要按照各自分工，分头抓好落实。这样做，既杜绝了临时动议，又克服了个人专断，同时也避免了无组织、低效率的个体活动。

1.3.2 道德素质

财政干部的道德素质,指的是干部在工作活动中应该遵守的一些基本行为准则和规范,是财政干部必备的道德品质和修养的总和,其中也包括一定的职业道德。

1.3.2.1 全心全意为人民服务的意识

财政干部要有勤政为民的情操,要有全心全意为人民服务的意识。为人民服务是我党的根本宗旨,并把它作为所有公务员和政府工作人员必须具备的思想政治素质。这就要求财政干部在各项财政管理活动中,在各项工作活动中,都必须坚持群众路线,一切从群众根本利益出发,一切向人民负责,并能与群众同甘苦、共患难。全心全意为人民服务还体现在:要正确运用手中的权力;正确处理整体利益和局部利益的关系;个人利益服从集体利益以及廉洁奉献的精神。只有达到这样的标准,才能在群众中树立较高的威信,老百姓才会相信和支持我们的工作。

[案例1-2]

2003年4月中下旬,非典疫情在全国26个省份蔓延肆虐。国务院决定向部分非典严重地区派出督查组,督导地方做好非典防治工作。其中就有两名是从财政部抽调的领导干部。在做了必要的准备,收集了有关非典防治的政策,特别是对生活困难的非典患者补助和医护人员补助的政策后,这两位同志迅速随队奔赴疫区。在一周的工作时间里,每天都出入人口密集的场所,随时都有被感染的危险。但是这两位同志明白,作为督查组的成员,从小处讲是代表财政部,从大处讲是代表国务院,必须时时处处以大局为重,以国家利益为重,一切从人民的利益出发,个人利益必须服从国家利益和人民利益。因此,在做好自身防护工作的同时,按照督查组的统一安排,深入到定点医院、学校、农村,以及人群密集的飞机场、火车站,实地了解防治情况,及时发现当地防治工作中存在的隐患,并提出了改进建议。除与督查组其他同志密切配合完成督查工作外,还重点了解了当地财政部门支持非典防治工作的具体措施和存在的问题,向当地领导同志、医护人员和群众宣讲国家财政对非典防治工作的支持,以及免费为农民和城镇困难患者提供免费医疗、为一线医护工作者发放特殊工作补贴等政策，增强他们勇于面对困难、战胜非典的信心。最终圆满地完成了任务，为抗击非典的胜利做出了贡献。

启发与思考

作为国家干部，无论面对怎样的困难和危险，都不能把自己当成普通老百姓，而要意识到自己是政府形象的代表，全心全意为人民服务是应尽的义务。国家机器的强大力量，是由每一个组成者的责任心汇集而成。

1.3.2.2 解放思想、实事求是的作风

解放思想、实事求是是马克思主义的灵魂，是我们认识新事物，适应新形势，完成新事业的根本思想武器。"解放思想"就是使思想和实际相符合，使主观和客观相符合，就是实事求是。只有解放思想，才能实事求是，解放思想的目的就是实事求是。而"实事求是"是科学创新精神的核心，是共产主义道德在处理同志之间、集体与个人之间关系的一条准则，是领导干部道德素质的一条重要规范。衡量一个领导干部的道德素质是否合格，很重要的一条就是看他做出的决定是不是实事求是。只有解放思想、实事求是，才能把马克思主义的普遍真理同财政工作的具体实践结合起来，着眼于对实际问题的理论思考，着眼于新的实践和新的发展，做出正确的决策；只有解放思想、实事求是，才能结合财政工作的实际，创造性地贯彻党和国家的大政方针、上级的决策指示；只有解放思想、实事求是，才能做到不唯书、不唯上，认真调研，万事求准。

1.3.2.3 宽容豁达、虚怀若谷的胸怀

宽容待人、豁达大度、虚怀若谷是每个人都应追求的一种道德修养，对于担负某一单位或部门重要行政领导责任的领导干部，更是应当具备的一种基本素质。宽容豁达、虚怀若谷是一种心境、一种涵养、一种境界，也是处事的经验，待人的艺术，为人的胸怀。人与人之间多一份宽容与豁达，就多一份融洽。宽容的气度，令人肃然起敬；豁达的心境，使人登高望远；虚怀若谷的胸怀，更能彰显个人魅力。容者能纳忠言逆耳，作为领导干部，要有宽阔的胸怀，能容人容事；要善于求同存异，取人之长，容人之短，用其所长，避其所短；要善于团结具有不同才干、不同个性的同志，尤其要注意团结那些和自己有意见分歧，甚至反对过自己的同志一起工作。只有这样，才能集思广益，群策群力，形成集体的合力和凝聚力。宽容豁达、虚怀若谷，不仅表现为一种胸怀和大度，也体现为一

种睿智,反映出一种处事经验和领导艺术。做到豁达与宽容,有利于拉近领导、同志和服务对象间的距离,从而更好地开展工作,服务基层、服务财政事业。

1.3.2.4 谦逊自律、公正廉洁的品格

谦逊自律、公正廉洁是财政干部必备的一种道德素质和行为准则,同时公正廉洁还是所有干部必须坚持的党纪政风。谦逊自律,就是能够实事求是地评价自己,正确地认识自己;能够严格要求自己,以身作则,严于律己。公正廉洁,就是在工作中要公道正派,坚持原则,不徇私情,不谋私利。领导干部的一言一行、一举一动都会影响下属的情绪和行为,从而也会影响到部门工作的效能。因此,在工作中,领导干部要发挥模范带头作用,要做到谦逊自律、公正廉洁,具体要做到以下几方面:一是在工作中要坚持公道正派,不偏不倚,不徇私情,秉公办事;要做到不以权谋私,严守法纪,为政廉洁;二是以身作则,要求下级做到的事情,自己首先要做到,禁止别人做的,自己坚决不做;在作风上要坚持勤俭节约,艰苦朴素;三是严于律己,开展自我批评,检查自我过失,有勇气承认错误并改正错误,淡泊名利,讲求奉献;四是在成绩面前首先要看到群众的作用,不能居功自傲;能宽容待人,对同级要尊重,对下级不摆架子,对群众不要威风。

1.3.2.5 锐意进取、开拓创新的精神

"锐意进取、开拓创新"是一个民族的灵魂,是一个国家兴旺发达的不竭动力,也是一个政党永葆生机的源泉。社会的发展呼唤锐意进取、锐意变革型的领导者、开拓者,为适应这种时代的要求,财政干部必须培养锐意改革、勇于创新的精神,坚忍不拔的意志和善于产生积极影响的魅力;要养成创造性思维、辩证思维和系统性思维的品格,要在思维方式上实现从"封闭性"向"开放性"、从"片面性"向"多面性"、从"单向性"向"多向性"、从"常规性"向"跳跃性"、从"僵化性"向"灵活性"五个方面的根本性转变。创新包括理论创新、制度创新、体制创新、组织创新、管理创新和领导方式方法创新等诸多方面。对领导干部来说,要在教导别人的同时也反省自己,主要以先进的思想、积极沟通和个人的魅力进行管理和领导,不仅要自己具有创造性,更主要的是能够领导下属和指导下级业务对口单位进行创新,特别是要善于创造出一个有利于下属进行创新活动的制度和组织环境。

1.3.2.6 财政干部的职业道德

财政干部的职业道德是财政干部在财政管理工作中应当遵循的与其特定职业活动相适应的行为规范，是要求财政干部在工作活动中正确处理人与人之间、个人与工作之间、个人与社会之间关系的行为规范和准则。它体现了社会主义经济利益对财政工作的要求，是财政干部在长期实践中形成的。加强财政干部职业道德建设，提高财政干部的道德素质，对于正确贯彻党和国家的大政方针，加强财政管理，提高财政资金效率等具有十分重要的意义。

财政干部的职业道德主要应包括以下几个方面：

- 树立社会主义荣辱观。做到知荣辱，讲廉耻，重诚信，守道德，保操守。
- 爱岗敬业。做到兢兢业业，开拓创新，忠于职守，履行岗位职责。
- 精益求精。做到勇于探索，善于开拓，刻苦钻研，熟练掌握财经工作各项技能。
- 恪守信用。做到诚实守信，以诚相待，履行诺言，维护财政良好形象。
- 团结协作。做到与人为善，团结互助，顾全大局，积极主动配合。
- 文明服务。做到服务他人，礼貌待人，不厌其烦，认真解决问题。
- 保守秘密。做到积极防范，突出重点，注意密级，内外有别。
- 廉洁奉公。做到遵纪守法，克己奉公，廉洁自律，杜绝腐败。

[案例1-3]

初任处长的小张为了解某县退耕还林工程的真实情况，和处里的另一位同事以搞社会调查的研究生身份进行了"微服私访"。

在某县林业局，当他们提出查阅退耕还林规划图纸和资金拨付文件时，该局负责同志说："这些资料都是保密的，不能给你们学生看。"其实，这些文件和资料并没有什么可保密的，只是他不想为两个学生自找麻烦。小张不灰心，采取软磨硬泡的方式，诉说做学生搞社会调查的苦衷，花了近1小时的工夫，最后终于感动了这位负责人，亲自带他们去档案室查阅了文件和资料。

在该县某乡调查时，安排接待他们的竟是负责计划生育的妇女主任，对业务一问三不知，让小张哭笑不得。但他们没有放弃，登门拜访了该乡退耕办主任，了解到了许多真实情况。

在退耕还林实地考察时，他们爬山越岭，一走就是七八个小时，脚都磨起泡

能力提升（管理卷）

了。但小张不辞辛苦走家串户，在村边地头，与农民席地而坐，掌握了大量第一手材料，了解了大量真实情况。因为小张他们是以学生的身份出现的，农民没有任何戒心，争先恐后，畅所欲言，包括对基层干部的不满，对国家政策的担心，对社会问题的异议等，都痛快地说出来了。这些情况，在正常的调查时是无法了解到的。

小张的调研取得了实效，为领导宏观决策提供了重要的参考依据。

启发与思考

财政部门的领导干部会碰到各种各样的任务，要开动脑筋，甚至吃些苦头，才能应付各种难题。必须有足够的耐心，必须有吃苦的精神，必须深入到群众中去，最重要的一点就是要虚下心来，小处着手，一点一滴地取得成果。这就必须在平时培养良好的职业素质和职业道德。

1.3.3 廉政素质

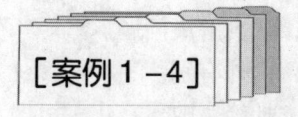

[案例1-4]

2005年12月31日甘肃省财政厅原副厅长郑卫民被兰州市中级人民法院以贪污罪、受贿罪、巨额财产来源不明罪，判处有期徒刑16年。人们为他的流逝感到震惊和惋惜，惋惜的是他还太年轻，被捕时才43岁，正当风华正茂、奋发有为的时候；震惊的是他当副厅长仅仅2年，就沦为贪污受贿的罪犯。

1998年至2003年10月，郑利用其担任甘肃省财政厅工业交通处处长、经济建设处处长及甘肃省财政厅副厅长职务之便，在为相关单位申请财政资金过程中谋求私利。郑的犯罪事实，虽构不上千古奇观，但看过他的犯罪档案，绝对会过目不忘。无论行贿人是一次送10万元、8万元，还是3 000元、2 000元，郑似乎都不大计较，总能欣然接受，收钱就办事，不论钱多少；对于请托人行贿的钱，郑绝大多数都是在其家里和办公室收下，但有些钱在酒桌上、在北京挂职期间他也照收不误，甚至于正在省委开会时被人约出在省委门前送钱给他他也毫不推辞；逢年过节、家中大小事，都是郑收钱的好机会，装修住房、提任副厅长、给孩子的压岁钱，等等，送钱的名目繁多，收钱的应接不暇。惯于利用权力揽财的郑在私利面前忘乎所以、不计后果，完全丧失了党员领导干部的气节，自己儿子上中央美院附中，校长金某说需要30万元赞助费，他也利用职权向企业伸手去要，而恰恰就是收受这笔钱的校长金某在自己因贪污被批捕后为立功争取宽大处理主动供出了他，郑卫民受贿案由此东窗事发。

郑卫民28岁就被提为副处长，35岁被提为正处长，先后主持工交处和经济建设处工作，41岁被提为副厅长。然而就在手中有了一定权力之后，他的人生观、世界观、价值观开始发生了变化。有些人瞄上他手中的权力，趋之若鹜、呼朋唤友、拉关系套近乎并施以金钱利诱，在这种情况下，郑卫民迷失了方向。

启发与思考

郑卫民违法犯罪的教训是十分深刻的，它证明了"贪爱沉溺即苦海，利欲炽燃是大坑"这一千古名言，他的案例给贪欲者亮出了警示灯，也给各级领导干部提出了忠告，要以此为戒，为人民掌好权、用好权，必须警钟长鸣，做到"毋以物乱官，毋以官乱心"，真正懂得"热闹荣华之境，一过辄生凄凉；清真冷淡之为，历久愈有意味"之真谛。

党的十七大报告指出：坚决惩治和有效预防腐败，关系人心向背和党的生死存亡，是党必须始终抓好的重大政治任务。全党同志一定要充分认识反腐败斗争的长期性、复杂性、艰巨性，把反腐倡廉建设放在更加突出的位置，旗帜鲜明地反对腐败。坚持标本兼治、综合治理、惩防并举、注重预防的方针，扎实推进惩治和预防腐败体系建设，在坚决惩治腐败的同时，更加注重治本，更加注重预防，更加注重制度建设，拓展从源头上防治腐败工作领域。严格执行党风廉政建设责任制。党风廉政建设工作，领导干部是关键。提高领导干部的廉政素质、加强廉政文化建设、促进领导干部廉洁自律是反腐倡廉的一项重要工作，是新时期从严治党、端正党风的重要前提。

从另一个角度来理解，廉政素质也是个体应具备的最基本的职业道德。廉政建设离不开对从业人员的职业道德特别是广大党员干部的从政道德教育，这对于提高整个社会的道德水平和人们的道德素质、营造良好的廉政氛围和风尚，具有重要的现实意义。正如青年马克思在谈到职业的理想和价值时曾经写道：如果我们选择了最能为人类福利而劳动的职业，那么，重担就不能把我们压倒，因为这是为大家而献身。马克思对职业的价值追求，归根到底是以奉献社会为最高目标的，这与我们党的事业、与财政事业的最高目标是完全一致的。财政部门在社会主义经济建设、社会主义和谐社会建设中承担着重要责任，作为财政部门的领导干部，对其廉政素质的要求不仅仅局限于完成克己奉公、廉洁自律、发挥表率作用等个人基本义务，还包括教育引导广大干部群众提高廉政意识、投身于加强本单位（本部门）内部的廉政文化建设，引导广大财政干部自觉树立正确的世界观、人生观、价值观和正确的权力观、地位观、利益观，切实做到为民、务实、清廉，做到权为民所用、情为民所系、利为民所谋。

财政部门在反腐倡廉建设中承担着非常重要的责任。在新的历史时期，财政部门的领导干部要进一步提高个人的廉政素质，把加强思想道德建设与加强制度建设有机结合起来，努力推进形成财政反腐倡廉建设的长效机制，这就要求必须做到以下几点：

- 扎实开展反腐倡廉教育，增强财政干部廉洁从政意识，要按照社会主义文化大发展大繁荣的要求，大力推进面向财政系统的廉政文化建设，教育和引导广大财政干部坚持为国理财、为民服务的工作宗旨，树立社会主义荣辱观。
- 不断深化财政管理制度改革，通过各项财政管理制度的改革和创新，进一步推进源头治本，更好地发挥从机制上、源头上防治腐败的重要作用。
- 加强作风建设，大力支持改善民生，切实纠正损害群众利益的不正之风。
- 进一步完善反腐倡廉相关制度，为反腐倡廉提供有效的制度保障。
- 加强对干部的监督，加强对权力运行的监督，建立健全既相互制约又相互协调的权力结构和运行机制，把权力运行纳入制度化、规范化、程序化轨道。

1.3.4 知识素质

财政部门的领导干部必须具备丰富而广博的知识，这是充分发挥领导效能的需要，是财政事业发展的需要。

1.3.4.1 知识的广度

财政部门的领导干部既不同于技术专家，也不同于一般干部，身份的特点决定其所从事的是一项综合性的工作活动。由于工作性质所决定，财政工作与各单位各部门有着密切的联系。因此，财政部门的领导干部要具备较广的知识面，才能在工作中得心应手，正确地处理和理顺工作中的矛盾。知识面越宽就越能自如应付复杂的工作需要，就能够取得更高的工作效能。财政部门是集中国家政策的一个综合部门，财政工作涉及国计民生的各个方面。虽然财政学是一门独立的研究领域，但它又不是与其他学科相割裂的。相反，它与政治学、行政管理学、法学、社会学等众多学科相互作用，相互影响。因此要想做好财政工作，仅仅掌握专业知识是远远不够的。财政干部在掌握专业知识的同时，必须涉猎其他与财政管理工作相关的丰富的社会科学文化知识，包括语文、数学、外语、计算机、逻辑知识，特别是政治学、法学、心理学、行政学、管理学等方面的知识。掌握了必要的现代管理知识，特别是行政管理知识以及决策科学、领导学、社会学、公共管理等，这样才能使自己的工作管理有序。只有具备了丰富的科学技术文化知识，才能在工作中信手拈来，运用自如。

1.3.4.2 知识的深度

随着社会的进步，社会分工越来越细，专业特点越来越明显，人们都在不同的岗位从事着不同的工作。因此，财政部门的领导干部要使自己的工作有成效，想要取得卓著的成绩，就应当成为工作的内行和专家型的人才。财政学是一门独立的学科，它有自己专门的基本概念、基本理论和基本架构，从而构成一个完整的理论体系。为此，作为专业的财政工作者，必须掌握有关财政管理方面的专业知识，对专业知识钻研越深刻、把握越准确，工作起来也就越有条理、目标也就越清晰。同时，还必须熟悉本单位、本部门职责范围内的专业知识技能以及领导责任所要求的一定的管理知识和管理方法。只有掌握并精通所处岗位的专业知识及相应的管理方法，才能够根据本单位、本部门工作的特点有针对性地开展工作，展开调查研究，进行科学的决策和管理，并为上级领导出谋划策，提供信息服务。

1.3.4.3 合理的知识结构

领导干部承担着多重任务，是一个复合型人才，这主要体现在知识结构合理上。合理优化的知识结构是领导干部必备的基本条件，也是提高干部素质的重要环节。现代的领导人才不仅要成为业务上的"专才"，还要成为知识上的"通才"，要把专与博结合起来，合理的知识结构是广博性与精深性的有机统一体。财政学是一门综合的社会学科，财政工作更是一门包罗万象、涉及多门知识学科的综合性工作，这就要求财政部门的领导干部既要有较宽的知识面，懂得运用马克思主义基本理论、一般基础科学文化知识、社会主义市场经济理论知识、现代科学技术知识和法律知识，又要不断拓宽自己的视野，关心国内外政治经济活动走向、改革动态以及与自己工作领域相关的知识；同时，还要具有从事财政工作所必需的业务知识和现代领导与管理知识，成为掌握业务知识与领导知识的"双内行"。唯有这样，才能适应财政工作整个知识系统既高度分化又高度综合的发展趋势及其客观要求，做到博与专的统一，充分发挥领导效能。

1.3.5 能力素质及领导力

领导干部的能力素质因其所处的职位层次不同，部门业务性质不同，管理、指导对象不同，要求也不尽相同。此外，随着社会的进步，时代的发展，财政工作的改革，对财政干部能力素质的要求也越来越高。由于篇幅限制，这里仅论述对财政部门领导干部最基本、最重要的几项能力素质要求。

1.3.5.1 基本能力素质

能力是素质的外在表现，是政治、道德、知识、心理、智慧和技术等诸多要素的综合反映和主要标志。领导干部的能力素质是在领导干部个性素质基础上，经过工作活动实践的磨炼，知识、经验的积累与运用，社会、工作环境的影响作用下形成和发展起来的重要素质。作为财政干部，具备了良好的政治品质素养、高尚的道德素养、丰富的财政专业知识素养以及健康的身体素质，这只是为搞好本职工作创造了有利条件，打下了坚实的基础。只有把自身的素养与本职工作结合起来，并运用到实际工作中去转化为能力，才有可能把工作搞得有声有色，开创新的局面。

(1) 依法行政能力。依法行政能力是所有财政干部都必须具备的能力素质。所谓依法行政，是指行政机关应当依法设定和实施行政行为，亦即行政机关及行政人员管理国家和社会公共事务的权力必须依据法律而获得，行政权力的行使也必须受到法律的约束，受到法律所规定的各种权力主体的监督。依法行政是落实我们党依法治国方略和依法执政要求的重要环节，是依法执政在政府管理领域的经常化和具体化，是在实施依法治国方略，建设社会主义法治国家过程中对行政机关提出的基本要求。2004年3月22日，国务院印发了《全面推进依法行政实施纲要》，提出经过十年左右坚持不懈地努力，基本实现建设法治政府的目标。这一目标的提出，蕴涵着政府管理理念的一次深刻革命，迫切要求政府机关从根本上改变传统行为方式，从而打造出一个全新的法治政府新形象，不断提高依法行政的能力和水平。党的十七大报告明确提出要坚定不移发展社会主义民主政治，提高党科学执政、民主执政、依法执政水平。政府行政机关的权力来自法律，行政行为应当遵守法律，行政违法必须承担责任，行政管理要提供优质服务。

财政工作具有资源配置、收入分配、经济稳定和发展等重要职能，同时对财政资金的使用还肩负一定的监督和管理职能，这些职能作用的发挥都要建立在依法行政的基础上。作为一名财政干部，必须把依法行政贯穿于财政管理工作的各个环节之中，学会用法律思维来研究情况、分析问题，要严格遵循行政合法性原则、行政合理性原则以及政府诚信原则，规范行政方式，严格按照法律、法规规定的权限和程序来行使权力。财政部门的领导干部，承担着协调上下、沟通内外、参与决策、具体执行等多重职责，承担着为国为民管好财、理好财的艰巨任务，必须不断提高自己依法行政、依法理财的能力。

（2）公共政策制定能力。公共政策是政府依据特定时期的目标，在对社会公共利益进行选择、综合、分配和落实的过程中所制定的行为准则，是针对现实问题提出的对未来发展的一种安排与指南，是政府的政治行为。公共政策在行政管理中居于十分重要的地位。首先，公共政策是行政管理过程的首要环节和各项管理职能的基础，行政管理实施过程中遇到的各种需要采取行动加以解决的问题，都依赖于公共政策予以指导。同时，行政管理的各项职能都是为实现政策目标服务的。其次，公共政策的制定是领导干部的基本职能和重要技能。在行政管理过程中，领导干部处于管理的核心地位，承担着行政管理的多项职能，而这些职能中，制定公共政策的职能又是其中最主要的部分。同时，制定公共政策又是领导干部的重要技能，因为领导干部的素质很大程度上是以其制定的公共政策的水平来衡量的，领导干部的层级越高，其所担负的行政管理任务就越重，所做出的公共政策的影响力也越大，因而对制定公共政策的技能要求也就越高。

公共政策制定过程需要严格的程序来控制，要形成科学、民主的政策制定体制。公共政策制定的程序是一个动态的行为过程，一般应遵循客观性、超前性、适度性、可行性的原则，按照六个基本步骤进行，即：发现问题、确定目标；研究信息、拟订方案；评估选优、抉择方案；逐级上报、审定批准；细定计划、指导实施；局部试点、反馈完善。在政策制定的过程中，要注意灵活运用定性技术方法、定量技术方法以及定性定量相结合的柔韧性，通过各种科学方法的结合运用，保证最终所出台政策的准确性、合理性和有效性。此外，作为领导干部，在政策制定的过程中，还必须按照公共政策制定的程序要求，增强调查研究的意识，形成科学的思维方式，充分发扬民主，吸取集体智慧，真正做到科学决策、民主决策。

（3）领导角色与领导艺术。领导角色指的是担任领导的人与其地位、身份相一致的一整套权利义务的规范与行为模式。它是人们对担任领导的人的行为期望，是外部因素和内部因素两方面共同作用的结果。领导应具有五种基本特性，即：法定性、强制性、引导性、人格性和权变性。这五种特性决定了领导具有不同的角色。法定性、强制性和引导性是构成领导权，确定领导角色最重要、最根本的属性，人格性和权变性则是构成领导者统御权的属性。领导是一个多重角色，需要具体情况具体分析，随时间、事件和空间等因素的不同而转换。首先，领导应是一个高明、果断的决策者；其次，领导应是一个举重若轻的指挥者；再次，领导还应是一个沟通和协调的组织者。领导干部还应具备一定的领导艺术，这是其实施领导职能、提高领导效能、实现领导目标的重要保证。

领导艺术是指担任领导的人在一定知识、经验、智慧和才能的基础上，在履行其领导职能和进行领导活动中，运用特殊手段和方法，创造性地、卓有成效地解决某些实际或疑难问题的技能。领导艺术的内容广泛，有决策艺术、用人艺术、指挥协调艺术、调查研究艺术、开会艺术、授权艺术、谈判艺术，以及发挥参谋助手作用和职能部门作用的艺术等，归结起来，主要就是对人的艺术和处理事务的艺术。领导和管理活动是领导干部最具体的工作体现，能够称得上是艺术的领导与管理是运筹帷幄、进退自如、技术娴熟。即使只有三五个人，却能使其发挥以一抵十的巨大作用，这不但反映出领导干部的领导能力和管理水平，更体现出其高超的领导艺术。领导艺术要在领导过程中根据实际情况灵活运用，在领导实践过程中不断丰富、发展，它并非一成不变，也非一朝一夕就能掌握，因此每位领导干部必须在工作实践中不断学习、努力摸索，逐步提高自身的领导艺术，配合自己领导角色的发挥。

（4）团队建设与组织管理能力。这里所说的团队指的是一个为了达到共同目标而形成的有组织的共同体，该共同体能合理利用每一个成员的知识和技能协同工作，产生一种合力，解决问题，达到共同的目标。一个好的团队一定是不同的个性相组合，而且能够充分发挥个人的个性和能力的。它可以把具有不同能力、不同特长的人结合起来，让每个人都发挥出自己的优势，并可以通过团队成员间的协作弥补个体的劣势，将每个成员的优势发挥到最大化，从而也实现了团队的最大效能。团队可大可小，一个单位是一个团队，这个机关中的每个部门又都可以看做是大团队中具备独立功能和任务的一个个小团队。机关工作效能的发挥最终就是通过众多小团队共同构建的大团队发挥的合力来实现的。团队的强弱，领导是决定性因素，只有领导认识到团队作用的重要性，才会注重建立团队机制，营造团结协作的氛围，合理地选人用人，让每个团队成员发挥自己的全部聪明才智，并达到较好的效果。

加强团队建设是推进工作的加速器。社会主义经济建设的进一步发展，财政改革的进一步深化需要一支庞大的、高素质的财政干部队伍，而这支队伍的建设，则需要我们下大力抓好对各级干部的培养、选拔和任用，共同推动财政事业的更大发展、更大进步。一个高效团队的标准是：团队整体的反应速度快、团队成员能力互补、具备团队精神、注重整体创造力、建立信息共享机制、高效决策、高效行动。在团队建设的过程中，领导干部必须要有全局观念，要以人为本、知人善任，要具备识人的慧眼、用人的能力和容人的肚量，营造团结协作的团队氛围，发挥团队的最大效能。此外，领导干部还必须保证这个工作团队内的各要素始终处于良好的配合状态，以获得更高层次的整体合力，保证团队的持续、高效运转。这就要求领导干部必须具备较强的组织管理能力，它在本质上是一种将各种分散的积极性综合在一起并组织力量完成目标任务的能力。

（5）沟通协调能力。所谓沟通就是信息的交流，是指个体与个体之间或群体与群体之间通过传递和交换各自的意见、观点、思想、情感与愿望，从而达到相互了解、相互认知、完成工作目标的过程。而协调则是指采取一定的措施和办法，在工作、生活过程中正确处理各种人际关系，以便高效率地实现目标的行为。信息沟通和协调关系是领导干部工作活动中的重要内容，也是保证单位、部门有秩序地正常运转、提高工作效率、完成工作任务、实现组织目标的基本条件。有效的沟通和协调，可以使领导干部更好地了解和掌握各种情况和信息，可以更好地了解工作发展的状况，促进工作的整体推进，也能够更好地构筑人际关系，缓解、化解上下内外的各种矛盾，使集体发挥出其最大的作用和效力。因此，领导干部必须掌握沟通与协调的原则、方法、艺术，提高沟通与协调的能力，这是做好本职工作的基本要求。

在进行沟通协调时，要注意结合工作实际，把握求同存异、目标一致、统筹兼顾、动态平衡的原则，"处好事、待好人"，做好工作、业务、信息、感情全方面的沟通协调。这就要求首先要协调好纵向各级关系，致力于上下级之间关系融洽。其次，要协调好横向各部门关系，致力于同级间关系协调。最后，要协调好外部关系，通过沟通，相互理解，在不违反原则的同时，争取外部对本单位、本部门工作的支持。

（6）公务语言艺术与技巧。机关工作包括很多说的任务，较高的口语表达能力是机关工作人员的基本功之一。领导干部由于身负对上请示汇报、对外协调沟通、对下指挥领导的多重责任，很多需要通过直观的语言交流来完成。如果掌握了在不同场合、不同背景与不同对象交流的语言，并能形成自己的语言风格，就能在工作中占据主动，进而成功地树立起自己的形象，并能通过这种信息的传递走向成功。

领导干部公务语言艺术受其工作的性质、任务、对象及其工作方法的制约，他们对公务语言的运用反映出其思维能力、社交能力、组织能力、工作协调能力等诸多素质。在工作过程中一定要根据自己的职责、说话的场合、背景、面对的对象、想要达到的目标等多重因素，运用适当的公务语言艺术与技巧，选择语言表达的最佳时机，采用不同的语言风格，注意原则性与灵活性相结合、说理性与通俗性相结合、幽默性与随机性相结合、群众性与时代性相结合。

（7）财经公文审核把关能力。相关内容见第 8 单元。

1.3.5.2　领导能力的再提升

领导干部在具备所有上述基本能力素质的基础上，应更加注重加强以下几种领导能力素质的提升（见图 1 - 2）：

（1）领导力。领导力是为组织设定宏伟目标，并激励他人出色地完成该目标的能力，是设定组织目标并将组织目标转为行动、将计划变为现实的实践能力，是创造团结协作的和谐组织氛围的能力。可以说，自从人类开始群居生活以来，领导力就存在着，并且它的本质"设定目标并激励人们去完成目标"也从来没有改变过。领导力不是某些人所具有的某种特质，它不完全是天生的，现代的管理学理论已倾向于认为领导力是一种可以被学习的能力，是任何个人都可以掌握的技巧。事实上，人人都具有领导力，只是因为各种因素的影响，使每个人领导力的强弱不同。

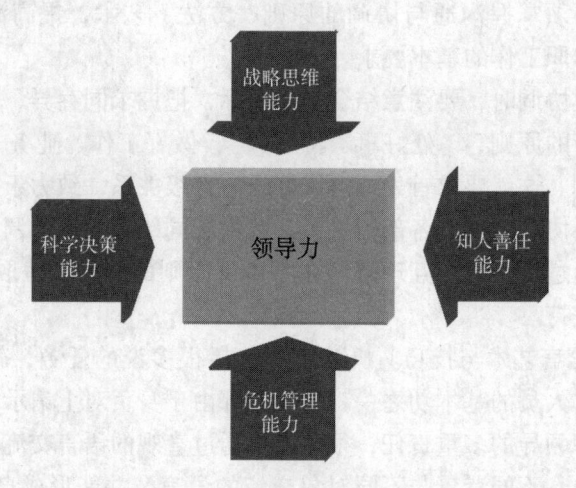

图 1 - 2　领导能力的再提升

领导力是一个凝聚多项能力素质的综合性概念，包含甚广，粗略分类可分为个人特质、能力和领导模式三个方面，但其中每一方面又可以继续细化为很多层次。一个优秀的领导干部其个人特质应包括良好的品格、强烈的吸引力、坚定的信念、伟大的奉献精神和牺牲精神、准确的直觉等；其应具备的基本能力有沟通与人际交往能力、解决问题的能力、团队建设与组织管理能力等；其应掌握的领导模式方法包括合理授权、建立核心圈、爆炸式增长（培养领导人）、传承（培养接班人）等。需要强调的是，领导力的提升更重要的是一个自我提升的过程，掌握领导艺术的关键是要学会掌控自己，释放自己的领导能力。每个领导者领导的不仅是他人，也包括自己。优秀的领导干部应该成为卓有成效的自我领导者与他人领导者，这样的领导力才足够完整。

（2）战略思维能力。战略思维是指对某一特定战略的指导原则、作用范围、基本态度、基本假定以及遵循的主要方向等进行全面观察和思考的整体过程。战略思维是从宏观总体和长远发展来认识和把握全局的辩证思维方法，它不仅涉及对某项具体战略的系统分析，更重要的是要在系统分析的前提下做出科学的战略抉择。战略思维是一项综合性很强的能力素质要求，主要包括系统性思维、开放性思维、创新性思维和预见性思维等基本形式。

作为一个单位主要领导，必须具有政治上的导向作用和决策上的主导作用，这就要求其必须具备较强的战略思维能力，能科学判断形势并做出准确的决策。战略思维的每种形式都对领导者某一方面的能力提出了很高的要求。例如，系统性思维要求单位领导干部在空间上要处理好全局与局部的关系，在时间上要处理好过程和阶段的关系，在结构上要处理好系统和层次的关系；开放性思维要求既要深入分析所处的外部环境及环境可能发生的变化趋势，也要研究系统内部状况及其对外部环境各层次影响的承受程度、反应敏感度和变化程度等。

对一个领导者来说，战略思维能力除了是其他领导能力的基础和核心之外，其重要性还在于它不仅影响领导者自己，而且还影响甚至决定着其所领导的事业的兴衰成败和前途命运。需要强调的是，处于充满竞争、挑战和机遇的 21 世纪，财政工作正面临蓬勃发展的新时期，财政改革进一步深入，这对财政部门领导干部的战略思维能力提出了更新更高的要求。面对新形势、新挑战，财政部门的领导干部必须不断注重加强自身战略思维能力的培养。

（3）科学决策能力。从一定意义上说，所谓领导即为决策，领导的过程就是制定和实施领导决策的过程。决策是领导工作的核心，是一切事业兴衰成败的关键。毛泽东有一句名言："领导者的责任，归结起来，主要的就是出主意、用干部两件事。"其中所谓的"出主意"就是制定和实施决策。在客观形势复杂多变，我国经济发展挑战与机遇并存的新时期，缺乏决策能力就是缺乏竞争的基本能力。一个不善于出主意、做决策的领导者绝不是一个好的领导者，甚至是一个缺乏基本任职资格的领导者。

"决策正确，成事之始；决策失误，败事之趋"。提高领导干部科学决策和民主决策能力，是提高财政系统领导干部工作水平、构建和谐社会的重要环节。提高领导决策能力必须要注意五个环节：一是要具备较高的科学文化水平和业务能力水平，拥有比较丰富的实践经验，唯有这样，才能在充分把握的基础上发现单位存在什么问题，面临什么样的境况，并思考和解决实际问题的途径；二是充分掌握信息，通过各种形式和途径收集信息，要掌握基本情况、基本数据，了解历史和现状，以便对实际情况做出准确的分析和判断，切忌情况不明决心大；三是要有民主作风，充分发扬民主集中制，深入了解民情，广泛集中民智，推进领导决策的科学化、民主化；四是严格遵守相关程序，防止和克服决策的盲目性、随意性；五是必须具备纠错意识，在决策制定以及决策实施过程中，要随时跟踪，如发现有错误，为党和人民的利益必须勇于承担责任，随时纠正错误、克服缺点，以降低决策失误带来的负面影响。同时，实施领导的科学决策，还要注意改进工作方法，建立健全科学的、民主的决策机制。

（4）危机管理能力。在经济转轨和社会转型的过程中，由于利益主体的多元化，各种矛盾和问题相互交织，不可避免地会引发很多突发性的危机。如何应对和处理突发危机已经成为领导干部能力素质建设不可回避的一项重要内容，危机管理能力也就理所应当地成为衡量一个领导者能力大小的重要标准。危机管理是指为避免危机发生或减少危机所造成的损害而采取的危机预防、危机识别、危机反应、危机恢复和危机评价等一系列管理行为。只有不断提高对危机管理理论的认知和实践，对领导干部，特别是高级领导干部的危机管理能力加强锻炼和培养，才能有效应对未来道路上可能遇到的危机和挑战。

财政工作综合性很强，涉及国家和社会生活的方方面面，无论是自然灾害还是事故灾难，任何一类危机发生，都与财政工作息息相关，许多重大危机的处理，都需要财政部门的参与和支持。肩负如此重任，财政干部必须随时警惕，培养良好的危机防范意识，具备一定的危机应对能力。特别是作为财政部门的领导干部更要注重与相关部门的随时沟通，培养较强的危机管理能力，锻炼在危机中的领导力，掌握科学的危机管理方法，争取做到有效防范危机，降低不必要的损害。当危机袭来时，领导干部要保持清醒的头脑，恰当合理地利用危机管理知识，充分发挥危机中的领导力，做好危机的事前、事中、事后全程管理，争取有效控制局面，将危害的影响减少到最低。

（5）知人善任能力。正确路线确定后，人便是决定性的因素。人才是立国兴邦的根本，实现"科教兴国"战略离不开"人才强国"，不仅国家和社会的发展要靠人才，当今和未来的国际竞争，说到底也是人才的竞争。按照"任人唯贤"的要求，每个现代领导者都要有知人善任、选人用人的能力。领导活动的实质是通过对人的领导而达到对事物的认识和改造。邓小平同志指出：善于发现人才，团结人才，使用人才，是领导者成熟的主要标志之一。在领导活动中，领导职能可以分为众多方面，从领导活动过程看，领导者有调研、预见、组织、指挥、管理、监督、控制等诸项职能。其中，知人善任，搞好人力资源的开发、利用和管理是领导干部的一个基本职能。

领导干部处于一个单位的核心领导位置，肩负着整个单位的团队建设和工作领导职责。在带领大家为实现工作目标而努力的同时，大家也正从不同角度、不同尺度衡量和检验着领导。看领导的政治觉悟，看领导的思想作风，看领导的工作能力等，但更重要、最根本、最直观的却是看领导干部对人才的态度。这不仅是衡量领导干部觉悟高低的标志，也是检验领导干部能力和水平高低的标志。一个领导干部，无论他个人能力有多强，如果不能发现人才、团结人才、培养人才、使用人才和留住人才，他就缺少作为领导者的基本素质，事实上不能善用人才的领导干部也绝不可能成为一个优秀的领导者。采用何种领导方式、方法和手段统帅下属，调动同志们的工作积极性和创造性，充分发挥集体的最大合力为推进财政事业的发展服务，这是一个需要不断研究和探讨的命题，也是财政系统领导干部素质能力建设的关键一环。

1.3.6 心理素质

作为一名领导干部，还应该具备健康的心理素质。人与人存在着先天方面的个体差异，这种差异对形成一个人的心理品质有一定的影响，但是，先天素质并不是形成个人心理品质的决定性因素。决定个人心理品质的主要因素是环境、后天的学习和实践，当然也离不开个人自身的努力。所以，领导干部要注重通过自身的学习和实践，来逐渐完善自己的心理品质，要争取做到无论身处什么样的环境和压力之下，都保持一个健康的心理，善于控制情绪，要自觉地磨炼个人意志，注重气质修养，努力培养良好的性格，全面提升自己的心理素质。

1.3.6.1 良好的心理调适能力

通过增强心理调适能力来维护心理健康，是人们适应外部环境获得自身发展的重要前提。财政工作的快速发展、财政改革的深入推进、工作节奏的加快、职务职责的变化、利益关系的重构、竞争危机的加剧，所有这些都可能给财政干部带来一定的心理压力。对于财政部门的领导干部而言，他们承受的压力更重，他们站在财政改革的前沿，处在工作的"领头羊"位置，承担着发动和率领群众去完成领导职位赋予他们的重要使命。由于领导干部在工作中占据着主导性的位置，他们的心理状态对组织、对下属、对工作都会产生重要影响，因此，为了更好地完成领导任务，保证工作的顺利开展，领导干部必须增强心理调适的能力并掌握一定的心理调适方法，自觉进行心理调适，主动控制自己的情绪，保持良好的心理状态。尤其是在任职初始，面对新的环境、新的角色、新的任务，领导干部更要注意积极主动进行自我心理调适，提升自己的心理应变能力，尽快完成角色转换。

1.3.6.2 坚忍不拔的意志

开展工作、推动改革、开拓创新，都难免遭受困难、挫折和失败，只有具备坚定果敢、百折不挠的毅力，才能经得起各种风浪的考验。因此，意志坚强是领导干部带领下属一起开拓事业的必备条件。

1.3.6.3 敢于决断的气质

领导干部有很多工作是领导性的、指挥性的，常常需要做出决策，而任何决策都是有时效性要求的。因此，在对客观事物充分调查的基础上，领导干部应有不失时机地、勇敢果断地处置问题的热情与气魄。

1.3.6.4 竞争开放的性格

竞争在某种意义上说就是奋力争先。领导干部作为工作的领导核心，应有身先士卒、率先垂范的品格，要有敢为天下先、善于争先的品格，在工作中要树立精品意识，做到精益求精。由于扮演着多重角色，工作中常常要与各种人打交道，会随时介入各种矛盾，这决定了领导干部要有开放的心态，宽阔的胸襟，公道正派的作风，团结众人一起去不懈地竞争。

1.3.7 个人修养

个人修养是以正确的世界观为指导形成的个人主观世界，它包含着极为广泛和深刻的含义。个人修养是个人魅力的基础，是其他一切吸引人的长处的源泉，它的内容是科学的、富于时代精神的。作为领导干部，要想建设一支团结高效的团队，充分调动每个成员的工作积极性和主动性，除了正确的政治与思想路线、依靠民主集中制、运用一定的领导艺术之外，很大程度上还是要靠领导干部个人的人格魅力，而有否人格魅力则取决于干部的个人修养如何，取决于干部如何做人。

在工作中，我们常常会遇到这样或那样的问题，产生这样或那样的矛盾，能否圆满解决这些矛盾，特别是团结的问题能否处理好，能否在团队内部形成合力，这常常与处于核心地位的领导干部的个人修养密切相关。领导干部的个人修养是其有效实施领导和管理职能的客观要求，是提高领导影响力的重要保证。领导干部的基本个人修养应该包括：平等待人、宽容大度、以身作则、信念坚定、意志顽强、品德高尚等。

思想是行动的先导。在改革创新和知识经济时代，领导干部要提高综合素质和工作能力，首先必须扎实地加强自身的思想修养。对于领导干部来说，加强修养是树立和落实科学的发展观、人才观和正确政绩观以及提高能力的重要途径。新时期，领导干部提高修养的根本指针是科学的发展观，而科学的人才观和正确的政绩观是提高修养的重要保证。

科学发展观突破了过去把发展简单理解为经济增长的局限，强调正确处理经济增长的数量和质量、速度和效益的关系，重视经济、政治和文化的全面发展，重视人与自然的和谐发展，重视经济效益、社会效益和生态效益相统一的可持续发展，是人类发展、经济增长、社会进步、环境和谐的系统集成。它改变了从生产和供给的角度来考虑发展问题的思维定式，顺应经济增长和社会进步的发展趋势，从满足人们日益增长的物质文化需要出发来思考和认识发展问题。

财政系统的各级领导干部要紧紧围绕贯彻党的基本路线、思想路线、组织路线、群众路线和民主集中制这五个方面，坚持不懈地进行自觉的理论学习、实践锻炼和全面修养，并把它内化为正确的世界观、人生观、价值观。领导干部要善于学习、善于观察、善于思考、善于实践和善于总结，不断修养自己，才能使自己的领导能力和工作水平不断得到提升。

☞ **思考题**

1. 领导干部基本素质的含义与特征是什么？
2. 根据自己目前担任的职务，您认为自己应具备哪些领导干部基本素质？
3. 提高领导干部素质的途径有哪些？您觉得自己目前在领导干部基本素质方面还有哪些欠缺，应如何解决？

☞ **推荐阅读**

1. 《领导科学专题研究选编》，万良春著，中国经济出版社，2006年版。
2. 《领导科学与艺术》，苏保忠著，清华大学出版社，2007年版。
3. 《领导素质与领导艺术》，兴盛乐著，企业管理出版社，2007年版。

能力提升（管理卷）

4.《领导者》，沃伦·本尼斯（Warren Bennis）、伯特·纳努斯（Burt Nanus）著，中国人民大学出版社，2008年版。

☞ 推荐浏览网站

1. 中国政府网 http：//www.gov.cn
2. 中国经济网 http：//www.ce.cn
3. 领导网 http：//cnlingdao.com
4. 中国人力资源开发网 http：//www.chinahrd.net

第 2 单元

依法行政

■ 引 言

行政是国家行使权力的重要方式,是国家对社会进行管理的基本途径。行政具有立法和司法都不具备的特点,它的工作内容最为丰富,涉及的社会范围非常广泛,与社会公众的联系最为密切,对公民、法人和其他组织合法权益的影响最为直接。在现代社会,行政必须受法律约束,这是法治的必然要求。对于财政部门来说,依法行政要求在财政工作中要依据依法行政的原则和观念,按照法定职责和权限实施各项财政管理行为并承担相应行政责任。

■ 学习目的

- 了解依法行政的基本原理、基本原则和基本要求;
- 培养依法行政的能力;
- 提升依法理财的能力和水平。

■ 引 例

不依法行政导致财政管理混乱

2000年6月,财政部门根据群众举报,对某省一直管市财政局1992~1999年的财政资金安排使用情况进行检查。检查发现,1993~1999年,该市财政局存在利用"预算暂存款"科目,大量截留预算资金挪作他用,预算执行不是依据人大通过的预算,而是按照主管财政的

能力提升（管理卷）

领导意愿随意拨付财政资金，并违反规定乱收滥支预算外资金，随意发放周转金等严重违法违纪问题。根据检查情况，依法给予该市原主管财政的副市长、原财政局局长等45人党纪政纪处分，并将其中14人移送司法机关追究刑事责任。

启发与思考

这是一起因严重不依法行政而导致违法犯罪的典型案例。该市原财政局主要领导和一些财政干部依法行政和依法理财的观念不强，没有按照依法行政、依法理财的基本要求管理财政资金，大量财政业务工作没有遵守操作规程，相互之间没有形成有效的监督和制约机制，一切以领导的意愿办事，财政管理混乱，大量财政资金被挪作他用，随意使用甚至违法使用财政资金，滥用手中的权力，侵吞国家资产，造成巨额财政资金损失，最终受到党纪国法的严厉惩处。

2.1 依法行政概述

2.1.1 依法行政的概念

依法行政，是指行政机关根据法律法规的规定取得、行使行政权力，并对行政行为的后果承担相应的责任。依法行政的三个条件：行政主体必须合法，行政行为应当具有法律上的根据，违法行政必须承担法律责任。

2.1.1.1 行政主体合法

行政主体必须依法设立并具备相应的资格和条件。如果进行行政活动的主体不是依法成立的或者不具备行政主体资格，其行为不具有法律效力。

[案例2-1]

某市财政局委托某注册会计师事务所检查某项财政资金的使用情况，该会计师事务所以自己的名义行使检查职权，受检查人以会计师事务所不具有执法主体资格为由，拒绝接受检查。

启发与思考

通常情况下，做出行政行为的行政主体必须是依法成立的享有行政管理权的行政机关；某些情况下，经过法律、法规授权，一些事业单位或者其他组织取得行政管理职权，也可成为行政主体，称为法律法规授权的组织。另外，在法律、法规允许的情况下，经行政机关委托，一些非行政机关或不具有该行政管理职能的组织可以以委托的行政机关的名义（不能以自己的名义）行使职权，委托行政机关对此行为承担相应责任，受行政机关委托实施管理的组织不是行政主体。因此，在本例中，尽管某注册会计师事务所受某市财政局委托从事财政检查，但其不是行政主体，不能以自己的名义进行检查，而只能以市财政局的名义进行检查，其行为后果也应由市财政局承担。

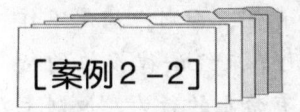

[案例2-2]

某省财政厅专司财政监督检查的机构，在进行财政监督检查工作中，为工作方便，以财政监督检查局的名义从事财政监督检查活动，并做出行政处罚决定。

启发与思考

在财政机关内部，根据职能分工的不同依法设置不同的内设机构。通常情况下，不同的内设机构具体从事不同的财政管理行为。但按照依法行政的要求，财政机关对于外部管理的行为，如财政监督检查等执法行为，除非经法律法规授权，财政机关的内设机构不能以自己的名义行使财政职权，必须以财政机关的名义做出。在本案例中，财政厅内设的财政监督检查机构，虽然名称上为财政监督检查局，但其仍然是省财政厅的内设机构，在对外进行监督检查等执法行为时，必须以财政厅的名义来行使规定的行政职权。

2.1.1.2 行政权的取得和行使合法

行政权的取得必须有法律法规依据，行政权的行使必须符合法律法规的规定。

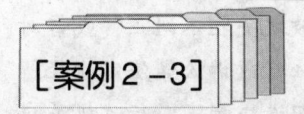

[案例2-3]

某省财政厅厅务会议在研究某项问题时，觉得现行法律法规没有相关规定，

能力提升（管理卷）

财政部门能否做出相关行为不是太有把握，就将这一问题交给某处处长，请其提供意见。该处处长经研究后认为，只要是法律法规没有明确规定禁止行政机关实施的行为，行政机关都可以做。因此，该处长向厅领导提出可以做出相关行为的建议。

启发与思考

行政行为必须有法律法规的依据，否则不得做出影响行政相对人权利的行为；行政活动必须在法定的权限范围内活动，越权无效；行政主体不仅有消极地遵守法律规定的义务，而且要积极地采取行动或措施保证法律规范的实施；行政行为不仅要符合实体规定，也要遵守程序性规定。对于行政机关来说，行政职权是公权力，既是权力，也是义务和责任。法律授予行政机关权力，同时也赋予行政机关义务和责任。依法行政不仅要求行政机关要在法律授权范围内行使职权，也要求行政机关积极履行法律规定的义务和责任，否则，就是不作为，就应当承担相应的法律责任。对行政机关而言，凡是未经法律授权的行为，原则上均不得实施；而对公民而言，只要是法律没有禁止的行为，原则上公民都可以做。

2.1.1.3 行使行政权要承担相应的责任

依法行政要求权责统一，即行政主体的职权与职责相统一，行为主体与责任主体相一致，责任与违法相对应，违法必须受追究。

[案例2-4]

某市财政局在对当事人做出处罚决定后，发现自己的处罚行为不符合法律规定，为了维护财政机关的权威，该市财政局只是在内部对此事进行了低调处理，对该局相关执法人员进行了批评教育，以防再发生类似行为。

启发与思考

行政机关发现自己的行为违法，应当主动纠正。主动纠正错误，保护行政相对人的合法权益，并不会影响行政机关的威信。如果行政机关拒不纠正，或者对行为是否违法存有争议，行政相对人可以通过行政复议、行政诉讼等法定途径解决。如果行政机关的违法行为给公民、法人或者其他组织造成损害，行政机关应根据《国家赔偿法》的相关规定承担赔偿责任。

[案例2-5]

某市财政局虽在一起行政诉讼中败诉,但总找各种理由和借口拒不履行生效的司法判决。

启发与思考

《行政诉讼法》第65条规定:当事人必须履行人民法院发生法律效力的判决、裁定。公民、法人或者其他组织拒绝履行判决、裁定的,行政机关可以向第一审人民法院申请强制执行,或者依法强制执行。行政机关拒绝履行判决、裁定的,第一审人民法院可以采取以下措施:(1)对应当归还的罚款或者应当给付的赔偿金,通知银行从该行政机关的账户内划拨。(2)在规定期限内不执行的,从期满之日起,对该行政机关按日处50元至100元的罚款。(3)向该行政机关的上一级行政机关或者监察、人事机关提出司法建议。接受司法建议的机关,根据有关规定进行处理,并将处理情况告知人民法院。(4)拒不执行判决、裁定,情节严重构成犯罪的,依法追究主管人员和直接责任人员的刑事责任。

2.1.2 依法行政的依据

毫无疑问,依法行政应依据"法"来行政,但现实中,对"法"的含义往往有不同的理解。要准确理解和把握依法行政,必须全面理解依法行政所依之"法"的含义。

(1)从本质上讲,依法行政所依之法应当是充分反映民意、符合客观规律、科学理性、公正的规则。法必须充分体现民意,而不是少数人或者长官个人意志的反映;法必须遵循客观规律,符合客观实际,符合国情,符合法的基本价值理念,科学、合理、公正。

(2)从形式上讲,依法行政所依之法应当包括宪法、法律、法规、规章等各种法律规范。依法行政所依之法,首先是指宪法和全国人大及其常委会颁布的法律。宪法是我国的根本大法,是国家最高的法律规范,具有最高的法律效力。其次,是指《立法法》规定的不与法律相抵触的国务院颁布的行政法规、决定、命令,省、自治区、直辖市和较大的市的人大及其常委会颁布的地方性法规,民族自治地方的人大颁布的自治条例和单行条例,国务院部门颁布的部门规章,省、自治区、直辖市和较大的市的政府颁布的地方政府规章等。

能力提升（管理卷）

（3）从法的要素方面讲，依法行政所依之法，不仅应包括法律规则本身，还应包括法律原则、法律目的和法律精神。法律规则是具体规定人们行为及其权利义务的行为准则，它具有典型的法律适用性。法律原则虽然不像法律规则那样规定确定的事实状态、行为模式以及相应的法律后果，但它同样具有可适用性，在创制、理解和适用法律规范的过程中，不可缺少。它不仅可以指引人们如何正确的适用法律规则，而且在没有相应法律规则或者法律规则规定有漏洞时，可以替代规则或者填补立法漏洞而被直接适用。除此之外，依法行政所依之法还应当包括法律目的和法律规则背后隐含的法律精神、法律价值。

[案例2-6]

有人认为依法行政所依之法只限于《立法法》规定的宪法、法律、地方性法规。在财政执法中，特别是在涉及公民、法人和其他组织的权利义务时，财政部门规章和地方政府制定的财政规章，不能作为财政部门执法的依据。

启发与思考

传统法制观念只从形式上认识行政与法的关系，认为"无法律便无行政"、"一切行政都必须有直接的法律依据"，依法行政所依之法只限于立法机关制定的法律、地方性法规。随着现代行政管理范围的扩大，法要从原来立法机关所制定的法律、地方性法规，扩展到行政机关依职权制定的与法律保持一致的行政法规、规章。因为行政法规、规章是行政机关对法律的具体化，行政机关在实施行政管理时，也必须受其约束。当然，行政机关制定的行政法规必须符合法律的规定，规章必须符合法律、法规的规定，否则，不能作为行政的依据。

[案例2-7]

有人认为，依法行政就是按照行政机关制定的部门规章或文件规定"行政"。在实际财政管理和财政执法工作中，只需要在规章或者上级机关下发的文件中找到依据就可以了，不需要再去查找法律、法规了，即使是规章和文件与法律、法规规定的不一致，作为执法人员和管理人员，也没有责任判断谁是谁非。

启发与思考

从广义上的"法"来讲，而且在实际工作中，国务院部门和省级政府为保障法律、法规、规章得以实施而制定的其他规范性文件也是依法行政的依据。但此类规范性文件的适用应受到严格的限制和约束。目前，在实践中存在着"部门利益法制化"的现象，某些行政机关热衷于通过制定效力较低的部门规章或其他规范性文件，扩大本部门行政权力，维护本部门利益，从而出现部门规章和其他规范性文件互相打架，甚至与上位法规定不一致的现象。依法行政所依之法必须是符合法制统一原则的，仅依"从部门利益出发制定的规章或其他规范性文件行政"不是依法行政。

2.1.3 依法行政的本质

依法行政的本质是依法规范、约束行政权。现代法治要求，依法行政是依法治权，不是依法治事；是依法治官，不是依法治民；是依法治政府自己，不是依法治老百姓。一方面，依法行政要保证国家行政权力的依法实现，依法行使国家行政管理的职能，维护国家利益、社会利益；另一方面，更要防止非法行政，以切实保护公民、法人和其他组织的合法权益。

（1）在权利与权力关系的认识上，必须从公民义务本位和政府权力本位向公民权利本位和政府责任本位转变。公民权利是国家权力之本，是行政权力之源；政府责任是行政权力的核心，是政府属性的本质。对于政府而言，法未授权不可为；对于公民而言，法未禁止即可为。

（2）在法治理念上，必须从以法治民、治事向依法治官、治权转变。依法行政的核心是依法规范和制约行政权而非扩大和强化行政权。

（3）在责任意识上，必须从片面强调公民责任向强化政府责任转变。依法行政的目的是保护行政相对人的合法权利和利益。

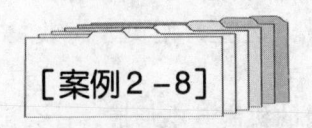

[案例2-8]

有人认为，依法行政就是依法治理社会，就是依法管理老百姓。在实际财政工作中，作为财政管理者的责任就是让被管理者遵守法律规定，让老百姓按照法律规定服从管理。

启发与思考

依法行政要解决的是行政机关活动的合法性问题，规范的是行政权力而不是老百姓。依法行政规定的是行政机关的责任，而不是权力。依法行政的含义是指国家的公共管理活动必须依法进行，符合法律的规定，依法规范和约束行政机关及其工作人员的行政行为，而不是用法去治理行政相对人。

2.1.4 依法行政的目标

国务院《全面推进依法行政实施纲要》（以下简称《纲要》）将我国依法行政的目标确定为建设法治政府，明确提出：全面推进依法行政，经过十年左右坚持不懈的努力，基本实现建设法治政府的目标。具体包括如下七个方面：

（1）政企分开、政事分开，政府与市场、政府与社会的关系基本理顺，政府的经济调节、市场监管、社会管理和公共服务职能基本到位。中央政府和地方政府之间、政府各部门之间的职能和权限比较明确。行为规范、运转协调、公正透明、廉洁高效的行政管理体制基本形成。权责明确、行为规范、监督有效、保障有力的行政执法体制基本建立。

（2）提出法律议案、地方性法规草案，制定行政法规、规章、规范性文件等制度建设符合宪法和法律规定的权限和程序，充分反映客观规律和最广大人民的根本利益，为社会主义物质文明、政治文明和精神文明协调发展提供制度保障。

（3）法律、法规、规章得到全面、正确实施，法制统一，政令畅通，公民、法人和其他组织合法的权利和利益得到切实保护，违法行为得到及时纠正、制裁，经济社会秩序得到有效维护。政府应对突发事件和风险的能力明显增强。

（4）科学化、民主化、规范化的行政决策机制和制度基本形成，人民群众的要求、意愿得到及时反映。政府提供的信息全面、准确、及时，制定的政策、发布的决定相对稳定，行政管理做到公开、公平、公正、便民、高效、诚信。

（5）高效、便捷、成本低廉的防范、化解社会矛盾的机制基本形成，社会矛盾得到有效防范和化解。

（6）行政权力与责任紧密挂钩、与行政权力主体利益彻底脱钩。行政监督制度和机制基本完善，政府的层级监督和专门监督明显加强，行政监督效能显著提高。

(7) 行政机关工作人员特别是各级领导干部依法行政的观念明显提高，尊重法律、崇尚法律、遵守法律的氛围基本形成；依法行政的能力明显增强，善于运用法律手段管理经济、文化和社会事务，能够依法妥善处理各种社会矛盾。

2.1.5 依法行政的制度框架

依法行政的制度框架主要由行政组织法、行政行为法和行政救济法构成。其中，行政组织法是依法行政的前提，主要由行政组织法、行政编制法、公务员法等组成；行政行为法是依法行政的关键，主要由行政立法法律制度、行政执法法律制度和行政监督法律制度等组成；行政救济法是依法行政的保障，主要由行政诉讼法、行政复议法和国家赔偿法等组成。

2.1.5.1 行政组织法律制度

行政组织法律制度是指规范行政主体的性质、地位、职能、组织、权限、编制，以及行政主体工作人员的权利、义务和责任的行政法律制度，是行政机关得以组成、享有职权并进行行政活动的主要依据。现行有效的行政组织法律制度主要包括：《国务院组织法》、《国务院行政机构设置和编制管理条例》、《地方各级人民代表大会和地方各级人民政府组织法》、《公务员法》、《国务院机构改革方案》等。

(1)《国务院组织法》（1982年）共11条，对国务院的组成和职权做出规定。

(2)《国务院行政机构设置和编制管理条例》（1997年）共5章25条，对国务院行政机构设置管理和编制管理等作了规定。

(3)《地方各级人民代表大会和地方各级人民政府组织法》（2004年第四次修正），是关于我国地方政权制度的一部重要法律，共5章69条，其中第4章"地方各级人民政府"（第54~68条），对地方各级人民政府的性质、组成和职权等做出明确规定。

(4)《公务员法》（2005年）共18章107条，对公务员的范围，公务员制度的原则，公务员的条件、义务与权利，公务员的职务与级别，公务员的录用与考核，公务员职务任免与升降，公务员的奖励、惩戒、培训，公务员的交流与回避，公务员的工资福利保险，公务员的辞职辞退，公务员的退休，公务员的申诉控告，公务员的职位聘任以及法律责任等作了全面规定。

2.1.5.2 行政立法法律制度

行政立法行为,是指国务院制定行政法规,国务院部、委等制定部委规章,省级政府、省会城市和经国务院批准的较大市政府制定地方规章的行为。在实际工作中,也包括行政机关起草和提出法律、法规草案和地方性法规、规章草案等行为。规范行政立法行为的法律和行政法规主要有《立法法》、《行政法规制定程序条例》、《规章制定程序条例》等。

(1)《立法法》第3章和第4章第2节对行政立法作了专门规定,并在其他部分也有涉及行政立法的规定。第3章(第56~62条)专门规定行政法规的制定,对行政法规立法权、起草与立项、听取意见、审查、决定程序、公布、刊登与文本等做出规定。第4章第2节(第71~77条)专门规定规章的制定,对规章制定权、联合制定规章、地方政府规章、规章制定程序、决定、公布、刊登等做出规定。

(2)《行政法规制定程序条例》共37条,对行政法规的立项、起草、审查、决定与公布、解释与备案等行政法规制定程序做出规定。

(3)《规章制定程序条例》共39条,对规章的立项、起草、审查、决定与公布、解释与备案等规章制定程序做出规定。

2.1.5.3 行政执法法律制度

行政执法行为,是指行政机关依法采取的直接影响行政相对人的权利与义务,以及对行政相对人权利义务的行使与履行进行监督检查的行为。行政执法法律制度在依法行政法律制度中占有相当大的分量和十分重要的地位。现行有关行政执法的通用法律制度主要包括《行政许可法》、《行政处罚法》,专门行政执法法律制度主要包括《审计法》、《行政监察法》等。

(1)《行政许可法》(2003年)共8章83条,对行政许可的主要原则、行政许可设定、行政许可实施机关、行政许可实施程序、行政许可费用、监督检查、法律责任等做出了明确规定。

(2)《行政处罚法》(1996年)共8章64条,对行政处罚法基本原则、行政处罚的种类和设定、行政处罚的实施机关、行政处罚的管辖和适用、行政处罚决定、行政处罚执行、法律责任等做出了明确规定。

(3)《审计法》(1994年)共7章51条,对审计原则、审计机关和审计人员、审计机关职责、审计机关权限、审计程序和法律责任等做出了明确规定。

（4）《行政监察法》（1997年）共7章48条，对监察原则、监察机关和监察人员、监察机关的权限、监察程序和法律责任等做出了明确规定。

2.1.5.4 行政救济法律制度

行政救济法律制度是旨在保护公民、法人和其他组织的合法权益免受违法行政行为侵害并提供权利救济，监督行政机关依法行使职权的行政法律制度。我国的行政救济法主要包括《行政诉讼法》、《行政复议法》和《国家赔偿法》。

（1）《行政诉讼法》（1989年）。行政诉讼，是指公民、法人或者其他组织认为行政机关及其工作人员的具体行政行为侵犯其合法权益，依法向人民法院提起诉讼，由人民法院对具体行政行为是否合法进行审查的活动。《行政诉讼法》共11章75条，对行政诉讼的基本原则、受案范围、管辖、诉讼参加人、证据、起诉与受理、审理和判决、执行、侵权赔偿责任、涉外行政诉讼等方面做出了全面规定。

（2）《行政复议法》（1999年）。行政复议，是指公民、法人或者其他组织认为行政机关的具体行政行为侵犯其合法权益，向行政复议机关申请复议，由复议机关对该具体行政行为进行审查并做出相应决定。《行政复议法》共7章43条，对行政复议的基本原则、行政复议范围、行政复议申请、行政复议受理、行政复议决定、法律责任等做出了全面规定。《行政复议法》规定，凡是侵犯公民、法人或者其他组织合法权益的具体行政行为，除行政机关做出的行政处分或其他人事处理决定外，都可以申请复议。公民、法人或者其他组织认为行政机关侵犯其合法权益的具体行政行为所依据的规章以下的其他规范性文件不合法的，可以在对具体行政行为申请复议时对其一并提出审查申请。

（3）《国家赔偿法》（1994年）。国家赔偿，是指国家机关及其工作人员违法行使职权侵犯公民、法人或者其他组织合法权益造成损害时，受害人有权获得国家赔偿。《国家赔偿法》共6章35条，对国家赔偿的原则、行政赔偿、刑事赔偿、赔偿方式和计算标准等方面做出了全面规定。《国家赔偿法》规定，行政机关及其工作人员违法行使行政职权，侵犯公民、法人或者其他组织的人身权、财产权并造成损害的，受害人有取得行政赔偿的权利。

2.2 依法行政的基本原则

依法行政的基本原则，是在行政管理活动中必须坚持的根本准则和基本价值取向。

2.2.1 职权法定原则

职权法定原则，是指行政机关的创设、存在依据和活动范围等都来自于法律的规定，没有法律依据，不得设立行政机关；行政机关不得行使法律未授予的权力。职权法定是对行政机关权力来源的基本要求，行政机关的权力必须是法律授予的。行政机关实施行政管理必须有法律的授权，并在法律授权范围内行使职权，凡是法律没有授予的权力，政府一概无权行使，否则就是超越职权或滥用权力，就是违法。

行政越权，在行政机关内部，横向上体现为超越本行政机关的职权，纵向上体现为超越上下级行政机关的职权；在外部，越权就会侵犯公民的合法权益。在国家权力体系中，行政机关与其他立法机关、司法机关的权力，各级行政机关之间的权力和职责，都有分工。各个权力主体必须在自己的职权范围内行使权力，横向上、纵向上都不得越权，这样才能保持权力主体分工明确、职权清楚、各司其职、各负其责。

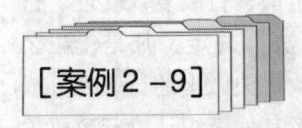

[案例2-9]

有人认为，职权法定主要是指行政执法人员应在其权限范围内从事执法活动。作为政策制定者和法律文件的起草者，主要规定其他人的职权，因此，这一原则并不发挥作用。

启发与思考

职权法定原则应当涵盖政府的全部活动，不仅包括行政执法等具体行政行为，也包括制定规范性文件等抽象行政行为。具体行政行为违法或无法律依据，造成的损害是局部、个别的。抽象行政行为针对的对象是普遍的，一旦违法，造成损害相应也是普遍的。近年来，某些政府部门损害国家、个人利益的行为很多是由其抽象行政行为造成的。比如，个别部门和基层政府乱立收费项目，通过制定规范性文件为自己创设罚款和摊派权力，限制、剥夺公民和法人权益等，都是抽象行政行为违反职权法定原则的结果。

[案例2-10]

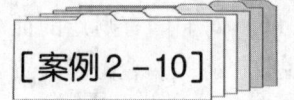

有人认为，只有行政组织法才能规定行政机关的职权。目前，财政部门的职权并没有专门的法律予以规定，因而，财政部门的职权是不明确的。

启发与思考

行政机关的职权通常可通过两种方式获得：一是通过行政组织法规定行政机关的职权、职责等；二是通过单行法律通常是专业法授予职权，如《预算法》规定了不同级别财政部门预算管理的职权与职责，《会计法》规定了财政部门会计管理的职权与职责等。相比较而言，组织法通常规定行政机关的一般权力，而单行法律规定的职权一般比较具体和明确。另外，上级行政机关依法制定的文件，也可以规定和调整下级行政机关或部门的职权。

2.2.2 法律保留原则

法律保留原则，是指凡涉及公民、法人或其他组织重大权益的事项，特别是有关限制或剥夺人身权、财产权的事项，只能由全国人大及其常委会制定法律做出规定，或者由其授权的主体做出规定。也就是说，对于涉及公民权利义务等事项，只有法律明确授权，行政机关才能实施相应的管理活动。法律保留原则是对职权法定原则的延伸和扩展，是对行政机关权力来源的进一步限制，其目的在于保护公民、法人或者其他组织的合法权益不受行政机关的非法侵害。

我国立法对法律保留原则进行了一系列的相关规定。如：1996年颁布的《行政处罚法》第一次将法律保留原则引入了行政处罚领域，明确规定了处罚法定原则，并对不同效力法律规范的行政处罚设定权作了详细规定。又如《行政处罚法》第3条规定："公民、法人或者其他组织违反行政管理秩序的行为，应当给予行政处罚的，依照本法由法律、法规或者规章规定，并由行政机关依照本法规定的程序实施。没有法定依据或者不遵守法定程序的，行政处罚无效。"第9条规定："法律可以设定各种行政处罚。限制人身自由的行政处罚，只能由法律设定。"第10条至第14条对其他种类立法的行政处罚设定权也作了明确规定。

2000年颁布的《立法法》对法律保留原则作了完整而又具体的表述。如《立法法》第8条规定："下列事项只能制定法律：（1）国家主权的事项；（2）各级人民代表大会、人民政府、人民法院和人民检察院的产生、组织和职权；（3）民族区域自治制度、特别行政区制度、基层群众自治制度；(4) 犯罪与刑罚；(5) 对公民政治权利的剥夺、限制人身自由的强制措施和处罚；(6) 对非国有财产的征收；(7) 民事基本制度；(8) 基本经济制度以及财政、税收、海关、金融和外贸的基本制度；(9) 诉讼和仲裁制度；(10) 必须由全国人民代表大会及其常务委员会制定法律的其他事项。"第9条规定："上述事项尚未制定法律的，全国人民代表大会及其常务委员会可以授权国务院制定行政法规，但是有关犯罪与刑罚、对公民政治权利的剥夺和限制人身自由的强制措施和处罚、司法制度等事项除外。"

2003年颁布的《行政许可法》第14条至第17条对行政许可设定权也作了明确规定。

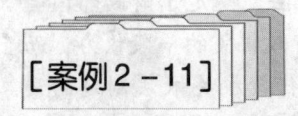

[案例2-11]

一些行政机关及其工作人员习惯在法律没有规定的情况下就实施对公民不利的管理行为，乱收费、乱摊派、乱处罚、乱设许可、随意强制的现象屡禁不止、屡见不鲜，通过各种途径和手段，随意规定行政机关的管理职权和管理手段，随意增设行政管理相对人的义务。

启发与思考

根据我国宪法和相关法律的规定，法律、法规和规章所规定的内容各不相同。有些内容只能由法律规定，法规和规章不得规定；而有些内容在法律暂未规定的情况下，可授权法规或规章予以规定。法律保留包括法律绝对保留和法律相对保留，法律绝对保留的立法事项只能由全国人大及其常委会享有和行使，不能授权包括行政机关在内的其他任何国家机关行使，如限制人身自由的强制措施等；法律相对保留的立法事项是指虽应由全国人大及其常委会享有和行使的立法权，在尚未制定法律时，在某些情况下，可通过法律授权特定国家机关对部分事项先行制定法律规范。法律保留原则要求，行政机关及其工作人员在实施行政管理时，在没有法律、法规、规章规定的情形下，不得擅自做出损害公民、法人或其他组织合法权益或增加其义务的决定。

2.2.3 法律优先原则

法律优先，也称法律优先适用，是指上一层次法律规范（上位法）的效力高于下一层次法律规范（下位法）的效力。这就要求在上一位阶法律规范已有规定的情况下，下一位阶的法律规范不得与上一位阶的法律规范抵触；上一位阶法律规范没有规定，下一位阶法律规范做了规定的，一旦上一位阶法律规范就该事项做出规定，下一位阶法律规范就必须服从上一位阶法律规范。

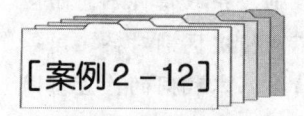

[案例2-13]

在行政执法中，有些执法人员由于不了解法律，或者为管理方便，有的甚至出于故意枉法，不适用法律，而适用与法律规定不一致的层级低的规范性文件。

启发与思考

这种情形也称为适用法律错误。法律优先原则要求，在法律已对某个事项做出规定时，法规、规章都不能与之抵触，如果法律、法规、规章对同一事项都做了规定，法规、规章与法律不一致的，适用的顺序依次是法律、法规、规章。也就是说，行政执法人员在适用法律时，如果不同层级的法律规范之间发生冲突，应按照"下位法服从上位法"的要求，优先适用层级高的法律规范。

2.2.4 公开、公平与公正原则

公开原则，是指行政行为和信息除依法应当保密的外，都应向行政管理相对人和社会公开，主要包括行政立法和行政政策公开，行政执法行为的标准、条件、程序、手续及其决定等公开，行政复议与行政裁决公开，行政信息公开等。公平原则，是指行政主体应当平等对待行政管理相对人，相同情形同等对待，不同情形区别对待。公正原则，是指行政主体合理行使行政权，特别是合理行使自由裁量权，保证行政决定在过程和结果上客观、合理，符合实质正义的要求。

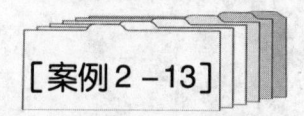

[案例2-13]

实践中，经常有多个条件相似的申请人申请同一有数量限制的行政许可，有的行政机关往往不是综合考虑申请人的具体情况、社会公共利益等多种应当予以考虑的因素，而是根据申请人与自己关系好坏、是否给了自己好处、给了多少好处、申请人将来对自己是否有用等因素来决定授予行政许可。

能力提升（管理卷）

启发与思考

行政机关在实施行政管理时，必须平等对待当事人，不歧视。行政机关无论是实施具体行政行为，还是做出抽象行政行为；无论是授予相对人权益，还是要求相对人履行义务；无论是赋予相对人某种资格，还是对相对人施以某种处罚，都必须公平地对待相对人，不能因相对人身份、民族、性别、宗教信仰不同而区别对待。公平对待包括两种情形：同等情况同等对待；不同情况区别对待。同等情况同等对待，是指行政机关在同时面对多个相对人，情况基本相同的，应当同等对待；行政机关在不同时间阶段先后面对多个情况基本相同的行政管理相对人时，应当遵循行政惯例，与以往对同类相对人保持基本一致，除非法律已经改变。不同情况区别对待，是指当行政管理人处于不同情况，行政机关应当针对相对人的具体情况设定权利义务，区别对待。公平对待相对人并非意味着不分情况，不管差异，一律相同。对于一些社会弱势群体，应当给予特殊优待和保护。

2.2.5 信赖保护原则

信赖保护原则，是指行政管理相对人基于对行政权力的信赖而产生的利益应当受到保护，行政机关不得擅自改变已生效的行政行为，确需改变行政行为的，对于由此给相对人造成的损失应当给予补偿。这一原则要求，非经法定事由并经法定程序，行政机关不得撤销或者变更已生效的行政决定。因国家利益、公共利益或者其他法定事由需要撤回或者变更行政决定的，行政机关可以依法撤回或者变更。但行政机关依法变更或者撤回已经生效的行政决定造成公民、法人或者其他组织财产损失的，应当依法予以补偿。

《行政许可法》颁布以前，我国法律对这种补偿没有规定，只是对某些基于维护国家利益、公共利益的考虑而做出的行政决定造成老百姓损失的情况作了规定。比如，《大中型水利水电工程建设征地补偿和移民安置条例》对土地补偿费和安置补助费作了规定。《蓄滞洪区运用补偿暂行办法》对蓄滞洪区内居民因蓄滞洪遭受的损失予以合理补偿作了规定等。

2.3 依法行政的基本要求

《纲要》对依法行政提出了六项基本要求：合法行政、合理行政、程序正当、高效便民、诚实守信、权责统一。这些要求实际上就是依法行政的基本准则，是衡量依法行政的标准，包含了现代法治的基本精神，体现了依法行政重在治权、治官的基本价值取向。

2.3.1 合法行政

《纲要》明确规定行政机关在实施行政管理时，必须遵守合法行政准则。合法行政既可以防止行政权力的滥用，保障行政相对人的合法权益不受非法侵害；又可以确保行政机关及时、正确地行使职权，保障行政权的有效运作。合法，包括实体合法和程序合法。

（1）行政机关实施行政管理，要符合法律、法规、规章关于实施机关、条件、幅度、方式等实体内容的规定。法律、法规、规章一般都对行政机关实施行政管理活动规定一定的条件、幅度、方式等。行政机关只能在规定的条件、幅度、方式范围内进行选择，否则就构成实体违法。

比如，《注册会计师法》规定了申请注册会计师执业资格证书必须符合的条件。申请人欠缺其中任何一个条件，行政机关都不能向其颁发注册会计师资格证书。再如，《行政处罚法》第8条规定，行政处罚的种类有：警告；罚款；没收违法所得、没收非法财物；责令停产停业；暂扣或者吊销许可证、暂扣或者吊销执照；行政拘留；法律、行政法规规定的其他行政处罚。行政机关在实施行政处罚时，就必须严格按照法律、行政法规规定的种类进行处罚，不得采取规定之外的处罚方式。

（2）行政机关实施行政管理，也要符合法律、法规、规章规定的程序，包括行为的具体步骤、形式、时间和顺序等。

（3）合法行政要求行政机关在没有法律、法规、规章规定的情形下，不得做出损害公民、法人和其他组织合法权益，或者增加公民、法人和其他组织义务的决定。

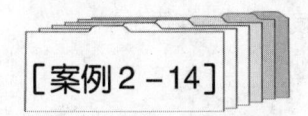

[案例2-14]

实践中，有些行政机关及其工作人员不能正确认识法律与行政的关系，将行政置于法律之上；有的规避法律；有的以法律不能适应社会需要为由突破法律规定；有的借口执行政策不执行法律规定；有的不能正确理解合法行政的含义，脱离法律的原则和精神机械地执行法律条文。

启发与思考

上述这些做法，既违背了行政机关的职责，妨碍了行政目的的实现，损害了行政管理相对人的合法权益，又损害了法律的权威，影响了公众对法律的信赖。

2.3.2 合理行政

合理行政是对合法行政的有益补充，是对行政自由裁量权的约束和规范。它不仅要求行政机关应当按照法律、法规规定的条件、种类和幅度范围实施行政管理，而且要求行政机关的行为符合法律的意图或者精神，符合公平正义等法律理性，要求在合法行政的前提下做到合理。相对合法行政而言，合理行政是对行政机关实施行政管理提出的更高要求。

2.3.2.1 公平性

行政机关实施行政管理应当遵循公平、公正原则。行政机关及其工作人员在行使自由裁量权时，必须考虑一切应当考虑的因素，尤其是法律、法规、规章明示或者默示要求行政机关考虑的因素。要依法公正办事，尽可能排除一切不合理因素的干扰。

2.3.2.2 目的性

行政机关行使自由裁量权应当符合法律目的。任何法律、法规、规章在授予行政机关自由裁量权时都有其内在的目的。行政机关行使自由裁量权，必须正确理解法律的意图和精神实质，如果自由裁量行为违背了授权法的意图，就是不当行政行为。

比如，《行政处罚法》设定的处罚本质上是促使相对人遵守法律的一种手段，处罚本身不是目的。但在实践中，很多行政机关在执法过程中，为了处罚而处罚，在执法过程中可罚可不罚的必罚；在法定处罚幅度内，能多罚的就多罚。这显然是一种违背法律目的、滥用自由裁量权的行为。

2.3.2.3 适当性

行政机关行使自由裁量权采取的措施和手段应当必要、适当。行政机关在做出行政行为面对多种可能选择的手段时，对手段的选择应按照目的加以衡量。任何干涉措施所造成的损害应当轻于达到行政目的所获得的利益。

2.3.2.4 最小损害性

行政机关实施行政管理可以采用多种方式实现行政目的,应当避免采用损害当事人权益的方式。行政机关在行使行政管理职权时,即便是依照法律可以限制相对人的合法权益、设定相对人的义务,也应当使相对人所受的损失保持在最小范围和最低程度。

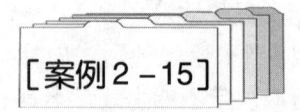

[案例2—15]

实践中,有的行政机关在选择管理方式时,只考虑管理者自己是否方便,至于相对人是否方便,相对人的权益是否会因这种管理方式受到损害则不大关心。

启发与思考

这显然违背了合理行政的精神。行政机关实施行政管理的方式很多,有直接管理手段和间接管理手段,有事前管理手段、事中管理手段和事后管理手段等,不同的管理方式所需要付出的管理成本不相同,给行政机关管理带来的便利也不相同。行政机关实施行政管理可以采用多种方式实现行政目的的,不能为了自身的管理方便而不顾当事人的权益,应当尽量避免采用损害当事人权益的方式。

2.3.3 程序正当

《纲要》将程序正当明确规定为行政机关及其工作人员在实施行政管理时应当遵守的准则,一方面可以保证行政行为的科学性、合理性,取得相对人对行政行为的理解、配合和认同,顺利实现行政目的,提高行政效率,节约行政成本;另一方面可以提高行政管理的透明度,加强对行政机关及其工作人员的监督,防止"暗箱"操作,减少职务腐败,树立廉洁高效的政府形象。

2.3.3.1 公开

行政机关实施行政管理,除涉及国家秘密、依法受保护的商业秘密和个人隐私外,应当将规范行政权的程序公开。那么,应当公开哪些信息来保证管理的有效和透明呢?

(1) 公开行政机关行使职权的依据。行政机关应当在实施行政行为或者做出行政决定前，以法律规定的方式或者社会公众易于了解的方式向社会公开其行使行政权的依据。应当公开而没有公开的职权依据，不能成为行政机关行使行政职权的依据。

(2) 公开有关行政信息。没有行政信息公开，程序正当很难实现。

(3) 公开行政决定。行政机关在做出影响相对人合法权益的行政决定后，应当及时将行政决定的内容以法定的形式向行政相对人公开，以便行政相对人及时了解行政决定的内容，从而自觉履行行政决定设定的义务，或者行使其确认的权利，或者在不服行政决定时，有针对性地提起行政复议或者行政诉讼。

(4) 对于一些重大的、涉及社会公共利益的事项还应当采取多种形式向社会公布。应当向相对人公开的行政决定没有公开的，该行政决定不能生效，不具有执行力。

2.3.3.2 遵守法定程序

行政机关实施行政管理，要严格遵守法定程序，为相对人、利害关系人参与行政管理创造条件，确保其知情权、参与权、救济权的实现。行政机关在做出行政行为的过程中，除法律有特别规定外，应当尽可能为相对人、利害关系人参与行政管理创造条件，确保相对人、利害关系人能通过行政程序维护自己的合法权益，同时也使行政机关做出的行政行为更加符合社会公共利益。

行政机关要保障相对人、利害关系人参与行政管理，必须做到如下几点：

(1) 在相对人、利害关系人符合参与行政的条件时，要主动通知。行政机关通知的内容既包括实体法上的权利和义务（如相对人有申请听证的权利，相对人、利害关系人不服行政决定有申请复议、提起诉讼的权利），又包括程序法上的权利和义务（如参与的时间、地点）。为了确保行政管理人和利害关系人能够及时参与，行政机关应当在行政程序正式启动前的合理期限内通知相对人和利害关系人，以便其做好相应的准备工作。

(2) 听取相对人和利害关系人的陈述。行政机关在实施行政管理时，实施影响公民、法人和其他组织权利义务的行政行为，应当听取公民、法人和其他组织的意见。不听取意见就做出行政决定就如同司法上不经过法定审理程序就判决，显然有失公正。相对人和利害关系人是行政案件的当事人，亲身经历了发生、发展的过程，听取其陈述有利于行政机关全面了解情况。相对人和利害关系人的陈述可以是书面的，也可以是口头的；可以是肯定性的，也可以是否定性的。行政机关不能因为相对人和利害关系人进行有利于自己的陈述就剥夺其陈述权，更不能因此加重其负担。我国现行法律对此作了明文规定，如《行政处罚法》第32条规定：当事人有权进行陈述和申辩。行政机关必须充分听取当事人的意见，对当事人提出的事实、理由和证据，应当进行复核；当事人提出的事实、理由或者证据成立的，行政机关应当采纳。行政机关不得因当事人申辩而加重处罚。

（3）听取相对人和利害关系人的申辩。行政机关在做出对相对人、利害关系人不利的行政决定前，应当允许其提出异议和反驳。听取相对人和利害关系人的陈述和申辩，既可以保证行政决定的正确性，避免行政错误的发生，又可以保护相对人的合法权益。行政机关听取相对人和利害关系人的陈述和申辩一般应当记录在案，以作为行政复议和司法审查的证据。

（4）行政机关应当依法保障相对人和利害关系人享有的救济权。相对人不服行政机关做出的行政决定，有权依法申请行政复议和提起行政诉讼；相对人和利害关系人的合法权益因为行政机关的违法行政行为受到损害的，有权依法要求赔偿；相对人和利害关系人的合法权益因为行政机关的合法行政行为受到损害的，有权依法要求补偿；等等。

2.3.3.3 回避

行政机关工作人员履行职责，与处理的事务存在利害关系时，应当回避。一般来说，回避的事由是行政机关工作人员与所处理的事务有利害关系，什么情形构成回避事由由法律明确规定。

比如，当事人是行政机关工作人员的亲属、被监护人；当事人的代理人是行政机关工作人员的亲属；行政机关工作人员在本案有关程序中担任过证人、鉴定人；等等。

行政机关工作人员在实施行政管理时，与行政管理相对人存在利害关系的，应当主动向本机关负责人提出回避的申请。相对人认为行政机关工作人员与案件有利害关系的，在行政程序结束前可以依法有权向行政机关提出要求该行政机关工作人员回避的申请，有关行政机关应当依法及时答复。对于行政相对人和利害关系人的回避请求，行政机关如果驳回，应当说明理由。

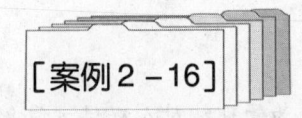

[案例2-16]

实践中，有的行政机关及其工作人员动辄以保密为由拒绝向相对人提供依法应当提供的相关信息，没有信息公开的理念；有的行政机关及其工作人员关起门来

能力提升（管理卷）

拍脑袋做出行政决定，没有听取相对人的意见、陈述和申辩的观念；有的行政机关及其工作人员千方百计争着处理与自己有利害关系的行政事务，没有回避的意识。

启发与思考

由于历史原因，我国历来有重实体、轻程序的传统，在行政管理领域表现尤为突出。行政机关与相对人之间更多的是一种命令与服从的关系，相对人在行政管理中处于受支配的地位。程序公正是实体公正的前提，实体公正的实现有赖于程序公正来保障。没有程序的公正，就不可能有实体的公正。我国许多法律对程序正当原则都有规定。比如，《行政处罚法》第42条规定，行政机关做出责令停产停业、吊销许可证或者执照、较大数额罚款等行政处罚决定之前，应当告知当事人有要求举行听证的权利；当事人要求听证的，行政机关应当组织听证。依法行政要求通过正当的程序确保实现法律规定的目的，程序违法的行为即使其结果合法适当，如当事人提出异议，有权机关也应撤销该行政行为。

2.3.4 高效便民

高效便民，是指行政机关能够依法高效率、高效益地行使职权，最大限度地方便人民群众。效率针对行政管理的过程，是办事速度方面的要求；效益则针对行政管理结果，要求以较少的行政资源投入实现行政管理目的，并且取得好的效果。高效，是衡量行政机关工作质量的重要标准，也是决定行政机关能否真正落实服务于民宗旨的重要环节。只有高效行政，才能真正做到便民、利民、为民。

[案例2-17]

有些行政机关在行政管理中故意设置一些不需要的环节和繁琐的手续，刁难行政相对人；有些行政机关不遵守法定期限，拖拉推诿；有些行政机关门难进，脸难看，事难办。如何在行政管理中体现高效便民的要求？

启发与思考

按照高效便民准则的要求，行政机关从事行政管理应为管理相对人提供方便和优质高效服务，不应把行政管理作为限制和约束管理相对人的工具和手段；应遵守法定时限，及时主动履行法定职责，提高办事效率。

2.3.5 诚实守信

诚实守信,是指行政机关必须对自己的"言"、"行"负责,言必信,行必果。

(1) 提供信息应当全面、准确、真实。行政机关是信息的权威来源,是人们做出判断、明辨是非的最重要依据。行政机关提供的信息不全面、不准确、不真实,不仅会导致信息的混乱,损害行政机关的权威,严重的还会引发社会恐慌和灾难。

(2) 法规、规章、政策应当保持相对稳定。制度是对社会主体权利义务关系的确定。制度一经出台,就会发挥其指引功能。制度需要创新,但不宜轻易变更;如若变更,一定要注意新旧制度之间的衔接。

(3) 严格执行法律、法规、规章及有关政策。法律、法规、规章及有关政策规定了公民、法人和其他组织的权利和义务,同时规定了行政机关的职责。只有行政机关严格履行职责,公民、法人和其他组织的权利才能得以实现,行政机关行使权力才能得到民众的认同和支持,真正做到令行禁止。

2.3.6 权责统一

权责统一,是指行政机关依法享有的权力与依法应当承担的责任相当,不应有无责任的权力,也不应有无权力的责任,做到执法有保障、有权必有责、用权受监督、违法受追究、侵权须赔偿。

(1) 对行政机关的授权要充分。行政机关承担着管理国家和社会事务、经济和文化事业的繁重任务,责任重大。特别是当前我国正处于经济和社会转轨期,面临着纷繁复杂的社会关系,违法行为的种类在增多,复杂程度也在提高,这都要求行政机关能够及时、有效地做出反应。如果行政机关没有相应的手段,就不能有效地制止违法行为。所以,法律、法规对行政机关的授权一定要充分。

(2) 明确规定行政机关应承担的责任以及行使权力的条件和程序。法律、法规在授予行政机关权力的同时,要严格遵循《立法法》、《行政法规制定程序条例》的规定,在制度上保证行政机关权力与责任的统一。

(3) 加强对行政机关行使权力的监督。各级行政机关应自觉接受同级人大及其常委会的监督,向其报告工作、接受质询,虚心听取人大代表的建议和批评;自觉接受人民政协的民主监督;尊重新闻舆论监督,支持新闻单位宣传报道与人民群众切身利益密切相关的决策,对重大违法行为进行曝光;重视人民群众通过行政复议、行政诉讼等法定渠道实施的监督;要创新政府内部监督机制,健全行政执法责任制和评议考核制,完善监察、审计等专门监督。对行政机关违法或者不当行使职权的,要严格追究责任。行政机关违法或者不当行使职权造成行政管理相对人损失的,要依法予以赔偿。

2.4 依法理财

2.4.1 依法理财与法治财政

依法理财,就是依照宪法、法律和法规等的规定,综合运用法律手段、经济手段和行政手段管理国家财政,实现财政管理的法制化、规范化和制度化。财政的基本职能是满足国家和社会的公共需要,为国家的存在和发展提供财力保障。作为参与国民收入分配和再分配的重要工具、国家调控宏观经济的重要手段,财政分配涉及面广,政策性强,在整个社会利益分配中居于主导地位,直接决定或影响各市场主体的切身利益。财政分配的无偿性和强制性也决定了财政工作必须以国家法律为依托,以国家强制力为保障。因此,财政活动必须依照法律规定公开、公平、公正地进行,切实做到有法可依、有法必依、执法必严、违法必究。

依法理财是财政部门贯彻依法治国方略、全面推进依法行政的重要体现,其目标是建设法治财政。法治财政,就是按照法治原则来管理财政,其最基本的特征就是把财政权力限制在法律的范围内,以防止权力被滥用。法治财政要求,财政部门的权力来源合法,各项财政工作和财政管理必须在法律的规范和制约下进行,同时,必须有完善的制度保障财政管理相对人的利益。建设法治财政,必须紧紧围绕财政改革和发展,加快财政立法,提高立法质量,健全财政法律制度体系;必须规范财政执法,加大执法力度,维护法律尊严和正常的财经秩序;必须建立健全财政执法监督机制,推行执法责任制,提高财政执法水平;必须广泛深入地开展财政法制宣传教育,提高广大财政干部的法律素质和财政部门法制化管理水平。

《财政部门全面推进依法行政依法理财实施意见》(以下简称《实施意见》)对全面推进依法理财、建设法治财政做出了具体安排。《实施意见》主要包括四个部分:第一部分是全面推进依法理财,建设法治财政的目标;第二部分是深化财政改革,完善财政职能,规范财政管理;第三部分是加强财政法制建设,提高财政部门依法行政依法理财水平；第四部分是加强领导，健全机构，完善措施，全面推进依法行政依法理财。

2.4.2 法治财政的目标

《实施意见》明确提出了建设法治财政的目标，具体包括：

（1）公共财政体制基本建立，政府财政支出责任明确，各级政府财力与支出责任相适应。适应公共财政体制要求的财政法律制度体系基本建立。各项财政管理活动做到有法可依、有法必依、执法必严、违法必究。

（2）财政对经济运行监测、评价、调控机制健全，制度规范，财政宏观调控能力、财政风险防范能力和应急反应能力明显增强。

（3）预算管理制度基本完善，预算编制与预算执行制衡机制基本形成，预算绩效评价体系基本建立。国库管理制度基本完善，财政资金的规范性、安全性和有效性明显提高。

（4）税收制度基本完善，公平、科学、规范的税收体系基本建立。政府非税收入范围明确，收缴分离，管理规范，使用合理。

（5）行政、事业单位国有资产监管制度基本完善，资产安全完整、合理配置和有效利用。国有金融资产监管制度基本完善，防范风险能力提高，保值增值能力增强。

（6）会计制度基本完善，会计秩序良好。注册会计师行业、资产评估行业健康发展。

（7）科学化、民主化、规范化的财政行政决策机制和制度基本形成。财政行政管理做到公开、公平、公正、便民、高效、诚信。

（8）财政立法程序规范，立法质量明显提高。财政行政执法行为规范、程序正当、内容适当，财政监督全面、有效；财政执法监督制度完善。财政违法行为、执法过错行为得到及时纠正、制裁。财政决策、执行和监督相结合的财政运行机制基本建立。

（9）财政机关工作人员依法行政、依法理财观念和能力明显提高。

2.4.3 深化财政改革，完善财政职能，规范财政管理

在完善公共财政体制方面，《纲要》在"完善依法行政的财政保障机制"中提出"完善集中统一的公共财政体制"。《实施意见》从四个方面对其进行了说

明,包括科学合理划分各级政府的支出责任和界定财政资金的供给范围、规范各级政府间的财政分配关系、合理划分中央和地方税权、建立规范的转移支付。

在宏观调控方面,《纲要》在"依法界定和规范经济调节、市场监管、社会管理和公共服务的职能"中,提出"要进一步转变经济调节和市场监管的方式,切实把政府经济管理职能转到主要为市场主体服务和创造良好发展环境上来","建立健全各种预警和应急机制,提高政府应对突发事件和风险的能力,妥善处理各种突发事件,维持正常的社会秩序,保护国家、集体和个人利益不受侵犯"。《实施意见》从四个方面对完善财政宏观调控机制,提高财政宏观调控能力进行了说明,具体包括:探索社会主义市场经济条件下财政调控经济的一般规律、加强财政经济景气预测分析、完善财政宏观调控机制、建立财政风险监测和预警机制。

在预算管理改革方面,国务院《纲要》在"完善依法行政的财政保障机制"中提出"逐步实现规范的部门预算,统筹安排和规范使用财政资金,提高财政资金使用效益"。《实施意见》对深化预算管理制度改革,规范预算编制行为,强化预算约束机制进行了规定。包括预算决策机制、预算编制程序、预算收支科目体系、国有资本经营预算制度、社会保障预算制度、专项财政资金监管、财政支出绩效考评七个方面。

完善国库及债务管理制度,推进政府采购制度改革是政府国库制度改革中的重要内容。《实施意见》规定改革包括五个方面:国家金库体系和财政国库管理制度、国库现金管理制度、国债市场化改革、国际金融组织贷款和外国政府贷款监督管理、政府采购改革。

在税收制度改革方面,《实施意见》要求推进税制改革,完善税收制度,具体包括税收制度改革原则、各类企业税收制度改革、增值税转型改革、个人所得税制改革、城乡税制、出口退税制度和关税制度六个方面。

在规范非税收入方面,国务院《纲要》在"完善依法行政的财政保障机制"中提出"清理和规范行政事业性收费等政府非税收入"和"严格执行'收支两条线'制度,行政事业性收费和罚没收入必须全部上缴财政,严禁以各种形式返还"。《实施意见》从依法清理和规范政府非税收入,行政事业性收费、政府性基金审批的听证、公示、评价和监管制度,国有资源有偿使用收入管理制度,国有资本收益管理,国家特许经营权收入征收与使用管理,罚没收入管理制度,非税收入管理政策和收缴系统,非税收入票据管理等方面对政府非税收入管理进行了规定。

在加强行政事业单位资产与国有金融资产监管,保证行政事业性资产安全、完整，实现国有金融资产保值增值方面，《实施意见》规定包括三个方面内容：行政事业单位资产管理；国有金融资产监督和管理；行政事业单位资产与国有金融资产监管中的中介作用。

在财政支出制度建设方面，《实施意见》提出完善财政对农业、教育、科学、文化、卫生、体育、社会保障的投入机制。包括财政对农业投入机制，财政对教育投入机制，财政对科学、文化、体育投入机制以及财政对社会保障投入机制四个方面。其中对农业投入明确提出"加大国家对农业的支持力度，增加各级财政对农业和农村的投入，完善对农民补贴政策和补贴方式，完善农业综合开发和扶贫开发机制"。

在调节行业和地区收入差距方面，国务院《纲要》在"完善依法行政的财政保障机制"中提出"完善和规范行政机关工作人员工资和津补贴制度，逐步解决同一地区不同行政机关相同职级工作人员收入差距较大的矛盾"，《实施意见》中提出完善行政经费支出管理制度，规范国家公务员待遇，包括行政经费支出管理制度与国家公务员工资和津贴制度两个方面的内容。其中对国家公务员工资和津贴制度明确提出"依法建立健全财政对地区间收入差异的调控机制，逐步解决同一地区不同机关相同职级公务员收入差距较大的矛盾"。

在会计管理方面，《实施意见》内容涵盖了会计准则和会计制度体系，会计工作规范化、标准化、电算化管理，会计监督，会计队伍建设四个方面的内容。

国务院《纲要》在"依法界定和规范经济调节、市场监管、社会管理和公共服务的职能"中提出"要加强对行业组织和中介机构的引导和规范"，《实施意见》提出"促进注册会计师行业、资产评估行业健康发展"，包括：注册会计师行业和资产评估行业体制、行业市场准入和退出制度、行业执业准则、完善执业质量监督检查和行业违法行为责任制度、行业诚信体系、行业执业风险基金和执业责任保险制度等方面。其中对注册会计师行业和资产评估行业体制明确提出"促进注册会计师行业和资产评估行业健康发展，逐步建立政府监管与行业自律相结合的体制，推动执业机构和执业人员独立、客观、公正执业"。

建立健全科学民主决策机制是财政部门依法行政、依法理财的重要内容和保证。在完善财政决策机制中《实施意见》提出了"建立健全公众参与、专家论证和财政部门决定相结合的财政决策机制。实行依法决策、科学决策、民主决策"；在完善决策程序中提出"在做出重大财政决策以及专业性较强的决策前，要认真搜集和分析决策前的数据和证据，组织专家进行必要性和可行性论证。社会涉及面广、与人民群众利益密切相关的决策事项，应当向社会公布，或者通过举行座谈会、听证会、论证会等形式广泛听取意见"；建立健全决策跟踪和责任追究制度，按照"谁决策、谁负责"的原则，建立健全决策责任追究制度，实现决策权和决策责任相统一。

强化财政监督，应从财政监督职能、财政监督程序和监督手段、财政监督队伍与财政部门派出机构管理、财政违法违纪行为等几个方面进行。

积极探索新的财政管理方式，包括探索新的财政管理方式、"金财工程"建设和财政信息化建设、财政透明度三个方面。要积极探索新的财政管理方式，运用间接管理、动态管理和事后监督管理等方式，充分发挥财政政策、财政规划、财政指导、财政行政合同等方式的作用，对社会和经济事务进行调控。建立健全财政信息对外发布机制，积极创造条件向社会公开财政预算，提高财政透明度。

2.4.4 加强财政法制建设，提高财政部门依法理财水平

为加强财政立法，建立健全财政法律制度体系，《实施意见》提出规范财政立法程序，提高财政立法质量，依法行政、依法理财以完备的财政法律制度为基础。我国现行财政法律体系中，还存在着许多不完善的地方。现行财政法律"少、粗、老"的问题，以及法律制度之间不协调的问题，已不能适应依法行政、依法理财的要求。随着社会主义市场经济体制的逐步完善，财政改革的不断深入，许多财政工作的新情况、新问题不断涌现，必须要有新的财政法律、法规、规章加以规范。因此，要按照党的十六大提出的"到2010年形成中国特色社会主义法律体系"的要求，加强财政立法工作，加快财政制度建设进程，提高财政立法质量，健全财政法律制度，为财政部门依法行政、依法理财奠定坚实的基础。

建立健全财政执法管理制度，全面落实行政执法责任制，包括财政执法权限、财政执法责任制和财政行政许可事项管理三个方面，其中对财政部门执法权限进行了详细的规定。财政管理活动由财政部门在其法定职权范围内实施。财政执法主体资格必须经法律、法规授权或者财政部门的合法委托。各级财政部门的执法依据、执法范围、执法权限和执法职责要明确，实现执法主体合法化、执法权限法定化、执法责任明确化、执法程序规范化。

为自觉接受各方面对财政部门的监督，加强财政部门内部监督，《实施意见》从外部监督和内部监督两个方面进行了规定。

研究完善国家赔偿制度，建立国家补偿制度。《纲要》明确提出"完善并严格执行行政赔偿制度，保障公民、法人和其他组织依法获得赔偿，建立健全行政补偿制度"。《实施意见》中从三个方面进行了规定，包括：完善国家赔偿制度、

研究建立行政补偿制度、国家赔偿费用管理制度。

加强财政法制宣传教育工作包括做好财政普法规划制定工作、建立健全财政干部学法制度两个方面。

2.4.5 全面推进依法行政、依法理财

《实施意见》的第四部分从四个方面对财政部门全面推进依法行政、依法理财做出了规定。

（1）加强对推进依法行政、依法理财工作的领导。其中明确提出"各级财政部门行政首长及内设机构负责人是本部门、本机构全面推进依法行政、依法理财的第一责任人"。

（2）建立和完善财政部门依法行政、依法理财考核制度。其中明确提出"探索将财政依法行政、依法理财绩效评估与财政转移支付适当结合的工作机制"。

（3）充分发挥法制机构在依法行政、依法理财工作中的重要作用。对法制机构作用发挥、法制机构履行职责保障、法制干部培训及自身建设进行了规定。明确提出"充分发挥财政法制机构在依法行政、依法理财工作中的重要作用。县（市）级以上财政部门要设立与财政法制工作相适应的工作机构，人员配备与经费保障要与其承担的工作任务相适应"。

（4）制订方案，完善举措，稳步推进。要求各地区财政部门在制订本地区实施方案时要结合本地区、本部门实际。

2.5 依法行政能力

2.5.1 依法行政能力的基本含义

依法行政能力，是指行政机关工作人员掌握并运用法律实施行政管理的能力，也就是行政机关工作人员依据依法行政的原则和要求，按照法定职责和权限实施行政行为并承担相应行政责任的能力。主要包括以下内容：

（1）尊重法律、崇尚法律的意识和观念。法律不仅是解决问题的工具，而且是人们追求美好生活的希望所在。

（2）熟练掌握依法行政的相关法律知识。这是依法行政能力的知识前提。

行政机关工作人员要掌握宪法和有关法律的基本知识，熟悉规范政府共同行为的法律、法规，掌握本部门的专业法律知识。

（3）用法律思维来研究情况、分析问题、提出解决问题的能力。法律思维就是一种权衡利弊、瞻前顾后、照顾其他的思维方法。这种思维方法既要考虑解决眼前问题，又不能给将来埋下隐患；既要考虑解决实际问题的效果，又要顾及所支付的成本；既要考虑当事人的利益，也要考虑其他相关人员的利害得失。情况越紧急、越复杂，越应当坚持用法律思维来解决问题。

2003年12月人事部《国家公务员通用能力标准框架（试行）》对国家公务员依法行政能力的总体要求包括：有较强的法律意识、规则意识、法制观念；忠实遵守宪法、法律和法规，按照法定的职责权限和程序履行职责、执行公务；准确运用与工作相关的法律、法规和有关政策；依法办事，准确执法，公正执法，文明执法，不以权代法；敢于同违法行为作斗争，维护宪法、法律尊严。

2.5.2 提高依法行政能力的具体措施

《纲要》规定，要通过对行政机关工作人员的教育、培训、考核，不断提高依法行政能力。

财政干部要带头学习和掌握宪法、法律、法规、规章的规定，增强法律观念，提高法律素养，不断提高依法行政的能力和水平。要将法律知识列入财政干部初任培训、在职培训的重要内容。要定期或者不定期对财政干部进行依法行政知识轮训、新法规培训，提高其对有关法律法规的了解。有条件的，要积极探索任职前实行法律知识考试制度，以督促其重视学习法律知识。

财政干部更要带头用法、守法，严格遵守宪法、法律、法规和规章的规定，行使权力不越权，履行职责不推诿，善于运用法律手段解决财政管理中的问题和矛盾。想问题、办事情，都要先对照有关法律规定，看看这样做合不合法，决策和重大决定都要尽量事先进行合法性论证，防止出现与法律不一致的内容。

要改变依法行政与财政工作"两张皮"的现象，把依法行政能力的强弱和依法行政水平的高低，作为干部能力的一项重要评价指标。建立健全与社会主义市场经济体制相适应、与干部能力相联系，促进和保障依法行政的激励机制，把是否认真学法、真正懂法、准确用法、自觉守法作为选拔干部、考核政绩的重要标准，促进财政干部严格依法行政。

☞ 思考题

1. 2003年11月，某省财政厅社会保障处原处长虞某因犯受贿罪、巨额财产来源不明罪，被该市中级人民法院依法判处有期徒刑 15 年，并处没收财产人民币 5 万元。主要犯罪事实有：2000 年 4 月至 2001 年 12 月，虞某利用手中的权力，委托某事务所对该省铁路系统、煤炭系统基本养老金和省属国有企业下岗职工基本生活保障金、失业保险基金进行专项财务检查等工作，使该所收入 270 余万元，虞某非法收受贿赂 100 余万元。2001 年 4 月至 2002 年 6 月，虞某将省财政厅公益广告委托给某广告装饰有限公司全权代理，支付广告制作和发布费用 120 余万元，虞某收受贿赂 14 万元用于个人投资。此外，虞某还多次利用审批资金和项目的权力收受他人的感谢费和帮忙办事费。

这是一起严重的在财政管理和执法工作中滥用手中权力的违法犯罪案件。请结合依法行政的基本要求，分析虞某违法犯罪行为的原因。

2. 2004 年 4 月，某市第一中级人民法院以玩忽职守罪、滥用职权罪、贪污罪、受贿罪和挪用公款罪依法做出判决，对该市某区财政局原党组书记、局长兼区国有资产投资服务公司经理李某决定执行死刑，缓期两年执行，剥夺政治权利终身，并处没收个人全部财产。主要违法犯罪事实有：玩忽职守，巨额借款无法收回。1997 年 6 月，某公司经理提出向李某任经理的国有资产投资服务公司借款 500 万元用于房地产开发项目，李某在未对借款方公司资信情况作考察及办理相关抵押登记手续的情况下，代表投资公司签订借款合同，将 500 万元借出。而且，在借款到期本息未归还的情况下，李某又多次借出资金，最终导致 596 余万元资金无法收回。滥用职权，1 600 多万元化为乌有。2000 年 6 月，李某在没有与区财政局其他领导和部门集体研究的情况下，不顾下属事业单位中小企业信用担保中心主任的反对，擅自做主决定由担保中心为某公司向银行贷款 2 000 余万元提供担保，最终导致 1 600 余万元资金损失。此外，李某还利用各种机会和手中的权力贪污公款 400 余万元，并多次收受贿赂，挪用公款。

请结合依法行政的基本原理分析，如何加强对权力的制约和监督？

3. 2001 年 4 月，某省财政厅会计处原助理调研员周某因犯贪污罪，被某市中级人民法院依法判处无期徒刑，剥夺政治权利终身，并处没收财产。周某的主要犯罪事实是：周某在担任某省财政厅会计处助理调研员期间，利用负责管理全省会计人员继续教育培训工作的职务便利，私刻公章，私开账户，盗印培训教材，并以省财政厅会计处名义销售，个人非法占有售书款近 150 万元。

请结合依法行政基本原理分析，如何杜绝和根除对职权的滥用？

4. 2002 年 3 月，某市中级人民法院对市财政局原局长李某玩忽职守案进行公开审理，以玩忽职守罪一审判处其有期徒刑 3 年。李某的主要犯罪事实是：李某作为市财政局局长，不正确履行职责，指示市国债办为市财政证券公司在空白

能力提升（管理卷）

分销国库券合同上加盖市国债办印章，导致违规超发国库券；越权决定将市国债办业务移交市财政证券公司，并对该公司长期失察，不进行严格监管，对群众反映该公司空卖国债、搞房地产开发等问题不进行认真核查。致使市财政证券公司从1995年至1997年，违规超发各种国债总计达1.6亿元，并将巨额资金擅自投向外地搞房地产开发等项目，大量资金难以收回。

请结合依法行政原理和本案例分析，如何正确行使手中的权力？

☞ 推荐阅读

1.《全面推进依法行政实施纲要辅导读本》，曹康泰主编，中国法制出版社，2004年版。

2.《全面推进依法行政实施纲要读本》，袁曙宏主编，法律出版社，2004年版。

3.《财政普法读本》，全国财政法制宣传教育和依法理财工作领导小组办公室编，中国财政经济出版社，2006年版。

☞ 推荐浏览网站

1. 中国人大网 http://www.npc.gov.cn
2. 中国政府网 http://www.gov.cn
3. 国务院法制办公室网站 http://www.chinalaw.gov.cn
4. 中国宪法行政法法律网 http://www.cncasky.com

第 3 单元

政策的制定与执行

■ 引 言

公共政策的制定与执行是一项技术上要求很高的工作。它的出发点是公平与公正，目标是公共利益，工作轴心是社会基本需要。背离了这些原则，政策效率就无从谈起。我们在政策制定与执行中有一个很大的问题，那就是制度成本居高不下，简单地说，就是做同样的政策事项，花的钱可能比别人要多不少，效果可能还没别人的好。因此，要想提高政策水平就必须加强理论研究，掌握科学方法。

■ 学习目的

- 建立公共政策的基本科学理念；
- 掌握政策制定的一般过程；
- 了解政策规划的原则和方法。

■ 引 例

"黑车"问题是城市管理的一大顽疾，老百姓反应强烈，可往往屡禁不止，令管理部门头痛不已。"黑车"的存在不仅破坏了正常的市场秩序，损害到合法经营者的正当权益，而且脱离正常的管理体系，危及乘客的生命财产安全，更为严重的是，还可能成为滋生一些违法犯罪现象的温床，给社会治安带来隐患。为治理"黑车"，各地管理部门可谓绞尽了脑汁。从目前情况看，管理部门往往更多采用习惯性的"运动式执法"形式，一时"集中治理"、"专项打击"、"利剑行动"、"暴风战役"等

能力提升（管理卷）

词汇常常见诸报端。

有些问题很值得大家进行思考："黑车"司机多为进城的农民和下岗的工人，存在着个人和家庭的生计问题，不设法解决这方面的问题，而只是一味关注"黑车"的销毁，到底对公共利益有利还是不利？"和为贵"是公共政策的基本理念，罚款、拘留只是手段而不是目标，在一部分人的生计问题与城市秩序发生冲突的情况下，是否更需要考虑一些缓和的治理措施，以减少激烈的对抗？法治是一种常态，而不是一种冲锋，运动式执法往往把执法异化为临时政策，有悖于长久生效的法律原则，这种临时性、动态性和反复性的特点其实并不符合法治的精神。

启发与思考

从公共政策角度来看，该不该做是目标问题，能不能做是手段问题。对"黑车"治理而言，似乎不存在该不该的问题，但确实存在能不能的问题。运动式执法往往要求执法部门在短时间内集中优势人力物力等资源，对社会一些不法现象形成一种"拳头"攻势。这种执法形式，往往要付出高昂的社会成本，但长期效果却非常有限。

公共政策的目标是为公共利益服务，为了这一目标，管理部门可否考虑放弃点儿习惯，改变点儿观念，放下点儿架子，牺牲点儿面子。

3.1 什么是公共政策

3.1.1 公共政策的简单定义

当我们为北京等国内大城市的交通拥堵感到万分苦恼时，当我们为遭遇非典型性肺炎（SARS）和禽流感而感到惶恐不安时，当我们为国内小煤矿频频发生的安全事故感到忧心忡忡时，当我们为"禁放"（鞭炮）政策的执行难状况感到困惑不解时，我们都不难体会到公共政策的直接影响，它在日常生活中表现得非常具体和形象，似乎离我们很近很近。

然而，当我们坐在教室里讨论公共政策概念的时候，当我们在学术活动中为此发生激烈辩论的时候，当我们在阅读公共政策经典论著的时候，当我们提笔写作要给出公共政策定义的时候，我们又会感到公共政策似乎离我们很遥远，它在学术领域显得那样笼统和抽象。

有人形容公共政策像一个万花筒，在社会政治生活中能够表现为多种形态，其中既有相互重叠的地方又有相互背离的方面。如果需要对公共政策进行定义的话，我们可以将其简单定义为：社会公共权威在特定情境中，为达到一定目标而制定的行动方案或行动准则，其作用是规范和指导有关机构、团体或个人的行动，其表达形式有法律法规、行政规定或命令、国家领导人口头或书面的指示、政府大型规划、具体行动计划及其相关策略等。

3.1.2 公共权力——公共政策的基石

公共权力一般指由立法、行政、执法、司法等国家和社会的公共机构行使的权力，它在保证社会稳定、维持良性互动和促进经济发展方面发挥着任何非公共的私人权力都无法取代的重要作用。也正因为如此，相对于非公共领域的团体或个人而言，公共权力往往处于明显的优势地位。然而，"政府不是天使"、"公共权力是一把双刃剑"，公共权力不可避免地要交由具体的机构或个人去行使。这样，"执行公务"时便会出现实体上的公共性与形式上的私人性之间的矛盾，所以不可避免地会出现扩展权力的冲动和角色表现的悖论。因此，为了有效抑制这种非理性的冲动和角色的错位，就应该为公共权力划定法律界限。对私人权力而言，"法无禁止即自由"；对公共权力而言，"法无授权即禁止"。这是法制社会的基本理念。只有对公共权力实施有效制约，才能保证私人的合法权力和社会的良性运行。

据媒体报道，在某地境内的高等级公路（设计时速80公里）上，不到25公里的路段，交通执法部门设立了限速标志牌和雷达测速牌达40块之多。有的地段甚至限速20公里，导致过往司机无所适从。有人做过统计，在某天上午340辆车通过此路段时，没有一辆车不超速。如果按每辆车罚款额500元计算，此路段交警一个上午便可罚款17万元。甚至还曾发生过同一辆车在一个小时内受到多家交警大队超速罚款的情况。这样的"执法"已不再是保证畅通和打击违法，而是想着法子为制造违章设置"陷阱"，以罚款创收为管理目标。如此"执法"行为，实乃法治之悖论，无疑是一种典型的"合法伤害"，即为谋取部门和个人利益，以公共权力伤害公共利益。这件事的发生，实际上已经触及公共服务的一个根本性问题——公共权力的行使一旦越界，就会对公民的正当权益构成某种威胁和伤害。

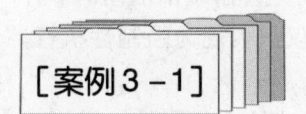

[案例3-1]　　　　　　　　史上"最牛"的公章

贵州省锦屏县平秋镇圭叶村，因一枚由本村村民发明刻制的"公章"而闻名全国。他们将刻有"平秋镇圭叶村民主理财小组审核"字样的印章分为五瓣，分别由四名村民代表和一名党支部委员保管，村里的开销须经他们中至少三人同意后，才可将其合并起来盖章，盖了章的发票才可入账报销。这枚印章被网友称为史上"最牛"公章。

启发与思考

方法虽然淳朴，却体现了对于公共权力进行制约的现代理念。我们在制定政策时是否可以从中受到启发？

3.1.3 从政治角度理解公共政策

什么是政治？这似乎是一个不朽的话题。从古希腊的哲学到欧洲文艺复兴时期的思想启蒙，从马克思主义的唯物主义历史观到现代自由民主理念，无不对政治的定义具有浓厚的兴趣。古希腊哲学家亚里士多德就曾认为，政治只是用以满足团结需要的一种调节手段，政治在利益差异中创造平衡，在价值冲突中创造秩序。古典政治学说和政府理论都是基于这种理念逐渐形成的。社会达尔文主义基于"物竞天择，适者生存"的生物进化观视政治为社会中的弱肉强食。我国民主主义先驱孙中山先生认为所谓政治就是"管理众人之事"。

现代的政治理论家们认为政治并非是一个失去父母的孤儿，而是一个多世一堂的大家族，有兄弟姐妹，有父辈祖辈，有七大姑八大姨，子孙满堂，他们并不满足于单一术语的定义如"价值或利益的权威分配"，而趋向于给予政治概念一组多元化的解释，尽可能准确地区分政治家族的不同成员。从学术层面上来看，近些年来，起主导作用的主要有三种观点：权力与控制，讨价还价，博弈。

(1) 权力与控制。这种观点视政治为一个强制性模型，这是最为传统的一种认识。它认为，政治活动经常表现为一种命令形式而且通常需要以武力作依托。现代社会学之父马克斯·韦伯就把国家定义为在一定领土范围内对武力具有垄断性的社会机构。国家行使最后的或终极的权力，这种权力至高无上且无以与之相比。这种观点与现代一些有关政治体系的看法相吻合，突出了互动体系中的强制职能及其合法性。这种控制模型尽管有助于我们更好地理解政治活动的多种形式，但国家并不单单只具有警察的职能，统治也不仅仅只表现为强制性执行。政治还有其他的类型。

(2) 讨价还价。最近的一些政治研究强调了政治活动的交易属性，交换政治利益的基本方式就是讨价还价。这种活动通常发生在相互难以靠命令施以控制的人们之间。各方在讨价还价中有付出也有所得，从而达成一个能使大家基本满意的结果。在现代社会制度下，一项政府政策的出台往往就是各种利益集团进行政治交易的结果。斗争和妥协是政治交易中必不可少的策略和手段。磋商和调解是相互竞争且权力相当的各派政治力量的共同需要，但如果出现互不妥协和谈判破裂的情况，武力的使用和强权的实施也并非不可能出现。

(3) 博弈。博弈理论研究的是在特定情况下如何进行理性决策的问题。这种特定情况是指两个或两个以上的参与者，他们彼此存在相反的利害关系，其中每个人的选择都会对他人的决定产生影响，最终的结果依赖于所有参与者的选择。在政策制定过程中也会出现类似的情况，当孤立的最优选择不存在，只能根据他人的选择做出自己最佳的决定时，博弈论就可以派上用场了。博弈的参与者可以是个人，也可以是一个组织或政府，只要他们能够以明确的目标为导向并实施理性的行动。博弈的技巧可以用来处理重大的政策问题。

3.2 政策制定过程

3.2.1 政策问题的确认

政策问题的确认是指对于政策问题的察觉、界定和描述的过程。从认识论的角度而言，这是一个从对客观事实的感性认识到理性认识的过渡。一般而言，问题的有效确认比方案的精心设计更为重要。对决策者来说，如果用一个设计精妙的方案去解决一个错误的问题，由此带来的不良影响，比用有重大缺陷的方案去解决一个正确的问题还要大得多。这不仅是政策资源的浪费问题，而且可能引发更广泛的社会问题。

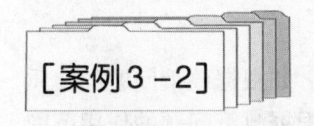

[案例3-2]   没有解决问题的方法就等于
          那个问题不存在吗？

有这样一则故事：一位士兵在根本不具备人力和物力条件的情况下想要建一座跨河大桥，他在河岸边独自发呆，情绪看起来非常低落，这时，一位当地的妇女走近他，问道："你为何这样忧郁？"士兵解释了他所面临的这个没有解决方法的难题。妇女回答道："振作起来吧！没有解决方法就等于根本不存在难题。"

能力提升（管理卷）

启发与思考

政策分析的创造力就存在于发现和阐释问题且知道应该和能够做什么。解决问题的方法很多时候来源于问题的有效确认。

3.2.1.1 问题察觉

问题察觉是指某一社会现象被人们发现并扩散，逐渐引起社会公众和政府有关部门关注的过程。在这个过程中，人们普遍感到应该行动起来做点什么，以改变目前这种状态。但究竟做什么和怎么做，人们并没有认真去考虑。问题察觉能否实现，不仅取决于客观条件，而且还取决于相关人员的主观条件，如政治立场、思想意识、个人利益、价值观念等。

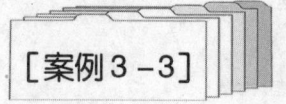

[案例3-3]　　这是问题吗？

2004年10月法国总统希拉克到成都访问，当地政府为他在索菲特万达大饭店预备了面积为400多平方米的总统套间。这让希拉克总统感到吃惊。他婉拒入住，亲自挑选了一套普通豪华间，面积只有64平方米，每天价格为1200元人民币。但许多地位远不如法国总统的国人，却天天在享用这种奢华。目前，我国已有五星级饭店175家，是美国的4倍（每座五星级饭店都备有总统套间）。

启发与思考

很多司空见惯的现象并未引起我们的察觉。希拉克总统在成都婉拒入住总统套间这件事，能够在多大程度上引起国人的反思呢？

3.2.1.2 问题界定

问题界定是指对问题进行特定分析和解释的过程。

首先，需要通过一定的方法对问题进行必要的归类，如根据政策问题的性质可以把其界定为政治的、经济的、文化的等方面问题；根据政策问题的作用范围可以把其界定为全局的、局部的、国际的、国内的、全国性的、地区性的等方面问题；根据政策问题的作用方式可以把其界定为指导性的（涉及指导方向方面的问题）、分配性的（涉及资源配置或利益分配方面的问题）、限制性的（涉及行为或利益限制方面的问题）等方面的问题。

其次，需要对问题进行必要的诊断。这就像医生给病人看病一样，诊断了病情，知道病人得了什么病，才好决定治疗方向。诊断问题应主要解决两个问题，即差距何在（症状分析）和原因何在（症结分析）。

一个问题的存在，实际隐含着现实状态与理想状态之间的距离，任何解决办法无非都是为了缩短或消除这种距离。因而，能否准确表达这种差距，找出差距何在，就成为能否发现解决办法的必要前提。

当然，仅仅找到差距还不够，还要弄清产生这些差距的原因何在。正像医生给病人量血压、测体温一样，光知道血压和体温不正常不行，他还要想办法知道是什么原因引起的高血压和发烧，否则就无法对症下药，无法标本兼治。

再次，需要把问题情景转变为实质问题。问题情景实际上包含了问题牵涉到的众多因素及其相互间错综复杂的关系。问题界定的主要目标就是要把复杂、混沌的问题情景总结概括为清楚明了的实质性问题。分析主要矛盾，关注重要因素，是情景转化过程中必须注意的问题。

[案例3-4]　　　　　**怎样搞好乘车秩序**

一提起公交秩序很多上班族就一脑门子官司。别提吵架、生气、丢东西，单是那份拥挤就让人忍受不了。汽车一进站，一窝蜂拥上前去；为抢一个座位，好像什么都不顾了；经常会有上——上不去，下——下不来的尴尬局面；更可气的是，年轻力壮的棒小伙儿占着老弱病残的专座死不动窝儿。是什么原因造成目前这样一种局面呢？是老百姓的问题，还是管理者的问题？是老百姓的素质低，还是管理者的素质低？是管理不到位，该管的没有管，还是措施不得力，想管却管不好？是"硬件"问题，还是"软件"问题？是实体性基础设施不足，还是管理制度不健全？

启发与思考

对于公交秩序这类社会问题，如果发现不了真正的原因，那么治理良策又从何谈起。

3.2.1.3　问题描述

问题描述是指运用可操作性语言（如运用数量的、文字的、符号的、图表的等表达方式）对问题进行明确表述的过程。例如，对于人口问题的描述，就需要准确记载一些相关的指标，并做出定性或定量的分析，如人口现有数量、人口的增长率、人口发展趋势等。这种对问题所做的描述将作为政策制定的直接"原料"输入决策系统。

在一般的决策系统中，政策问题的确认与政策方案的选择之间往往存在着一定的裂痕。这个问题并不难理解，因为对政策问题进行确认的与直接拍板决策的总是两个系统。也就是说，察觉、界定和描述问题的人并不直接参与政策的决定，决策者更多地依赖于问题的描述而不直接参与问题的确认。这种情况在我国的决策过程中表现得尤为明显。

很多政策问题的确认都是通过自下而上的报告体系来完成的。由于传统的、文化的、体制的和环境的种种原因，在这种报告链条中，经常会出现沟通的障碍和信息的失真，从而导致决策的失误。因此，为了进行有效的政策制定，问题确认过程中就应注意下列两方面的问题：

一方面，问题描述应做到真实详尽，切忌人为夸大或缩小。在现实生活中，我们不难看到，迎合上级意旨、满足个人或集团利益需要，是一般心态；夸大工作成绩，缩小存在问题，是普遍现象。所以虚假与半虚假的问题描述在日常工作中并不鲜见，对决策中的正确选择构成很大障碍。因此，有时就需要建立平行的多个报告渠道，以比较和鉴别信息的真伪。

另一方面，尽量缩短报告链条，减少报告层次。从组织原则角度出发，越级报告形式本属于不当行政行为。然而，层层报告不仅会造成时间的延缓，而且掺杂了层层的筛选与加工。由于政策问题的不确定性和多变性，时间的延误很可能就会造成问题描述的失真。另外，由于信息上达需要经过许多环节，过滤的层次越多就可能与所要反映的问题出入越大。所以，在政策问题确认过程中，越级行为有时是完全必要的并值得鼓励的，特别是发生一些重大政策问题的时候。

[案例3-5]　　　　　　　诚实也是官德

《求是》杂志2005年第3期刊登时任中共甘肃省委书记苏荣的文章说，最近一段时间，他多次到基层调研，发现了一些问题，值得各级领导干部高度警觉。比如，有的地方上报的数字增长很高、很快，但稍加核实就知道里面含有不少水分；有的地方把招商引资的协议视作合同，把合同等同于开工；有的干部汇报情况、回答问题，口若悬河、滔滔不绝，但这些漂亮话的背后，却没有什么实实在在的内容。

启发与思考

为什么会出现上述现象？是上级的工作要求过高过急，还是周边地区发展太快逼的？是对自己的职务、前途担心，还是过去经常这样干并屡屡尝到甜头？不管属于哪种情况，从主观上说，都表明少数干部的人品、官品不正。从这个角度讲，诚实也是一种最基本的官德修养。

3.2.2 政策议程的建立

3.2.2.1 公众议程与政府议程

政策议程的建立是社会问题转化为政策问题的关键一步。在任何政治系统中都存有若干政策议程，其中公众议程和政府议程是两种最基本的形式，同时也是政策议程的两个不同阶段。一般来讲，如果一个社会问题不能够在公众议程上占据一席之地，那么它就很难进入政府议程。

（1）公众议程。公众议程是指某个社会问题已引起社会公众和社会团体的普遍关注，他们向政府部门提出政策诉求，要求采取措施加以解决这样一种政策议程。从本质上讲，公众议程是一个众人参与的讨论过程，是一个问题从与其具有特殊联系的群体逐渐扩展到社会普通公众的变化过程，即一个问题引起相关群体的注意，进而引起更多人的兴趣，最后受到普通公众的关注。

（2）政府议程。政府议程是指某些社会问题已引起决策者的深切关注，他们感到有必要对之采取一定的行动，并把这些社会问题列入政策范围这样一种政策议程。从本质上讲，政府议程是政府部门按特定程序行动的过程，政府的制度性因素在其中有着十分重要的影响。政府议程的项目具有新旧之分，旧项目是指以常规形式出现的项目，如增加工资、财政拨款、社会保障等方面的事项。一般而言，政府官员对这些问题都较为熟悉，而且，处理这些问题的方案在一定程度上也已经成型。新项目是指因特定情况或事件引起的项目，如工人大规模罢工、外交方面出现危机等。有时候新项目还可能由不断加大的社会压力所引起。政府议程的旧项目往往能够从决策者那里获取处理的优先权，这是因为决策者总是发现自己的时间有限且议程很满，他们自觉不自觉地会把自己的目光更多地投向旧的项目。

公众议程和政府议程作为政策议程的两个阶段，它们之间既有联系也有区别。公众议程往往出现在政府议程之前，是由一些片段的、零散的、不系统的或不完全成型的议论所组成，人们对于问题的实质及其社会影响认识还不够具体。

其主要目标是使公众诉求能够在政府议程中占有一席之地。尽管如此，公众议程所形成的强大推动力对政府议程的建立具有决定性的影响。政府议程往往是由一些意义非常明确的项目所组成，具有制度化的操作程序运行方法，其主要目标就是对与问题有关的客观事实做出主观认定。一般而言，社会问题转变为政策问题先要经过公众议程，然后才能进入政府议程。但有些时候社会问题也有可能越过公众议程直接进入政府议程，这是因为决策者有时能够主动发现问题，并把它们列入自己的议事日程。

3.2.2.2 政策议程的基本类型

美国学者罗杰·科布以政策诉求的主体为标准，提出了建立政策议程的三种类型[①]：

（1）外在创始型。政策诉求由政府系统以外的个人或社会团体提出，经阐释（对政策诉求进行解释和说明）和扩散（通过一定方式把政策诉求传递给相关群体）进入公众议程，然后通过对政府施压的手段使之进入政府议程。

（2）政治动员型。具有权威作用的政治领袖主动提出其政策意向，并使其进入政府议程。因为在一般情况下，政治领袖的政策意向往往能够成为政府的最终决策，所以看似没有必要建立相应的政府议程。之所以仍要这样去做，主要是为了寻求社会公众的理解和支持，以便更好地贯彻和实施这项政策。

（3）内在创始型。政策诉求来源于政府机构内部的人员或部门，其扩散的对象仅限于"体制内"的相关团体和个人，客观上不涉及社会一般公众，扩散的目的是为了形成足够的压力以使决策者将问题列入政府议程。"体制内运作"是内在创始型的主要特征，政策诉求的主体并不希望建立相应的公众议程。

3.2.2.3 政策议程建立的条件

（1）公民个人的作用。从某种意义上讲，很多具有公共性质的问题都是由私人问题而引发的。比如，一个人对现行的某项政策感到不满，这只是一个私人性质的问题。但是，如果他采取告知公众和媒体，或将与之有类似看法的人组织

---

① 罗杰·W·科布："比较政治过程的议程制定"，载于《美国政治学评论》第70卷，1976年，第126~138页。

起来，向政府有关部门提出抗议的形式，就很可能会使私人问题变成公共问题，进而促进公众议程和政府议程的建立。另外，还需要强调的一点是，非正式关系在政策议程建立过程中所起的作用。所谓非正式关系，是指超出法定组织制度和工作程序的人际关系，如老乡、亲属、同学、朋友等关系。通过这类关系，个人所提出的问题很有可能被决策者列入政策议程。这是因为非正式关系的突出特点就是相互的亲近与信任，有很强的互动作用。

（2）利益团体的作用。任何利益团体都有自己的利益所求，在社会中他们寻求着某种合理的平衡状态。如果出现的某种情况威胁到这种平衡状态的存在，那么他们就肯定会做出必要的反应。比如，当个体零售商的利益受到大批发商的威胁时，他们就会通过其同业组织要求政府采取必要的行动以保护他们的利益。此外，某个利益群体从政府那里得到一定的特惠政策时，其他利益群体也有可能做出相应的反应。

（3）政治领袖的作用。迄今为止，在任何国家和地区，政治领袖都是决定政策议程的一个极为重要的因素，政治领袖在政策议程的建立过程中所发挥的特殊政治作用是无可替代的。在政治舞台上，政治领袖作为决策系统的核心，其对政策议程的影响力往往来自制度的授权，他们常常扮演政策议程主要决定者的角色，其政策建议提上政府议程的成功率极高。

（4）政府体制的作用。一定的政府体制从制度上规定了信息的沟通渠道和利益的表达方式，从而形成了协调各种利益关系的组织机制。政府体制涉及组织结构、工作程序、代表制度、选举制度等多种因素，这些因素对政策议程的建立都有很大的影响。

（5）大众传媒的作用。大众传媒在推动政策议程建立的过程中起着非常关键的作用，因为它能把少数人发现的问题广泛传播，能制造强大的舆论压力，它还是连接公众与政府决策系统的桥梁，并发挥政府决策系统外脑的作用。

（6）问题自身的作用。社会问题的明朗化程度对政策议程的建立具有非常重要的影响。明朗化的社会问题最容易引起社会公众的普遍关注和政府决策系统的政策反应。一般来讲，问题明朗化的程度是问题严重与否的一个重要标志，从而是促成政策议程建立的基础条件。

3.2.2.4 政策议程的引发机制

政策议程的引发机制可以分为内在的和外在的两种形式。

内在的引发机制有自然灾害、意外的人为事件、科技方面的重大变革、资源分配中的偏执与失衡、生态变迁。外在的引发机制有战争、武器技术的重大进

能力提升（管理卷）

化、国际冲突、世界性联盟的格局发生变化。

美国政策学家 J. E. 安德森在其《公共政策》[①] 一书中对此作了更为具体的阐述。他认为下列三个因素促成了政策议程的建立：

(1) 某种危机或惊人事件。很多时候，人们可能已经对某些问题有所察觉，并提出了政策诉求，希望能够对之采取必要的行动。但它没能引起普遍性的重视，政府也处于左右为难之中。在这种情况下，的确需要有某种突发性事件的发生，将问题推上政策议程。突发性的重大事件往往会使形势发生戏剧性的变化，从而成为社会各界关注的焦点，引起政府的高度重视。

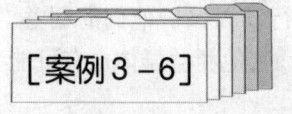

[案例3-6] 苏联成为第一个发射卫星的国家

1957年10月4日，莫斯科时间晚22时28分，在苏联的拜科努尔基地，运载火箭将重达83公斤的人造地球卫星送入太空。人类的太空时代开始了。

苏联发射第一颗人造地球卫星之后，全世界的主要报刊连续数日对这一事件作了大幅报道，全世界为苏联所取得的成就感到震惊。因为美国在这方面落后于苏联，美国总统艾森豪威尔受到了来自民主党的激烈批评。民主党候选人约翰·肯尼迪在1960年的总统大选期间，在竞选大纲中把发展美国的航天工业作为未来主政期间的一项重要工作。1958年，美国的第一颗人造地球卫星发射升空，重量为8公斤。人类的太空对抗时代开始了。

启发与思考

如果美国发射了第一颗人造地球卫星，那么历史将会怎样？乔治·华盛顿大学太空政策研究所所长约翰·诺斯顿说："如果没有苏联的人造地球卫星，就可能没有阿波罗计划。"

(2) 抗议活动。抗议活动是一种激烈的利益表达形式，往往带有某些反常规的行动特征。其表现形式有示威游行、静坐斗争、绝食抗议、暴力冲突、武装对抗等。社会中出现大规模的抗议活动通常说明社会问题已经发展到非常严重的地步，政府的现行政策已经难以调和这种矛盾，只有做出新的政策选择才能平息由抗议所引发的混乱局面。

(3) 新闻媒介。一些问题可能会引起新闻媒介的特别注意。通过新闻媒介

[①] J. E. 安德森，唐亮译：《公共政策》，华夏出版社，1990年版，第72~74页。

的报道，这些问题很可能会成为政策议程里的内容。如果没有新闻媒介的介入，那么这些问题就很可能长久地存在而引起不了社会公众的注意，政府自然也就不会去考虑这些问题。

3.2.2.5 政策议程建立的障碍

（1）政治原则的偏离。任何国家都有其视为立国之本的基本政治原则。坚持这些原则，是政府义不容辞的责任。因此，政策诉求一旦偏离或背离了这些原则，政府就会通过各种方法将其排斥在政策制定系统或制度化程序之外，有时是在其提出之前或接近相关的政策领域之前就会被窒息或扼杀。

（2）价值体系的排斥。价值体系涉及社会的基本观念及其信仰倾向，是人们思考的依据和行为的准则。任何社会都有其占主导地位的价值体系，它排斥特定的社会问题和政策选择方案进入政策议程。换句话讲，如果提出的政策诉求与社会价值体系不融，那么就难以形成公众议程，更不可能转化为正式议程。

（3）政府体系的封闭。如果政府体系保守，决策过程封闭，民选代表不能代表选举人的利益，那么公众与政府联系的渠道就会出现障碍，公众的呼声和愿望就很难为决策者所知，人们不仅无法与决策者进行必要的沟通，而且不能通过问题讨论等形式，参与政策的制定过程。

（4）承受能力的超重。任何一种政策问题的提出，如果超出了决策者的承受能力，就会受到他们的排斥或回避。尽管这种问题的提出有时对社会有利，符合时代潮流，往往也难以进入政策议程。

（5）表达方式失当。有些问题本可以通过法定的正常渠道提出，却偏偏要选择非正常渠道；明明可以在正式场合上讲，却偏偏要进行地下活动；明明可以采用平和方式提出政策诉求，却偏偏要采取过激的方式。这种表达方式的失当，很多时候使本该进入政策议程的问题胎死腹中。

3.3 政策规划

政策规划过程是一个狭义的政策分析过程，它需要决策者与政策分析人员的密切配合，它是在既定原则指导下寻求方案优化的一系列分析和抉择活动。

3.3.1 政策规划的十个原则

3.3.1.1 信息原则

信息是政策规划的基础材料，从某种意义上讲，政策规划的过程就是信息的收集、整理、加工和处理的过程，政策规划的成效很大程度上依赖于信息的全面、具体、准确、及时。如果没有充分的信息保障，政策规划也只能是"巧妇难为无米之炊"。

[案例3-7]

十多年前，大兴安岭一场大火烧毁了大片山林，同时也烧掉了一批责任者的官帽，但却没有从根本上烧毁官僚主义的温床。当年，国家投入巨资，力图使焦山能够重新披上绿装，再造一个新的大兴安岭。然而，十多年光阴荏苒，西林吉林业局在转包营林工程中，欺上瞒下，通过虚假验收、虚报指标等行为，套取国家巨额营林专项款。致使2 700余万元专款没有多少真正投入到营林工程中，9 000公顷营林地只完成了不足1/4。他们把树种在报表上，把钱装进了不该装的地方。要不是林业局与承包户发生经济纠纷而曝出这一丑闻，我们仍会沉浸在"年年超指标完成造林任务，大兴安岭早已林海茫茫，绿浪滔滔"的弥天大谎之中。

启发与思考

有些单位的负责人私心重了点儿，谎话多了点儿。这种虚假信息会对决策构成极大的负面影响，早晚要搬起石头砸自己的脚。

3.3.1.2 系统原则

系统性是社会问题的重要特征之一。任何政策问题都不是孤立存在的。在社会大系统内，不同范围、领域、层次的社会问题存在着相互联系、相互制约的辩证统一关系。这就要求政策规划工作的参与者必须牢固树立系统观念，在决策活动中要根据客观事物所具有的系统特征，正确处理整体与局部、战略与战术、当前利益与长远利益、主要目标与次要目标的关系。考虑问题以大局为着眼点，从事物的整体出发，去认识、分析和处理局部性问题。

第3单元　政策的制定与执行

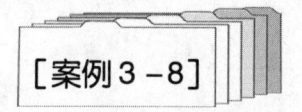

[案例3-8]

在北宋真宗年间，皇城失火，皇宫全被烧毁。真宗命大臣丁渭主持修复工作。当时既需要清理废墟，又需要挖土烧砖，还需要从外地运送大批建筑材料。摆在面前的难题很多，丁渭提出了这样一个方案：首先把皇宫前面的大街挖成一条大沟，利用挖出来的土就地烧砖，然后把京城附近的汴水引入大沟，通过汴水从外地运进建筑材料，等皇宫修复之后，再把碎砖烂瓦填入沟中，最后修复原来的大街。丁渭的建筑方案可谓一举三得，一举就是挖沟，省去从远方运土烧砖是谓一得；引水入沟把陆路运输改为水路运输，省工省时，节约了运输费用，提高了运输效率，是谓二得；同时还解决了废墟的处理问题，是谓三得。虽然挖沟取土暂时破坏了一条完好的大街，从局部角度看，可谓巨大损失，但从工程的全局来看，是非常有利的。

启发与思考

丁渭的修复方案包含了系统思想的重要内容，丁渭也因此被后人誉为"运用系统方法解决实际问题的先驱者"。

3.3.1.3　预测原则

政策规划是对未来事物所做的行为设计和方案抉择，是一种面向未来的活动。凡事预则立，不预则废。科学预测是保证政策规划成功的必要前提。只有建立在可靠预测基础上的政策方案，才是具有现实可行性的政策方案。

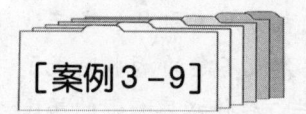

[案例3-9]　　　　　　　　**滴水能看到整个的世界**

1982年2月底，墨西哥爱尔基琼火山猛烈喷发，火山灰形成大量云团。美国气象部门抓住这个偶然事件，对气象资料认真分析，预测出1983年会出现全球性气候异常，可能导致大雨和干旱等灾害。由此认为，世界谷物将大幅度减产，苏联作为一个谷物进口大国，一定会把目光投向美国，如果美国能减少一定的播种面积，就会迫使苏联以较高的价格购买美国小麦。而苏联为购买粮食只能被迫出售黄金和压缩军费，从而会引起1983~1984年度的金价下跌和军备竞赛

能力提升（管理卷）

的缓解。根据这种分析，美国政府采取了一系列对策。事实证明，他们的这种判断是正确的。

启发与思考

从这个例子可以看出，透过一滴水能看到整个的世界，偶然的事件包含了一系列必然的结果。火山的爆发导致了气象、农业、经济、政治、军事一系列连锁的反应。

3.3.1.4 客观原则

实事求是，尊重客观规律，把握政策对象及其环境的主要特征，一切从实际出发，克服政策规划过程中的主观随意性，这是政策规划最基本的要求。只有做到这一点，才能大大减少政策规划的主观盲目性。不能心血来潮，脑袋一热，就要"挟泰山以越北海"。大话好说，事情不一定好办。不实事求是，是不会有好结果的。

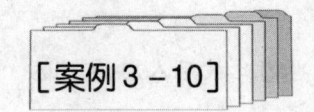

[案例3-10]　阿斯旺水坝的教训

埃及20世纪70年代初竣工的阿斯旺水坝是苏联援建的，预计可以使尼罗河两岸灌溉面积扩大3亿亩。水坝一方面给埃及带来了廉价的电力，控制了水旱灾害，灌溉了农田；另一方面却破坏了尼罗河流域的生态平衡，遭到了一系列未曾料到的自然报复。(1) 由于尼罗河泥沙和有机物质沿坝积存到水库底部，使尼罗河两岸的绿洲失去了肥源，土壤日趋盐渍化、贫瘠化。(2) 由于尼罗河河口供沙不足，河口三角洲平原从向海中伸延变为朝陆地退缩，一些工厂、港口、国防工事有被海水淹没的危险。(3) 由于缺乏来自陆上的盐分和有机物，盛产沙丁鱼的渔场毁于一旦。(4) 由于大坝阻隔，尼罗河下游奔流不息的活水变成了相对静止的湖泊，为血吸虫和疟蚊的繁殖提供了生存条件，致使水库一带的居民血吸虫病患病率达80%以上。这一切使埃及付出了沉重的代价。其他国家在现代化的进程中，一些大型项目的建设也有过类似的情况。

启发与思考

这些经验教训提醒我们，政策规划要尊重客观规律，应加强科学论证，权衡利弊得失，三思而后行。

3.3.1.5 智囊原则

借助外脑，发挥思想库的作用，让专家参与，这是现代政策规划不可缺少的外部条件。

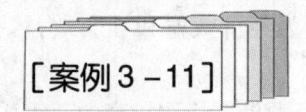

[案例3-11]   刘邦用人

楚汉之争，刘邦得胜，欣喜之余，对众臣道："吾所以有天下者何？"听了几个大臣的回答，他认为都没说到点子上，言道："夫运筹帷幄之中，决胜千里之外，吾不如子房；镇国家，抚百姓，给馈饷，不绝粮道，吾不如萧何；率百万之军，战必胜，攻必取，吾不如韩信。此三者，皆人杰也，吾能用之，此吾所以取天下也。项羽有一范增而不能用，此其所以为我擒也。"

启发与思考

刘邦之所以能够取胜，关键在于他能够听取别人的意见；项羽之所以最终失败，主要是因为他刚愎自用，不肯听取高参的意见。

3.3.1.6 优化原则

比较和选择是政策规划最突出的特征，追求优化是政策规划当然的目标。在决策科学中，人们习惯把只有一个备选方案，没有其他选择余地的决策条件称为"霍布斯选择"。值得注意的是，在情况非常严峻，无他路可走时，"霍布斯选择"也有可能带来好的结果。但一般说来，在绝大多数的情况下都不会有好的结果。管理上有一条重要的格言："当看上去只有一条路可走时，这条路往往是错误的。"这句格言主要还是想鼓励人们探求更多的出路，摆脱唯一选择的困境，从多种方案中择优而行。

3.3.1.7 效益原则

决策的目的在于提高效益。效益是管理的永恒主题。效益的高低直接影响着决策的质量。效益与效果和效率是既相互联系、又相互区别的。效果是一项活动的成效与结果，是人们通过某种行为、力量、方式或因素而产生出的目的性结果。效率是指特定的系统在单位时间内的投入与所取得的效果之间的比率。效益是一种有益的效果，具体地说，它反映了人们的投入与所带来的利益之间的关系。

能力提升（管理卷）

在管理学中，效果、效率和效益都是对投入与产出之间关系的评价，效果的概念侧重于主观的方面，强调合乎目的的程度；效率的概念侧重于客观的方面，判断投入与产出的比率；而效益的概念则要求从主观与客观两个方面的统一中来进行判断，当效益的评价发生在造成这种结果的系统之内，它是指效果与效率的统一，当站在这一系统之外做出效益的评价时，所强调的则是该系统造成的这一结果对它的环境的有益程度。一般地，效益又可以区分为经济效益和社会效益两类。

规划不能不做成本和效益分析，其目标是以较低的资源消耗换取较高的政策收益。当然，这种收益不能单纯以金钱作为衡量标准。尽管政策制定要讲经济效益，但更要考虑社会效益。既要讲直接效益，又要讲综合效益。

[案例3-12] **私盐贩子上演苦肉计，为骗巨额奖金自己举报自己**

据《江南晚报》2004年11月4日报道，两名私盐贩子发现盐业部门的举报奖金远远高于自己贩运私盐的收益，于是便动起了歪脑筋。自己在贩运私盐的途中举报贩盐所雇车辆，然后领取到一笔丰厚的举报奖金。在5个月的时间里，共诈骗举报奖金7.64万元（其中有3.9万元未遂）。沛县人民法院开庭审理了这一离奇案件，自作聪明的两名私盐贩子最终把自己"举报"上了法庭。

启发与思考

私盐贩子为什么这么做呢？而盐业部门的奖金设置是否合理？

3.3.1.8 可行原则

政策规划应注重可行性分析，认真考虑主客观多种制约因素，如时间、空间、能力、技术、人力、物力等。

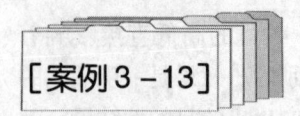

[案例3-13]

非洲某国政府为了赶上西方的现代化发展步伐，从1975年开始，制定和推行了雄心勃勃的"第三次国家建设计划"。他们多方贷款，一下子从国外订购了大约 1 600 万吨水泥和大批的其他建筑材料,用于建设新的公路、机场和高楼大厦,实现国家的现代化。不久,欧洲各国的大型运输船队满载着水泥和其他建筑材料而来,都云集在港口外。可是,这项宏伟计划的制定者们未曾考虑当地海港码头的实际吞吐量,进行了非常不慎重的决策。这一疏忽的后果极为严重。单凭码头现有的装卸能力,不要说运载其他建筑材料的船只,单就滞留在港口外的水泥运输船而言,没有个半年左右的时间是难以卸完的。

启发与思考

由于没有很好地考虑可行性问题,这种看似很小的疏忽直接导致了"第三次国家建设计划"的全面破产,并且使国家付出了惨重的经济代价。

3.3.1.9 兼听原则

在政策方案的论证过程中应注意听取不同的意见。"意见完全一致时不轻易做出选择",这是一条非常重要的规划思想,体现了事物在矛盾中运动的规律。"完全一致"往往掩盖了事物的本质,特别是那种轻易形成的"一致"很可能并不是真正意义的一致,英明的判断和正确的抉择往往都是在不同意见的激烈争辩和交锋中取得的。见解的冲突被认为是通往正确之路的一种有利工具,因为它可以使人们注意到问题的各个方面。从这种角度来看,矛盾斗争的一致才是真正意义上的一致。"兼听则明"应该成为决策者时刻牢记的重要信条。不要一听到反对的意见就皱眉头,有反对意见实际上是好事。当领导的应该有这样的胸怀:"我反对你的意见,但是我捍卫你讲话的权利。"

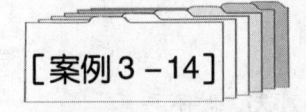

[案例3-14]　　　　斯隆的固执

美国通用汽车公司总裁斯隆先生在主持一次高级经理人员的决策会议时,发现大家提出的都是"一边倒"的意见,他起身问大家:"是不是在座的各位看法都完全一致?"与会者都点头称是,以为斯隆这就要最后拍板结束会议了。出乎大家意料的是,斯隆没有这样去做。他只是说:"那好,现在我宣布暂时休会,直到我能听到不同意见的时候为止。"

启发与思考

在我们日常工作中,有很多的领导听不进反对意见,甚至以所谓"要学会不解释"来教导矛盾中的一方,这种做法只能加剧矛盾。

3.3.1.10 时效原则

俗话说,"机不可失,时不再来"。有些时候,客观情况的变化会创造某种机会,不论你是否利用,这种机会错过了就不会再来。由于短暂的时间差,成功的希望会马上成为泡影。所以做事不可优柔寡断,坐失良机。要敢于承担风险,把握有利时机。

[案例3-15]　　　　诺曼底登陆

第二次世界大战中,1944年,盟军制定了"D日计划",准备在6月5日发起进攻。但英吉利海峡连日暴风雨,天气情况极为恶劣,看上去"D日计划"几乎无法实施。盟军全力投入了气象资料的分析,预测到暴风雨会有间隙,海峡地区会有短时间的晴好天气,抓住时机,果断决策,命令部队做好一切部署,随时准备发起进攻。与其相反,连日来的恶劣天气使德军放松了警惕。6月5日作为西线德军总指挥之一的隆美尔飞回柏林面见希特勒。德军最高统帅部一致认为,这段时间里,盟军渡海登陆的作战计划根本无法实施。于是让大部分军官休假,并取消了空中和海上的例行侦察,使德军完全处于戒备松懈状态,失去了进行防御部署的时机。结果,在6月6日凌晨2时整,盟军发动了全面进攻,首先把三个伞兵师空降到了德军防线的背后,接着进行了大规模的空中轰炸和舰炮攻击。其后,发起了登陆冲击,使德军腹背受敌。凌晨6时半,经过4个多小时的激战,盟军突破了德军的防线,诺曼底登陆宣告成功。

启发与思考

大型战役如此,我们的工作又何尝不是如此。"机不可失,时不再来"。

3.3.2　政策规划中的思维方法

3.3.2.1　经验思维

在规划活动中,经验思维是最易碰到和最常使用的一种方式。在处理问题时,像条件反射一样,人们自觉不自觉地总是要首选经验思维。这似乎体现了一种心理上的惯性。只有当经验思维解决不了问题时,人们才会去考虑其他的思考方式。

经验思维的特点在于经验的联想和经验的迁移。经验的联想适用于处理重复性的工作。也就是说，当前所要处理的问题是过去曾经处理过的。因而，通过联想，运用经验，就可以做到胸有成竹了。经验迁移与经验联想有所不同，它是通过类比，发现两类事物之间的共同性或机械性，从而将解决这一类问题的方法迁移到解决另一类问题上去。经验迁移超出了重复性界限，挖掘两类不同事物之间实质的相似，从某种意义上讲，带有创造性思维的特点。然而，这种思维的迁移，所依据的仍是经验的类比，因而仍然属于经验思维的范畴。

经验思维方式简单实用，但适用范围有限，局限于重复的和可类比的事物。无论是经验联想还是经验迁移，都容易忽略一些新的变动因素。而这些因素有可能会对事物产生重大影响，而在经验范围内却难以察知这种影响。一旦出现这种情况，运用经验思维方式就难免带来一定的失误。

[案例3-16]　　　　老河兵的经验

清代纪昀《阅微草堂笔记》中有一段关于河中石兽的故事记载，说明了经验的价值。沧州南面，靠河有座石庙，有一天山门倒进了河里，门前一对石雕的神兽也随之沉入河底。过了十多年，庙里的和尚募集了资金，想重修山门，准备从河里打捞那对石兽。派人驾几只小船，带上铁耙，顺水打捞了十几里，却不见石兽踪影。这时恰好一位学究正在寺庙里讲学，他认为石兽质地坚硬而且重，河沙松软而且轻，石头落到沙上就会越沉越深，不可能让洪水冲到下游。一位老河兵听了却哈哈大笑说：“凡石头掉到河里，都应到上游去找，因为水冲不动石头，其反击的力量一定会朝着水流的方向把石头底下的沙土冲走，而在那里形成一个深坑，及至石头的一半，石头就会倒转滚进坑里。如是，水不停地流，石头就逐渐滚到上游去了。所以不能在原河底去挖。"人们按老河兵说的方向去找，果然找到了石兽。

启发与思考

其实，学究和老河兵所运用的都是经验，但学究只看到了矛盾的普遍性，而河兵却看到了矛盾的特殊性。看来，具体问题，还要具体分析。

3.3.2.2 逻辑思维

逻辑思维是人们在认识过程中借助于概念、判断、推理反映现实的过程。

能力提升（管理卷）

它以抽象性为特征。与经验思维相比，逻辑思维方式更偏重于理性的思考。强调有理有据，重视逻辑推理。逻辑思维又可分为形式逻辑、辩证逻辑和数理逻辑等。

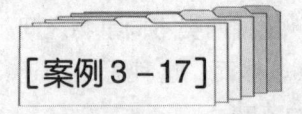

[案例 3-17] 　　　　　古希腊哲学家伊壁鸠鲁驳斥有神论

在古希腊迷信盛行，当时有许多人认为有神存在，而且觉得"神是万能和完美的"。伊壁鸠鲁一天与几个有神论的信徒为"神到底存不存在"展开了激烈的辩论，他用严密的逻辑推理，有力地驳斥了有神论。

伊壁鸠鲁：你们认为世界上有神存在，是吗？

信徒：是的。

伊壁鸠鲁：那么，只会存在三种可能——或是神愿意但没有能力除掉世间的丑恶；或是神有能力但却不愿意除掉世间的丑恶；或是神既愿意而且有能力除掉世间的丑恶。对吗？

信徒：是的！

伊壁鸠鲁：如果神愿意但没有能力除掉世间的丑恶，那么他就不是万能的；如果神有能力但却不愿意除掉世间的丑恶，那么他就不是慈爱的；如果神既愿意而且有能力除掉世间的丑恶，那么世间为什么还有那么多的丑恶存在呢？

启发与思考

这是形式逻辑在辩论和推理中的典型应用。类似的例子还有很多。

3.3.2.3 直觉思维

所谓直觉，就是当你有了它的时候，它是确定无疑的，如果你还存在一定的犹豫，存在其他的选择，那么就说明你还没有真正发现它。一般而言，人们在使用直觉这个概念时，较多的还不是对事物本身"是什么"做出判断，即分析因为什么，会导致什么，而是对人应当"怎么做"进行直接选择。

与逻辑思维相比较，直觉表现出非逻辑的跳跃性。结论得出来了，论证却尚未进行，甚至不知道怎样去论证。直觉的结论也是直接把握对象的整体而形成的，至于某些局部，则隐没于整体之中了。直觉的结论何时在头脑中产生具有随机性。逻辑思维是按程序一步步进行的，因而结论何时产生是可以预计的。直觉却不同，常常是突然产生的。

3.3.2.4 创新思维

与一般性思维相比较,创造性思维表现出思考的独立性(不依赖经验、不迷信书本和权威)、方法的独特性(统一的或通用的、适于解决各种问题的创造性思维是不存在的)、目标的前瞻性(强烈的超前意识)、思维的发散性(多维特征、正向反向)、结果的聚敛性(思想火花表现出无序和混乱的特征,聚敛是一个不可缺少的过程)、形式的超常性(求新求异、有所突破,不人云亦云)等特征。

有利于创新思维的具体方法有许多,下面就选择几种方法进行简单介绍。

(1)头脑风暴法。这是1939年美国学者奥斯本首先总结归纳的一套创新方法,早期的头脑风暴法多用于广告设计,试图通过思维共振达到智力放大的效果,目的主要还是为了产生更多、更新的广告创意。其后,这种方法逐渐流行起来,被广泛应用于社会各个领域。头脑风暴法随着实践经验的不断积累,日趋成熟。

奥斯本为头脑风暴法提供了必须遵循的几点原则:

- 排除批评。必须阻止对新观点的不利评价,不能违背"无批评"原则。
- 欢迎畅所欲言。不存在权威的意见,与会者人人平等,谁也无权做出结论,大家自由思考,任意遐想,即使是非常荒诞无稽的看法也应受到鼓励和尊重。经验告诉我们,有上下级关系的小组讨论常常会使下级的自由参与信心不足。
- 观点多多益善。质量源于数量,观点看法的数量越多,产生创新思想的可能性就越大。
- 合并与改进。不同观点的组合与改进也是产生创新思想的必要途径。

此外,头脑风暴法还有一些需要注意的事项,一般包括:

- 以较大团体为宜(6~12人),团体太小,效果不好。
- 做好观点意见的笔录,即使是看似毫无意义和价值的观点。
- 特定时段集中关注一个特定的问题,以便有更好的思维共振的效果。
- 遵循判断置后原则,对观点的评估要在产生理念阶段之后进行,因为观点提供者会将此视为批评。

因此,应该由另外一些人在随后的讨论会上对头脑风暴法产生的观点进行筛选。但在实践中发现,参与者不进行相互间观点的评价和批评是非常困难的。一些人认为,持不同意见的人不能即时表明自己的看法并非是一件好事,推迟的判断不一定会有好的效果,头脑风暴法产生的不利因素可能会多于有利因素。正因

能力提升（管理卷）

为存在这些不同的看法，奥斯本本人也告诫人们，要避免对这项技术不切实际地加以吹嘘的情况。

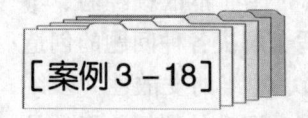

[案例3-18]　　　　野生动物园的创意

一个研究野生动物的组织有一次邀请一些专家来座谈，想从中获得一些有益的启示。会议的议题包括了这样一个题目：用什么方法可以捉住老虎？与会者发挥了个人充分的想象。一位专家提出近似的替代，即老虎的近似者是猫，抓住一只猫就可近似地认为抓到了老虎。另一位专家提出了同态像问题，认为拍到一些老虎的照片，就可以认为抓到了老虎。还有一位专家是研究拓扑学的，他的意见最为离奇，他说："抓老虎就意味着把老虎关在一个铁笼子里，让人站在笼子外观赏。如果对笼子做一个拓扑变换，即笼子的外面变为里面，里面变为外面，就是说把人关在铁笼子里放入有老虎的野生环境。这样，只要人看到了笼子外面的老虎，也就等于人在笼子外面看笼子里面的老虎。于是老虎就等于被捉住了。"离奇不等于荒谬，人们从中得到启示，建立了天然野生动物园。游人可以坐在汽车里观赏在大自然中生活的各种动物，同时还保持了原生态的自然环境。

启发与思考

一个有价值的创意，可能就来自看似离奇荒唐的想法。

（2）哥顿法。这是美国人哥顿1964年提出的一种创新方法。它主要是通过会议形式，根据主持人的引导，让与会者进行讨论。但会议的根本目的是什么，真正需要研究的问题是什么，实际上只有主持人自己知道，其他与会者都不知晓。这样做的目的是为了避免思维定式的约束，使大家能跳出框框去思考，充分发挥群体智慧以达到方案创新的目的。哥顿法有两个基本观点，一是"变陌生为熟悉"，即运用熟悉的方法处理陌生的问题；二是"变熟悉为陌生"，即以陌生的方法处理熟悉的问题。从实践来看，后一种方式运用得更多一些，已逐渐形成哥顿法的主流。哥顿法强调要暂时抛开所要处理的问题，通过讨论一些其他的问题，从类比中得到启发，然后再回到原来的问题上。当然，这种方法对会议主持人的要求是很高的，智力激发的效果与会议主持人的方法艺术有很直接的关系。

（3）"零起点"法。这是20世纪60~70年代首先在美、英流行的一种创新方法，源于行政领域的零基预算法，宗旨是抛开过去所有的框框，破字当头，突破思维定式，一切从零开始。需要强调的是，"零起点"法在政府部门的应用，代价是很大的，也是很昂贵的。即便如此，这种方法的创新作用是大家所公认的。

3.3.3 政策规划程序的四个环节

3.3.3.1 政策目标的确定

（1）如何确定政策目标。政策规划的第一步工作就是确定政策目标。政策目标不仅是政策方案设计和择优的基础依据，同时也是政策执行的指导方针，并且为政策评估提供了参照标准。无目标的行为抉择是不可思议的。就像打高尔夫球，如果让一个人夜间去打，他会感到非常好笑，连标杆都看不见，怎么打？政策目标就是决策者对未来一段时期内所能取得的结果的判断，没有这种基础性的判断，决策就无从谈起。

一般来说，政策目标具有如下特征：

• 层次性。政策目标是由总目标、子目标、次级子目标等从大到小，自上而下组成的一个多层次的目标体系。总目标、子目标之间既相互联系，又相互制约，构成了一个层层节制的目标系统。

• 多样性。公共政策内容的广泛性和复杂性决定了政策目标的多样性。从内容上看，有政治目标、经济目标、社会目标等各领域的目标；从范围和数量看，有宏观目标、中观目标和微观目标、单目标和多目标；从期限上看，有长期目标、中期目标、近期目标；从程度上看，又有主要目标和次要目标等。

• 系统性。多层次、多样化的目标并不是相互独立的，更不是相互并列的。各种具体目标之间要建立有机的联系，形成合理的结构，发挥系统的功能。局部的、低层的、近期的目标要从属于整体的、高层的、长期的决策目标。具体目标受制于总体目标，并根据总体目标的要求进行调整。

为了防止"制定了正确的方案，解决了错误的问题"，保证政策目标的正确性，政策目标的确定必须要遵循一定的原则：第一，针对性，即目标必须针对现实问题，有的放矢，切中要害，并选择好突破口。第二，可行性，即目标必须是在现有条件下通过一定努力可以实现的。第三，系统性，从整体着眼，对目标进行层层分解，并将其系统地归并和综合为一个有机的目标体系。第四，规范性，即目标必须要符合一定社会的法律、政治和道德规范，符合人们的价值观和信仰。第五，具体性，即目标的表达要准确清楚，含义单一，有明确的时限、范围和约束条件及具体指标。

能力提升（管理卷）

[案例3-19]

香港房价高，为何下层市民不抱怨，因为高楼价与他们实际并没什么关系，虽然他们买不起房，但是他们有房子住。大约1/7的香港市民（近百万人）住在公营的房屋内，用我们内地的语言，有点类似廉租房的政策措施。香港政府的政策初衷"不求人人有房产，但求居者有其屋"基本得到实现，对促进社会稳定发展起到了积极作用。

启发与思考

联想到内地很多刚刚工作的大学生都要为自己买房而奔波劳碌，香港的住房政策确实值得借鉴。我们制定住房政策的目的是"人人有房产"还是"人人有房住"？

（2）价值前提与事实前提。政策目标的确定离不开价值前提与事实前提。

在政策目标的选择活动中，首先就会碰到价值前提与事实前提问题，目标选择无非是根据前提引申出结论，这类前提主要涉及两个方面的内容，即价值因素和事实因素。所谓事实因素是指决策活动中所依据的客观事实，比如一个人在决定上班带不带伞时要考虑天气情况，在这里天气情况就是我们所说的事实因素。但决策的依据不仅仅是事实因素，还包括有价值因素。所谓价值因素是指决策者的个人好恶，比如仍以上述的简单决策为例，如果天下雨，带伞可以遮雨；但如果天不下雨，雨伞就成为累赘。在进行决策时有的人更看重身体健康的保护，有的人更看重减少不必要的麻烦，他们依据同样的天气情况（阴天）会做出完全不同的选择，这就是他们在进行价值判断。做任何一项决策首先需要考虑的就是价值问题，因此，价值判断被认为是决策的首要前提。

决策行为无论其重要性大小、技术性强弱，都包括价值因素在内，都需要回答"值不值得去做"这样的问题。一般来说，越是低层次的、技术性较强的决策，事实因素所占的比重越大；反之，越是高层次的、战略性的决策，价值因素所占的比重越大。

价值判断常常表现为价值目标的选择。价值目标与决策目标是既有联系又有区别的两个概念。决策目标包含价值目标，但又不等同于价值目标。决策目标主要是对实践结果的预先设定，而价值目标则是对实践结果的意义的评价。两项决策在决策目标上的一致并不说明它们在价值目标上也一致。

3.3.3.2 政策方案的设计

决策者对于政策问题的分析和判断，其根本目的，也正是在于寻求一种解决这一问题的途径和方法。决策的内容一般涉及原则和操作两个层面，原则层面是指政策目标的确立，操作层面是指政策方案的设计。在政策方案的设计中，需要注意两方面的问题：一是对方案后果及其效应的准确估计；二是对方案实施细节的详尽规定。

政策方案本身并不是行动，而是行动之前对行动的内容、程序、方式、方法等进行的设计。按照事前设定的方案行动，是人的行动区别于动物行动的一个显著特点。这种以改变外部世界达到自己目的的计划，就是人们制订的行动方案。行动方案的内容是多方面的，通俗地说，可以用5W1H法进行概括。即What（做什么）、Why（为什么做）、Who（谁去做）、When（何时做）、Where（何地做）、How（怎么做）。

（1）方案设计要点。成本方案需要考虑成本及其效率；稳定性方案的抗干扰性及目标的可持续性；可靠性，即在既定时间段实施方案的可能性有多大；牢固性，即如果执行中方案部分失灵或受损，该方案能否持续；灵活性方案的伸缩余地多大，目标和手段能否改变；风险性方案失败的可能性有多大；传播性方案容易被理解，那么贯彻执行就会减少障碍；功效性方案的价值表现及其伦理特征，解决问题的是非界限；简单性方案是否易于操作和执行；相容性方案是否与现行相关政策及其目标、手段衔接或相容；可逆性方案执行中阶段性目标和程序的相互替代性；强韧性方案是否适应不同环境和条件。

（2）备选方案的来源。备选方案是如何形成、怎样出现的呢？一般说来，分析人员多以"与现状相符且尚未实施过的方案"为起点，然后参考他人的经验、案例的调查、类似问题的类推、学者专家的意见、权威人物的要求、参与者的想法、法律条文的规定、技术条件的提供等相关内容，逐渐形成自己的方案框架。一些学者认为，备选方案大致有四个基本来源：现行的政策方案、通常的解决方案、调整的解决方案和创新的解决方案。

寻求备选方案有下列几种方法：

● 消极等待法。像新闻热线等待新闻线索提供那样，等待一些人以毛遂自荐的方式提供问题的解决方案。

● 主动寻求法。不仅要让其他人了解我们所要寻求的方案，而且应主动提供方案的政策目标和分析的基本思路。

- 触类旁通法。在解决类似问题时寻求前人的一些通常做法，在差异比较的基础上，推出新的解决方案。

3.3.3.3 政策方案的评估（前评估）

政策规划的第三步工作就是政策方案的评估。评估，就是对所有设计出的政策方案进行全面的分析和评价。由于这种评估活动发生于政策执行之前，所以带有明显的预测性质。政策规划者需要利用掌握的信息，对每种方案的收益、成本和可能遇到的问题进行预测，对方案实施的可靠性和可行性进行分析，并且说明每种方案的优缺点。

政策方案的评估涉及两个方面的内容：一个是预测性评估；另一个是可行性评估。

（1）预测性评估。所谓预测，就是立足过去和现在，预料和推测事物发展的未来。预测的发展首先来自决策的需要，其目标就是为决策提供合理的依据。决策所要解决的问题也正是预测所要解决的问题，预测的内容会随着决策的不同需要而有所变动。一般而言，预测的作用更多地体现在备选方案的内容评估方面。它要评价未来选择的多种可能性，以及每种选择所要承担的风险和所能得到的收益。

预测性评估的科学方法很多，这里仅进行简要的介绍，具体内容请参阅相关参考资料。

- 专家会议法。它是指以专家为索取信息的对象，通过会议讨论的形式，对决策对象未来的发展趋势和状况进行分析和判断的预测方法。
- 德尔菲法。这种预测方法是对传统专家会议法的改进和发展。德尔菲法采用匿名通信和反复征求意见的形式，使专家们在互不知晓，彼此隔离的情况下交换意见，这些意见经过技术处理后会得出预测的结果。
- 时间序列法。它基于"预测对象的变化仅与时间有关"的基本假定，把环境因素的复杂作用加以简化，根据预测对象的变化特征，以惯性推理的方式进行预测研究，其最大的特点就是直接和简便。
- 回归分析法。所谓回归分析就是根据相关因素的大量实测数据来近似地确定变量间函数关系的分析方法。这种回归函数反映了事物内部各个因素的变化关系及其发展趋势。依据自变量和因变量之间关系的复杂程度，回归分析可分为线性和非线性两类。
- 趋势外推法。它是指根据事物历史和现实的资料，探索事物发展和变化的规律，从而推测出事物未来发展状况的一种预测方法。

[案例3-20]

上海市政府前两年就曾借用德尔菲法的原则，进行过一次小规模的政策咨询，调查对象确定为45人，都是有关专家和政府机关领导。预测的内容是：上海市当前急需解决的十大问题是什么？要求被征询者按轻重缓急的顺序进行填写。从第一轮的统计结果看，问题提得很分散，经归纳整理后仍有107个问题。调查小组从中选择了20个意见比较集中的问题进行第二轮咨询，要求每个人从这20个问题中选出10个问题。两轮过后意见就比较统一了，有10个问题均超过了半数。上海市在专家和领导中搞的这次预测咨询，对上海市政府的政策制定具有重要的参考价值。

启发与思考

科学的方法是政策制定的必要保障，参与制定政策的领导必须建立这种意识，并积极实践。当今时代，如果连像"德尔菲法"这样的基本名词都闻所未闻，那样的领导是否太落伍了呢？

（2）政策方案的可行性评估。可行性评估主要涉及的是方案实施在主客观条件和政策预期效果方面的可行性问题。评估应围绕政策目标进行，运用定性和定量的分析方法，系统研究政策方案的实施条件，以确保政策方案的顺利实施。

政策方案的可行性评估一般包括以下几个方面的内容：

● 政治可行性，即政策方案获取政治资源支持的程度和对政治价值观的影响。

● 经济可行性，即政策执行中获取政策资源的可能性。其中包括一般性资源（人力、财力和物力）和特殊性资源（信息资源等）。政策资源是一个宽泛的概念，包括自然资源和人文资源、国内资源和国外资源等多种内容。

● 行政可行性，即政府行政部门在执行能力和工作效率方面的支持程度。

● 法律可行性，即政策方案是否符合国家宪法和法律的有关原则和条款。

● 技术可行性，即在现有技术条件下实现政策目标的可能性。

● 社会可行性，即社会对政策方案的认同和支持的可能性。其中传统文化、道德观念、社会环境和意识形态都是重要的影响因素。

台湾地区学者林水波和张世贤在其《公共政策》一书中提出政策方案的可行性评估应考虑四个层次的内容：即适当、可能、可行和实验。所谓适当，就是要考虑政策方案是否符合政策相关人员的心理感受，是否合乎社会的基本价值理念，是否合乎社会的政治文化，是否合乎历史传统，出台的时机是否合适等问题；所谓可能，就是要考虑政策制定和实施的政策资源、政府能力、社会共识和国际环境等因素；所谓可行，就是要从政治、法律、经济和技术等方面考虑政策实施的可行性；所谓实验，就是要对政策方案进行小范围的验证。

（3）政策方案的不可行性论证。所谓"不可行性论证"，就是在对政策方案进行"可行性论证"的同时，组织另外一些人员进行该方案的反向论证，以便提前预警，排除盲动，避免决策失误。

从道理上讲，"可行性"与"不可行性"是一对矛盾的统一体，"不可行性论证"本应是"可行性论证"的题中应有之义。然而，目前"可行性论证"的症结恰恰在于：往往片面注重研究政策方案的"可行性"，从而忽视了政策方案的"不可行性"；片面注重收集、罗列有利于政策方案实施的主客观因素，从而有意无意回避了影响政策方案实施的不利因素；片面论证政策方案实施后的美好前景和积极影响，从而对政策方案实施后的负面影响及可能出现的问题估计不足或强调不够。从这个角度看，在政府政策出台前引入"不可行性论证"（逆向思维）程序，显得非常必要，值得大力提倡。

3.3.3.4 政策方案的选择

决策是一种面向未来的活动，而未来会出现多种的可能性。当人们能够运用一些方法预知这些可能性时，就可以根据现有条件进行选择，并努力使这种选择成为现实。决策过程实质上就是选择的过程，选择性是决策过程最重要的特性。

方案抉择的主要环节包括：

（1）确定标准。即确定一套对方案进行优选的价值准则，比如，符合国家和社会的总体战略；最大限度地实现政策目标；尽可能少地消耗政策资源；尽可能地降低实现政策目标的风险；尽量减小方案实施所产生的副作用。由于政策对象和内容本身的复杂多变，一项具体的政策方案往往很难同时满足上述标准，实践中经常采用的方式是关注重要目标，提出满意标准，遵循有限理性的原则，选择次优方案。

（2）比较性分析。所谓选择，就是在对备选方案进行全面评估的基础上择优。一般来讲，只有做好评估工作，才容易对政策方案进行比较和鉴别，并能够根据政策目标对方案优劣做出判断。这里需要说明的是，择优有时候还表现为一种综合的活动，即以一个较好的政策方案为蓝本，吸取其他一些方案的长处，创新出一个更为满意的政策方案。

(3) 合法化过程。方案确定之后，提交给相关立法或行政机关审批，通过一定的规则和程序使之合法化，然后以法律、法令或政令的形式加以颁布，付诸实施。

需要提醒大家注意的是，实际的政策规划过程并不是一个单向直行系统，而是一个多向多阶段的反馈系统。在系统运转过程中，当某一步骤出现问题时，就会跳回到前项步骤或直接返回到起点，通过不断反馈、调整，规划出最终政策。

3.4 政策执行

3.4.1 政策执行的特征

政策执行就是政策方案被采纳以后，政策执行者通过一定的组织形式，运用各种政策资源，经解释、实施、服务和宣传等行动方式将政策观念形态的内容转化为现实效果，从而使既定的政策目标得以实现的过程。

作为政策过程的一个重要阶段，政策执行不仅表现了政策过程各个阶段所具有的共性，而且还具有其自身的特殊性。具体而言，政策执行主要具有以下几方面的特征。

3.4.1.1 对象的适用性

所谓对象的适用性，简单地说就是指一定的政策只适用于一定的对象。任何政策都必须明确其适用范围。而所谓政策对象就是政策作用和影响的对象，它涉及一定的人和事。政策执行首先应该弄清楚该项政策的适用对象和范围，否则就不可能达到政策目标，反而还可能闹出笑话，影响到政策的权威性和严肃性，从而削弱政策执行的力度。对于政策对象的理解，有狭义和广义之分。狭义的政策对象只指政策直接作用和影响的对象；而广义的政策对象除了直接政策对象外，还包括与政策执行效果有关联的间接政策对象。在执行政策的过程中，执行者不仅要针对政策的直接对象落实政策，而且还应该做好政策的间接对象的工作，以有利于政策的有效执行。

应该指出的是，在政策中如何准确地表达其适用范围，是影响对象适用性的关键。由于某些政策对适用范围没有做出规定，或者仅仅作了模糊性、隐含性的规定，使政策执行主体拥有较大的自由裁量权或者理解出现偏差，从而导致执行失效与对象错位。严格地说，政策执行对象的适用性是指政策的时间效力、空间效力和政策对人的效力。因此，在政策制定中或政策执行之前应当体现上述三方面内容。一般而言，其标准表达方式是由三个要素构成，即"在××范围内，××主体，从事××活动"，适用本政策。

同时，政策目标的不清晰、不确定也往往对政策执行对象的适用性构成障碍。政策在制定过程中，由于考虑到政策调整的成本、目标群体的顺应程度、机构的应变与生存能力等多种因素，政策制定者有时希望用较为模糊的政策语言来表述政策目标和政策内容，认为这样能有效延长政策本身的寿命。但这种含含糊糊、模棱两可的语言，往往会给政策对象的界定带来麻烦。如在制定保护消费者权益的政策中，对什么是"消费者"未有明确的界定而导致政策执行的困惑。而新出现的社会现象又导致政策执行者在执行政策时的随意性。知假买假的"王海式"人物是否是消费者？被医院误诊导致身体损害的"病人"是否是消费者？由于政策执行者裁定的不一致，从而损害了政策的本义，破坏了政策的权威，最终导致了政策执行效果被弱化。

3.4.1.2 执行的灵活性

在政策实践中，多数政策（特别是中央政府发布的政策）都属于宏观政策，往往着眼于整体和全局，带有战略特征，一般不会涉及操作层面的具体细节。因此，在政策执行过程中，各地方或各部门应结合本地区本部门的特点，制定切实可行的政策方案，切忌僵化教条、生搬硬套。

一般来讲，由于政策环境的复杂性和客观条件的多变性，政策制定者往往只是规范某些基本的原则，而把实现政策目标的更多权力交给政策执行部门去承担。因此，在实现政策既定目标的过程中，政策执行机构可以采取多种多样的执行途径。强调实施的灵活性，是为了取得更好的执行效果。但运用不当，也会带来一定的负面影响。政策执行主体在执行中可能会避重就轻，选择熟悉和易行的途径，放弃困难但却有效的途径，甚至还可能完全背离政策本身的初衷。

[案例3-21]　　治理超标准用车

关于不同级别领导干部配备公车的政策规定，其政策制定的初衷是想通过清查超标准配备公车的腐败现象，以节约国家的财政支出。然而，由于该政策在制定中仅仅考虑超标准配车的问题，而未能考虑客观上也存在没有达标的公车配备现状。因此，在执行政策的过程中，虽然对超标准用车问题进行了一定清理，但同时，由于那些按级别没有达标或根本没有配备公车的人根据该政策规定提出了他们的要求，于是也进行更新或配备新车，最终导致国家财政支出不但没有减少，反而有所增加。

启发与思考

"上有政策，下有对策"，反向执行政策的事情时有发生，政策的制定者要格外小心。

3.4.1.3 阶段的有序性

阶段的有序性是指政策执行应保持一定的次序和过程的连续性。这是政策执行程序的核心要求，也是保持执行工作稳定开展的基础要素。

政策执行的有序性要求政策执行程序的每个环节具有时间上的前后次序。政策执行一旦启动，就要一个阶段接一个阶段，一环扣一环，层层推进，依规定的次序进行下去。政策方案的实施和政策目标的实现是一个循序渐进的过程，政策执行既要着眼于最终目标，又要立足于阶段性目标，要把二者有机地、科学地结合起来。尤其要防止超阶段的执行行为。如果在政策执行条件不成熟的情况下强行实施某项政策，就可能导致政策执行的失败，最终阻碍政策目标的实现。

3.4.1.4 过程的动态性

政策执行由一系列活动构成，它是一个思想和行为需要不断变化、不断调整的过程。一方面，政策方案无论制定得怎样好，它都不可能与复杂多变的客观现实完全一致；另一方面，随着时间的推移、执行活动的推进以及环境和条件的变化，政策执行还会遇到一些新情况、新问题，政策执行者只有根据这些新情况，适时地、灵活正确地应付和处理问题，才能使政策方案得以顺利实施，政策目标得以顺利实现。因此，根据具体情况和变化了的条件以及反馈的信息，不断地改变、修正和调整原定的执行策略、计划和程序，是政策执行过程中在所难免的现象，而且这种不断地调整和变动要贯穿于政策执行的全过程。

能力提升（管理卷）

[案例3-22]　　　　　　　　"暂行规定"岂能暂行28年

据媒体报道，2007年元旦过后，江西景德镇一名8岁男童在穿越铁路时被撞死；几天前的一个中午，青岛市三年级女童殷华放学回家，经过一无人值守的铁道口时被火车撞死。江西男童的父母获赔150元，殷华的父母经争取，获赔600元——有关单位称，这些钱都是出于人道主义的救济费，铁路没有责任——而处理依据是1979年7月16日颁布的《火车与其他车辆碰撞和铁路路外人员伤亡事故处理暂行规定》。在目前的法规体系中，类似的"暂行规定"还有不少，在经济社会、人民生活各方面情况已发生巨大变化的情况下，仍然以暂行规定为依据，不仅脱离实际，也不合情理。毫无疑问，这对受伤害者面似救济，实则伤害。

启发与思考

社会管理所依之法如滞后于社会发展，则会诱发新的矛盾，导致社会不和谐。

3.4.1.5 执行的协调性

政策执行是各种政策要素在空间上的分配、重组、展开和运动的过程，其中任一要素的发展变化以及各要素的分配方式、比例、组合结构等变化都会直接影响到整个政策执行的进程。它反映了政策执行在空间上所具有的协调性。

影响政策执行协调性的因素很多，最为主要的因素是制度性因素。政策目标的实现，既包括政策执行主体依据其法定职权来履行政策执行的职责，同时也包括政策执行主体依据政策新赋予的职权执行政策。不管是前者还是后者，由于政策执行主体之间的职能交叉或职能重合，客观造成多头管理，而多头管理的表象是推诿扯皮，其结果则是效能低下。它严重破坏了政策执行的协调性。行政管理权限划分不清不是简单的学理问题，而更主要的还是利益分配问题，所以政策执行的协调并非一项简单的事情，应该引起高度的重视。

[案例3-23]　　　　　　　　执法者为何自己打起来了

H省D市一家超市因一箱奶粉有质量问题的嫌疑，上午被卫生防疫站的执法人员原地查封。下午,工商人员来此检查也发现这箱奶粉可能有质量问题,再次将这箱奶粉查封。卫生防疫站的执法人员闻讯后迅速赶到超市。执法双方在相互表明身份后,均指责对方超越权限,为争谁有"执法权",双方甚至发生群殴。

启发与思考

某些公务人员对本职工作不负责而屡屡"不作为",平日看得较多。而这则新闻却让我们大开眼界:同样是"公务",为何有的"不作为",有的却不惜拳脚相加争"作为"?身为执法者,他们究竟在争什么?值得深思。

3.4.1.6 执行的时限性

政策执行的时限性不仅指政策执行中每一个环节都有时间上的要求,还指政策执行进程的及时完成。绝大多数的政策对执行中的许多阶段和环节都有一定的时间规定,这就意味着对随意性的限制和对权利的制约。政策执行的时限性克服和防止政策执行主体行为的随意性和随机性,为这些行为提供了外在标准,使之不能任意所为。同时,政策执行的时限性为政策参与者提供了统一化、标准化的时间标准,克服了行为的个别化和非规范化,从而使政策执行行为在时间上连贯和衔接,避免行为各环节的中断。

政策执行的时限性还要求政策执行不能急速地进行或过于缓慢地进行。如果政策执行过于快速,政策的目标群体就无法充分地适应,政策执行主体也不能进行充分的执行准备。这种突袭性的政策执行会使政策丧失一定的可预测性,造成人们的心理准备不足。但反过来,如果政策执行推进过于缓慢,也同样会引起政策执行的障碍。

影响执行时限性的一个主要因素就是由利益冲突导致的某种妥协,当政策制定主体与政策执行主体或政策目标群体在政策价值判断(包括经济价值、政治价值和其他人文价值)和事实判断上发生冲突的时候,由于冲突双方的力量(力量的构成要素是复杂的)势均力敌,妥协就是一种必然的选择,而对政策执行的时限性不做明确的规定,似乎是解决两者冲突极为有效和易行的办法。

3.4.2 政策执行需要具备的条件

3.4.2.1 必要的政策资源

政策目标无论多么明确,政策规划无论多么精细,政策方案无论多么具体,但如果负责执行政策的机构和人们缺乏足够的用于政策执行的资源,执行的结果就不可能达到政策规定的要求，就不可能实现政策的既定目标。俗话说，"巧妇难为无米之炊"。适量的资源是成就政策成功所不可缺少的条件。

政策执行所需要的资源条件主要涉及以下几个方面：

（1）经费。经费是政策执行的基础性物质资源，政策执行需要有经费方面的保证。但一定不要以为花了钱就能办成事，更不是多投入就会多产出，政策执行中还有许多管理方面的问题需要解决。

（2）人力资源。执行都是靠人来进行的，人员保证是政策执行的必要前提。但人力资源的利用是讲求效率的，俗话说，"一个和尚挑水喝，两个和尚抬水喝，三个和尚没水喝。"人多并不一定是好事，本该一两个人做的工作，却偏偏让一群人来干，如果能把事情做好，那才是怪事呢！政策实践中，我们有许多的事情没办好，并不是因为管事的人太少，而恰恰是因为负责的人太多的缘故。

（3）信息资源。信息同样是影响政策执行的一个重要变量。政策执行人员不仅需要具备获取信息的能力，而且需要具备处理信息的能力。如果收集了一大堆信息，而不加以分类整理，不进行分析判断，不去做去粗取精、去伪存真的工作，有再全面、再丰富的信息也是白搭。

（4）权威资源。权威乃是执行工作任务的权力来源，它作为政策执行的一种特殊资源，对政策的有效执行具有非常重要的作用。试想，如果警察没有权威，他怎样执法？对政策执行机构而言，其权威的获取多来自法律的授权。

显而易见，资源不足，政策目标就不得不被搁浅，导致政策执行不利或失败。比如政府提出的"退耕还林，以粮代赈"的有关政策，其既定目标能否实现，支撑其政策执行的资源条件甚为关键。中国有 9 100 万亩坡耕地，涉及 3 700 万人的生计问题。如果将这些坡耕地全部退耕，国家必须养活这 3 700 万人，从目前条件来看，这是很不现实的。同时，退耕还林需要十几年才能看出成效，而粮食供给却是周期性的，如果粮食价格上涨，国家不能供应这部分农民粮食的话，这些农民迫于生计，只能将树林砍了再种粮食。因此，如果我们从政策资源角度进行分析就不难得出下面的结论，即该政策的目标在短期是很难实现的。根据取舍理论，这种两难的困境在公共政策制定过程中经常会遇到。

3.4.2.2　顺从的目标群体

尽管政策的目标各式各样、类型千差万别、内容五花八门、规模有大有小，但它总是表现为对一部分人的利益进行分配或调节，对一部分人的行为进行规范或指导。这些受到政策影响和制约的社会成员被称为政策对象或目标群体。

目标群体的作用不可小视。政策能否落实，目标能否实现，执行成本高低，不单纯取决于政策制定者或政策执行者的一相情愿，它与目标群体的态度有着直接的联系。目标群体理解、接受、遵从政策的程度是衡量政策有效性的关键性要素。一般说来，目标群体的态度选择有两种形式：一是接受；二是不接受。当然，接受又可划分为完全接受或部分接受、积极接受或消极接受；不接受也可划分为完全不接受或部分不接受、积极不接受（强烈反对）或消极不接受（不予合作）。从制度激励角度来看，一项政策如果能够使目标群体获得一定的利益，那么它相对就容易被目标群体所接受；反之，一项政策如果被目标群体视为对其利益的侵害和剥夺，那么它就难以得到目标群体的认可。例如，党的十一届三中全会以后，在我国广大农村推行了家庭联产承包责任制，这项政策适应了当时农民渴望致富的利益需求，因而赢得了他们广泛的支持与积极的合作，为政策执行创造了极为有利的条件，很快取得了超出预想的政策成果。

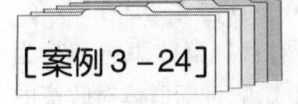

[案例3-24]　　　　个人所得税的起征点

中国青年报社会调查中心与新浪网新闻中心在2007年11月初就个税起征点问题联合开展了一项调查。3 698名参与者中，有97.0%的人认为目前的个税起征点（1 600元）不合适，与此同时，也有同样比例的人期待将其调高。

2005年10月27日，全国人大常委会通过议案，个税起征点由800元上调到1 600元。原来的800元起征点，导致了众多家庭保姆进入了缴纳个税的行列。而随着国民经济的快速发展，1 600元的起征点，又有一网打尽之嫌，导致了众多农民工进入了缴纳个税的行列，引来了一些抱怨。诚然，个税在国家税收中的排位并不靠前，但由于它直接与民生相关，因此引起的社会躁动较大。个税起征点到底多少才算合适，有一种比较流行的算法是，职工月平均工资额应达到起征点的一定倍数。比如，1981年职工平均工资约为每月60元，而起征点为800元，大约为月工资的13.3倍；到现在，起征点已调高到1 600元，而据国家统计局10月29日公布的数据，2007年前9个月城镇职工月平均工资为1 853元，起征点仅为月工资的86.3%。两项相比，现在的个税起征点明显过低。所以，大多数人期待调高个人所得税起征点，就是一个非常合理的诉求了。尽管调高个人所得税的起征点，可能会在一定程度上影响到国家的财政收入。但是，经过近30年的改革开放，我国的财政收入已经步入了每年20%以上的高速增长轨道，完全具备了让利于民的能力。

能力提升（管理卷）

启发与思考

党的十七大报告指出，"初次分配和再分配都要处理好效率和公平的关系，再分配更加注重公平"。报告特别强调再分配的公平问题，显然是针对目前再分配过程中存在的分配不公问题提出来的。征收个税是以公平为目标的二次分配方式之一，在当前生活成本不断上升的情况下，调高个税起征点更能体现公平、和谐的社会理念。

目标群体之所以能够接受和服从某一项政策，通常是出于以下几个方面的缘由。

（1）政治社会化的影响。所谓政治社会化是指人们在社会化的过程中，政治观念的树立（对国家、政党、制度、权威、意识形态、权利义务的认识）和政治行为模式的形成（遵纪守法，拥护社会制度等）。任何国家都会设法通过家庭、教育、传媒等渠道促成人们的政治社会化。如果这一过程较为成功的话，社会成员就会逐渐树立起支持现行社会制度观念，能够体谅公共政策中的一些无奈之举。

（2）传统思想观念和行为习惯的制约。政策往往会对目标群体思想和行为的改变提出一定的要求，其变化幅度的大小在很大程度上影响目标群体对政策的接受和服从。例如，我国的计划生育政策之所以在一些地区执行不利，关键是因为与当地传统的思想观念和行为方式产生了很大的距离。"重男轻女"、"传宗接代"、"多子多福"、"人旺家兴"等习俗可谓根深蒂固。时间的塑造和历史的熏陶在一定程度上固化了人们的思想和行为，要想很快改变这些习惯模式是极为困难的。在政策制定中必须要考虑习惯的因素，掌握改变的幅度，如果能采取渐进方式就最好别搞激进变革。

（3）对政策形式合理与实质合理的看法。政策不仅需要实质合理，更需要形式合理，二者相辅相成。只讲实质合理，不讲形式合理，必然会走向人治；反之，必然会导致教条。我们需要的是形式合理基础上的实质合理，这是迈向法治社会的必然选择。毫无疑问，如果政策制定不符合法定的程序或违背法律原则，其被目标群体接受的可能性就会大大降低。

（4）对成本收益的权衡。目标群体对某一项政策的态度在很大程度上取决于其对利益得失的判断。如果他们认为接受此项政策比不接受此项政策所受的损失要大，他们就会采取抵制的态度。当然，现实中有许多条件限制了人们仅仅从利益得失角度考虑问题，但是，目标群体的利益得失是制度激励的关键，必须引起政策制定者和执行者的高度重视。

（5）对大局或整体的考虑。虽然人是"经济人"，但也是"社会人"，他不仅会从成本和收益角度考虑问题，而且还会从整体和大局角度进行判断。如果他们认为某项政策从总体上看是合情合理的，是照顾大局的，那么即使牺牲一些个人利益和小集团利益、局部利益和眼前利益，他们往往也能够顾全大局，从长远考虑，接受和服从该项政策。

（6）避免受到惩罚。公共政策的权威性是不争的事实。如果没有强制力作依托，政策就难以得到贯彻和执行。作为利益分配与调节杠杆的公共政策，不可避免地会触动一部分人的既得利益。如果没有一定的惩罚措施，他们很可能就会去做违背政策的事情。人们有时候会因为畏惧惩罚而接受和遵从政策。当然，惩罚只是手段而不是目的，为惩罚而惩罚实际上就是权力的滥用。

（7）环境条件的变化。政策在实施过程中会产生"振动效应"。随着时间的推移和客观条件的改变，人们的主观认识也会产生这样那样的变化。一项最初不受欢迎的政策可能逐渐被人们理解并接受；一项最初深受拥护的政策可能因为僵化或失效而逐渐被人们所抵制。应该从辩证角度认识这个问题，事物的运动是绝对的，静止是相对的，没有一成不变的事物，也没有一劳永逸的政策。

3.4.3　正确的执行策略

3.4.3.1　原则性与灵活性相结合

在政策实施过程中要坚持原则性与灵活性相统一的原则。政策作为指导和规范人们正确行动的依据和准则，它本身体现着事物的本质和规律，在实施过程中，具有高度的原则性。这种原则性是由政策的本质所决定的，如果原则性被破坏，政策的性质就会改变，政策的积极作用和实施效果就会受到影响。因此，执行者在实施政策时，一定要严格按照政策本身所规定的特定调控对象和作用范围去落实政策。没有政策实施的原则性，就失去了政策的严肃性和权威性，就会纵容"有令不行，有禁不止"，"上有政策，下有对策"的恶劣现象。当然，坚持政策实施的原则性并不排除政策实施的灵活性。这里所说的灵活性是指在原则允许的限度内采取灵活的做法，在坚持政策设计的思想前提下，强调执行政策要实事求是，因地、因事、因时、因势制宜，使政策更加符合实际、切合国情、地情和民情，增强政策的针对性，提高政策的有效性。在政策执行过程中，正是因为有了原则性，执行者才能维护政策的严肃性和权威性；也正是因为有了灵活性，执行者才能避免政策实施的僵化和教条主义。

正确的政策变通形式往往是"只求神似，不求形似"，做到原则性与灵活性的辩证统一。如邓小平同志提出的"一国两制"的政策构想，就是政策变通的典型范例。

3.4.3.2 建立有效的制度安排

就我国目前情况而言，首先需要强调的是程序合理，然后才能在此基础上逐步完善实质合理。因此，在政策执行过程中建立有效的制度安排是一项重要的执行策略。

有这样一个例子能够很好诠释制度安排的意义：两个饥饿的人要在一起分一块蛋糕，当然，每个人都想多吃多占，谁也不想让对方占到便宜，那么怎样分才好呢？这里可以提供两种分法：一种方法是劝导一个人克服私欲，发扬风格，同时给予另一个人先行之利，尽其所取；另一种方法是让一个人先来切蛋糕，另一个人先来挑蛋糕。究竟哪种方法更为公平呢？看来结论不言自明。前者体现了德治的精神，后者体现了法治的精髓；前者需要素质与觉悟作前提，后者需要有效的制度作保证。由此可见制度的重要作用，一个好的制度安排甚至可以省去监督的成本，提高执行的效率。

3.4.3.3 执行手段的有效利用

政策执行的每一个环节，都离不开一定的执行手段，执行手段的恰当与否直接关系到执行工作的成败。执行手段主要有以下几类：

（1）行政手段。所谓行政手段，就是通过各级政府的行政部门，依靠行政组织的权威，采用行政管理的惯用方式（行政命令、指示、规定、规章等形式），按照系统、层次、区划来实施政策的方法。

（2）经济手段。所谓经济手段，是指根据客观经济规律和物质利益原则，利用各种经济杠杆，调节政策执行过程中的各种不同利益之间的关系，以促进政策顺利实施的方法。

（3）法律手段。所谓法律手段，是指通过各种法律形式（法律、法规、行政立法、司法仲裁等）来调整政策执行活动中各种关系的方法。

（4）思想教育手段。思想教育手段是一种人本主义的管理方法。常用形式有制造舆论、说服教育、协商对话、批评与表扬等。在运用思想教育手段的时候需要重视目标群体可能产生的逆反心理。

3.4.3.4 重视成本-效益分析

一项旧的政策要不要废止，一项新的政策要不要着手制定，有一个前提是不容忽视的，那就是成本-效益分析。成本-效益虽然不是决定是否制定某项政策的基础依据，但是如果在执行中发现某项政策没有起到预想的作用，而为了维持它的存在又须支付较多的财政支出时，可能就到了考虑废止它的时候了。

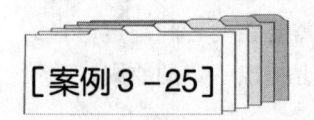

[案例3-25] **2004年北京市停征非机动车税**
——1000万辆自行车"减负"

围绕京城百姓关心的自行车缴税问题，北京市地税部门已决定从2004年起停止征收非机动车车船使用税，其中不仅包括自行车税，还包括人力小三轮、客货人力三轮、两轮手推车和排子车。

每年3月，京城百姓都要忙着为家里的自行车缴税，虽然每辆车4元的税费对于普通百姓来说负担并不重，但总让人觉得有些多此一举，个人麻烦不说，政府部门也麻烦。如今北京市的自行车保有量已经超过1 000万辆。非机动车特别是自行车不再是家中的一个"大件"，因此对非机动车征收车船使用税已无法体现这个税种调节社会财富的功能。对于地税部门来说，每年的征收工作也牵扯了大量的人力、物力和财力，但仍然无法抑制这一税种税款逐年下滑的趋势。据2002年的统计，征收成本要占到实征税款的30%~40%。而征收税款额仅占全市税收总收入的万分之五左右；2002年，自行车税一项的征收税款仅为500万元，比上年再次大幅下滑。它已失去了税收调节经济的作用和增加财政收入的意义。而且非机动车车船使用税的征税对象多为自然人，税源分散，数量庞大，征收管理难度很大，每年大量牵扯税务部门的精力，还会影响到地税部门其他方面的重要工作。此外，社会人员的出动，马路摆摊式的做法，有损国家税收的严肃性。

针对以上问题，在认真听取市人大代表、市政协委员建议和广大人民群众的意见反映后，北京市政府决定从2004年起对非机动车暂停征收车船使用税。

启发与思考

极低的税收款额，不成比例的运行成本，使自行车缴税工作失去价值；执行中的困难，检查工作的缺位，导致政策权威的流失。这些问题的存在使自行车税的征收工作效益功能趋零。所以取消征收非机动车车船使用税，是一件切合人民群众利益的好事。

3.4.3.5 坚持执行程序的效率原则

执行程序的效率内涵是：在保障目标群体基本权利和公平原则的基础上，尽最大可能提高执行效率。当然，缺少执行效率，政策就得不到有效贯彻，但过分强调效率，就可能破坏公平。国内各地出现的拆迁方面的问题就是很好的例证。公平与效率是矛盾的统一体，要在对立中求得统一，就需要在两者间确定恰当的比例，尽管这项工作十分艰巨，但并不妨碍我们在理论上提出一定的原则。政策执行的效率原则主要体现在如下几个方面：

（1）时效原则。执行主体在限定期限内不行使职权，即执行不作为，那么待期限届满后不得行使，并要承担由此引起的行政责任；同样，当目标群体被赋予一定权利时，待期限届满即丧失这种权利，并可能承担由此造成的一些后果。

（2）代理原则。代理行为出现的前提是执行权力或法定义务具有可替代性。代理行为通常分为两种情况：一是上级或下级行政机关不便履行或不能履行其执行义务时，应由下级或上级行政机关代为执行；二是目标群体或个人在限定期限内不执行他人可以替代的行为义务，执行机关可以指定其他群体或个人代为履行，成本由原义务人加以承担。

（3）不停止执行原则。政策执行过程中不可避免地会出现这样那样的问题，形成各种各样的障碍。除特殊情形外，政策不应停止执行。这主要还是为了保障政策行为的连续性。

（4）紧急处置原则。在一些紧急情况下，如突发事件的出现，执行中可以省略某些程序而采取一些紧急措施，加速问题的解决。

3.4.4 胜任的政策执行队伍

作为政策执行的基础资源，执行者的作用是不言而喻的。那么，什么样的执行者才可以称得上是"合格"呢？什么样的执行队伍才可以称得上是"胜任"呢？

众所周知，木桶的桶壁是由很多块木板组成的，无论木桶的容积有多大，桶壁中那块高度最低的木板决定了整个木桶的盛水量。这个质朴的道理启示我们，在系统中，只要有一环不匹配就可能导致整体功能的低下。群体自然也是如此，有时一个人的缺陷就可能会葬送群体所有成员的努力。所以必须取长避短，解决薄弱环节，发挥整体优势。这个道理虽然十分简明，但往往在执行实践中不能自觉地去贯彻。其原因可能还在于缺乏对其理论重要性的认识。

3.4.5 政策执行中需要注意的几个问题

3.4.5.1 明确既定目标

执行是一种目的性很强的行为抉择，明确既定目标，做到有的放矢，这是对执行的最基本要求。每一位业余围棋选手可能都曾有过这样的体验：在布局阶段自己所选择的定式主要是为了获取外势，但进入中盘当双方棋子都纠缠在一起时，厮杀中往往会一时兴起，把自己最初的目标抛在脑后，会拼命地捞取实地，自己去化解在开始时费力形成的外势，等到醒过梦时，一切都晚了。战术上的胜利可能是战略上的失误，违背初衷的做法被视为执行之大忌。

第二次世界大战中，美国为盟军生产的军火都要运往欧洲。由于运输任务很重，政府动员了许多商船。开始时由于德国飞机攻击频繁，使商船的损失极为惨重。美国海军部因此决定在商船上安装高射炮和高射机枪。但过了一段时间后发现，这些高射武器的战绩实在糟糕，几乎没有击落或击伤一架敌人的飞机。所以许多人都对此举提出疑问：有没有必要继续在其他商船上安装高射武器？这样做是不是多此一举？盟军海军的运筹小组经讨论研究后认为，把在商船上安装高射武器的策略目标定为射击敌机是有欠妥当的。真正的目标实际上应该是减少被击沉击伤的运输商船数。虽然高射炮没有击毁一架敌机，但通过统计数据的分析，发现它在保护商船、防止敌机轰炸方面起到了很显著的作用。安装高射炮并不是徒劳之举，关键是要看为了达到什么样的目的。

3.4.5.2 实施反馈控制

执行是一个动态过程，因而必须重视反馈控制，保持应变能力。在政策的执行过程中会出现许多新的问题和新的情况，预期的效果与执行效果之间的误差是一种客观存在。没有人能够料事如神，客观世界不是以主观世界为转移的。所以应根据反馈的情况，不断调整原来所选择的策略，逐步达到或接近既定的目标。万万不可金口玉言，一劳永逸，不管对错，执行到底。

在滑铁卢战役中，拿破仑把追击普鲁士军队的重任交给了忠实的将领格鲁希。格氏率部队出发才几个小时，主战场就响起了隆隆的炮声，但他不为所动。尽管没有发现普军的任何踪迹，他仍命令部队照原方向前进。副指挥官在这时候坚持要求改变进军的方向，挥师主战场，但格氏却固执己见，急得副指挥官两眼冒烟。格鲁希非常忠实却过于平庸，他只知恪守旧令，机械执行，不懂反馈控制、灵活机动。由于他的失误，终于使不可一世的拿破仑成为敌人的"阶下囚"。如果格氏聪明一些，及时根据"未见普军"的情况做出应变对策，战局的发展恐怕就完全是另一个样子，那么历史很可能就得重写了。

3.4.5.3 在探索中前进

"走一步看一步"，"摸着石头过河"，这些看似平庸的经验对情况复杂、风险较大、无先例可循的执行工作来说却是非常适用的。面临这种情况的时候，人们只能根据笼统的甚至是模糊的政策目标，在执行中逐步摸索实现目标的有效途径，并运用管理学的反馈控制原理，不断地对目标进行修正，使实施方案逐渐完善。

日本的本田公司成功进入美国摩托车市场的经验正是这种"试试看"营销策略的典型表现。开始的时候，本田公司只投入了很少的资金，雇了一些推销员开着本田牌的小型摩托车在美国各地跑来跑去，目的只是调查普通美国人对这种摩托车的兴趣。一段时间之后，发现这种摩托车在美国极为抢眼，人们对它表现出浓厚的兴趣，详细询问其性能和价格情况。据此本田公司的管理层很快做出了反应，他们开始大批量向美国出口这种小型摩托车，并一举获得成功。西方人常用猫捉老鼠的比喻形象地描绘日本人进行这类摸索的过程：它首先静静地卧下，仔细观察老鼠的动静，当确信老鼠的行踪之后，它会轻轻地迈出几小步，看看老鼠有什么反应，当有把握抓住老鼠的时候，它会以最快的速度猛扑上去。

再一个例子是美国沃尔弗林环球股份公司"安静的小狗"所做的出色表演。"安静的小狗"实际上只是一种松软的猪皮便鞋的牌子，当其刚刚问世时，沃尔弗林公司为了了解消费者的心理，采用了一种试探性的营销策略：先把100双"安静的小狗"无偿送给100位消费者试穿8周，时间到了之后，公司便派人登门收鞋，并通知顾客，若想留下这双鞋子，每双需付5美元。其实公司并不是真想收回这些已经失去价值的鞋子，而只是想调查一下5美元一双的"安静的小狗"是不是有人愿意购买。结果，绝大多数的试穿者都把鞋子留下了。得到这个消息之后，沃尔弗林公司便开始大张旗鼓地生产和推销这种便鞋，他们以7.5美元的价格把"安静的小狗"推向市场，很快就销售了近10万双，取得了巨大的成功。虽然试探方法有些时候很起作用，但它对于较为确定和常规的情况就不很适合。既然条件已经明确，对结果也有把握，执行工作也有先例可循，那么就没必要进行什么试探。前些年在我国基础设施建设中流行的"边设计、边审批、边施工"的"三边工程"，在实践工作中产生了非常有害的影响。不仅速度上不去，而且质量也难以保证，给国家和人民的生命财产造成了很大的损失。所以，能够计划好的事情就不要摸索着去干，发现错误固然可以进行纠正，但走过的弯路是需要付出代价的，有时候"学费"是极为昂贵的，甚至是难以承受的。

3.4.5.4 注意政策整合

一项政策的执行或政策问题的解决，可能同时有别的政策会牵涉到同一问题，若彼此相互不一致，就促成不同的执行行为。特别是在当今复杂的社会里，政策繁多，彼此常会具有密切的关联性。何况社会之所以需要新的政策方案来解决问题，不一定是原来某一领域尚无政策，而很可能是现有政策间彼此互动而引发的问题，政策本身成为问题的根源。因此，政策的整合是一项很重要的工作。政策整合性方面存在的问题，往往是由于政策制定者就事论事，政策近视，不能统筹兼顾造成的。以农村统筹收费制度为例，1991年12月发布的《农民承担费用和劳务管理条例》中规定：向农民收取的统筹提留费用不能超过上年度农民人均纯收入的5%的水平。而在后来下发的关于从农民纯收入中提取相关费用的文件中，规定的收费总量却为7%~8.5%。这就使乡镇村组在贯彻和执行上级收费政策时处于左右为难的境地。同时，收费政策上的不统一也为一些地方扩大收费额度提供了政策空间。可见，政策整合性好坏，直接关系到政策执行的信度和政策执行的效度。

3.4.5.5 重视非正式信息

（1）非正式沟通的基本形式。既然社会中存在正式沟通，那么就必然会伴随非正式沟通。非正式沟通普遍存在于社会和正式组织之中，它是正式沟通的一种有益或有害的补充。由于非正式沟通主要用于传播一些非正式的信息，所以或多或少带有某种保密性的特征。非正式沟通网络有集束式、偶然式、流言式和单线式四种基本形式，如图3-1所示。

- 集束式是指信息传递以几个人为中心，他们有选择地将信息传递给朋友或相关者。因此，信息传播有一定范围。集束式是非正式沟通最为普遍的一种形式。
- 偶然式是指传播以随机方式进行，对象选择性较差，而且不乏道听途

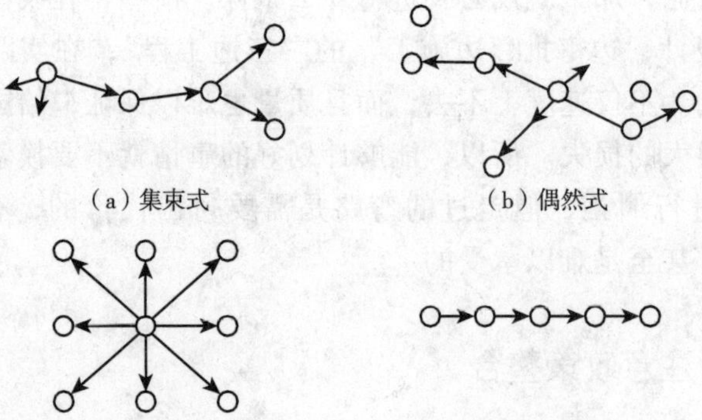

（a）集束式　　　　　　（b）偶然式

（c）流言式　　　　　　（d）单线式

图3-1　非正式沟通网络

说者。

- 流言式是指只有一个主要的信息源，信息通过一传十、十传百的形式，很快扩散，广为传播。
- 单线式是指信息按照最亲密的人际关系进行单线传递，强调的是保密。然而，这种传播形式往往无法终止，信息会最终成为公开的秘密。

（2）非正式信息的主要特点。

- 在危机状态下易于泛滥，如突发事件的出现，组织的撤销、合并、改组等。
- 某个人的地位和角色表现超群或变化突然时，其传言和议论会骤然增加。
- 非正式群体在非正式信息传播中起了很关键的作用。
- 非正式信息传递速度极快，多胜于正式信息的传播。
- 在正式信息系统过度封闭的情况下，非正式信息在沟通中往往起到主导作用。
- 非正式信息往往与人们的切身利益直接相关，内容多涉及即时性社会焦点问题。
- 非正式信息的内容在传播中不断变化，原因在于记忆本身的误差或传播者的加重评价，使信息内容带有主观意志性，从而使信息表现出极大的夸张性。

（3）非正式信息的基本功能。

- 缓解社会焦虑和心理矛盾。
- 满足社会好奇和个人躁动心理。
- 扩大利益相关者范围，提升问题厉害程度。

- 整合零散信息，形成框架印象。

(4) 克服非正式信息的不良影响。

- 要建立预测和反馈机制。非正式信息并非空穴来风，它至少说明人们在关注着什么，哪些事情引起了他们的焦虑。因此，有效预测其流向，及时反馈其影响对于政策执行至关重要。

- 要正确处理疏与堵的关系。对于非正式信息只是采取简单粗暴的禁止不仅于事无补，而且经常是事与愿违。只要有正式信息存在，就有非正式信息传播的可能。对待非正式信息要注意度的把握，只要不违反法律，没触及原则问题，就应顺其自然。

- 要提高正式信息的诚信度。政府要讲诚信，政策要一诺千金，官员要多说真话实话，少说套话空话，不说大话假话，群众对政策的信任与理解往往是以政府言行的诚信为前提条件的。

- 要选择沟通媒介，完善沟通环节。在沟通过程中，媒介选择是一个不容忽视的问题。沟通媒介类型多样，一般包括直面交谈、电话、传真、电子邮件、备忘录、信函、广告、公告、其他一般文书等。就信息传递的能力、内容的丰富性、交流的互动性角度而言，面对面的交谈无疑占有绝对的优势。

- 要加强政策的透明度。及时公布政策信息，讲明真实情况，增加工作透明度，提高民主参与意识，保障沟通渠道通畅。"谣言止于真相大白"，正式信息越透明，小道消息就越没有市场。

- 要缓解心理压力，避免矛盾激化。非正式信息是一种客观存在。我们一方面要注意发挥其"社会减压阀"的作用，畅通言论渠道，缓解社会焦虑，避免矛盾冲突；另一方面要加以疏导，尽管不能完全克服其不良影响，但总可以把其限定在一定范围，尽可能地减少由此引发的消极结果。

总而言之，政策执行是一种实践，本身并不神秘，它与经验有着非常密切的联系。只要留心剖析古今中外一些成功与失败的典型实例，细心观察发生在日常生活中特别是自己身边的一些与此有关的事情，仔细分析结果的偶然性与必然性，认真总结其中的得失利弊，就可能体验到经验带给执行活动的借鉴作用。

☞ **思考题**

1. 政策问题确认包括哪些环节？
2. 举例说明政策议程的引发机制。
3. 哪些因素对政策议程建立具有重要影响？
4. 理论联系实际阐述政策规划的基本原则。

5. 政策方案的可行性评估包括哪些内容？

6. 国防政策讨论：为什么要研制核武器？决策目标与价值目标有何区别？价值前提与事实前提有何不同？

7. 结合实际阐述政策执行需要具备的基本条件。

8. 举例说明政策执行中应注意的问题。

☞ **推荐阅读**

1. 《公共政策导论》，谢明，中国人民大学出版社，2004年版。

2. 《公共政策分析》，张国庆，复旦大学出版社，2004年版。

3. 《公共管理案例》，MPA教材编写组，中国人民大学出版社，2005年版。

4. 《公共政策工具》，[美]盖伊·彼得斯等，中国人民大学出版社，2007年版。

5. 《公共政策评估》，[美]弗兰克·费希尔，中国人民大学出版社，2003年版。

☞ **推荐浏览网站**

1. 中国公共政策网 http：//www. public – policy. cn

2. 中国社会政策网 http：//www. chinasocialpolicy. org

3. 中国经济决策网 http：//www. jingjijuece. com

4. 中国经济发展决策网 http：//www. cnedd. cn

第4单元

领导角色与领导艺术

■ 引 言

从财政系统的领导职能看，中层领导干部是整个工作流程的中坚力量。他们既要执行和落实上级的指示精神，又要在工作中体现开拓性和创造性。因此，提高中层领导干部应对复杂关系、推动事业发展的艺术素养，无疑对其更好地担当岗位角色和行为角色有着非常现实的意义。

■ 学习目的

- 明确中层领导的角色特征，掌握现代领导新范式；
- 了解担当中层领导角色所需要的处理上下级、正副职之间关系的技巧与艺术；
- 提升推动事业发展的艺术，掌握组织会议的能力。

■ 引 例

某市财政厅会计处的李副处长马上就要被提拔成正处长了，处里的同志们也都很认可。大家认为虽然李某在副处级岗位上的时间不长，但在工作中他总是能摆正自己的位置，积极地配合好处长开展各项工作，在具体负责落实工作的过程中，他不但能善于创造性地开展工作，而且还能使周围的同志形成合力。其中的一个例子是：

李某刚任副处长不久，处长交给他一项工作，叫他去办理，刚好他要出差，因而就把工作交给了由他主管的下属A。当他出差回来后，也没有及时过问这项工作的进展情况。结果出了问题，受到了上级的批评。他对此项纰漏进行了认真地反思：当他问 A 为什么没能按时办理时，A 说他已经与其他人讲了，可是其他人没有及时完成应做的事。当李某问其他人时，其他人说 A 并没有向他们交代如何办理。李某进一步了解后发现，A 向其他人布置工作时，经常出现不同的意见。这件事就是由于意见不统一被耽搁了。

这件事情对李某触动很大。经过思索和学习，他发现问题的关键不在 A，而是自己的领导方法和艺术有问题。从此以后，每当处长布置给他工作后，他都召集有关人员开会，交代背景，共同探讨解决方案，然后向处长汇报。如果涉及其他副处长协助的情况，他就请处长召开中层领导干部会进行协调。由于李某方法得当，而且在具体的实施上，又能妥善地处理好各方面的关系，从此以后，他所做的工作都很出色。

就要从副职升为正职了，李某陷入了深思。如果说，以前当"副手"还是合格的话，那今后如何当好"一把手"的角色，怎样能成为上级的出色下属，又能发挥各副手的潜能，使整个部门有效地开展工作呢？

启发与思考

即将上任的李处长所思考的内容之一就涉及了领导角色和领导艺术问题，这个问题是每一位中层领导都不可回避的问题。如果处理不当，不但会影响部门的氛围，还会降低工作效率，妨碍工作的正常开展。

4.1 现代领导行为的新规范

4.1.1 现代领导角色

中层领导干部要有效地开展工作，在领导角色上应注意把握三点：领导的角色定位，选择正确的领导角色和体现领导角色的要求。

4.1.1.1 现代领导的角色定位

领导不只是讲领导岗位，更重要的是讲领导者的组织规划能力。

领导角色主要包含三个方面的内容，即领导的职位、职权、职责。领导者只有明确了自己的位置，才能正确地行使职权，完成自己的职责。在领导活动中，我们经常发现领导工作出现越位、缺位和不到位的现象。究其原因，首要的一点就是一些领导者定位不准确。中层领导干部怎样为自己定位呢？首先应明确自己的权限范围和岗位职责。只有这样，他们才能明白自己的目标是什么、在出色地开展各项工作中应具备哪些技巧和知识。

领导角色通常包含两方面的含义，即岗位角色和行为角色。岗位角色主要指领导处于哪一层级上，主抓哪一方面的工作，他的权限范围有多大。行为角色主要指领导者根据自己的岗位职责确定组织发展战略，并能有效地支持组织其他成员为实现组织的目标积极地开展工作。

领导的职位是通过职权和职责体现出来的。中层领导干部是本部门的"班长"。在事业上，他的首要任务是明确路径，就是要明确把组织引导到哪个方向，部门所派生的具体目标是什么，如何采取实现目标的具体行动。具体做法是，中层领导干部要率领团队成员结合组织所确立的整体目标，制定本部门的战略，布置具体任务并组织实施。在人际关系上，他还要协调各方面的关系，凝聚人气，把团队成员的热情引导到对任务的关注和投入上，激励下级为完成具体任务，实现组织目标而团结奋斗。

在实现途径上，中层领导干部要积极采取行动。领导者在其位，就要谋其政。有效的领导者在实现目标和任务的过程中都注意了以下两个方面的工作：首先，形成完整的工作方案，如，制定完成任务的时间表，列出所需要的资源，选定完成任务的人员，确定领导班子成员的职责。其次，寻求广泛的支持。要想使一项具体的工作取得成效，通常只靠本部门是很难实现的，领导者在实施某项工作之前或过程中要争取上级的支持，寻求其他部门的援助，确定哪些人作为主力去实现工作目标。

4.1.1.2 选择正确的领导角色

领导的职责就是运用职权积极地采取行动。在率领团队成员实现组织目标的过程中，成功的领导者都知道自己扮演什么角色才会使组织行为更有效率。因此，在具体工作中，能否选择正确的角色直接关系到领导工作的成败。

领导的角色在行为方式上主要有两个方面的内容：直接式的领导角色和间接式的领导角色。

（1）直接式的领导角色。直接式的领导角色是传统的领导方式，主要表现为：正职拥有决策权，副职的职能是贯彻正职的要求，正职依靠副职的帮助，管理和控制其他下级的行为。在过去的年代里，领导者受确定论的思维影响，他们认为，组织只要按照某种科学的法则制定出计划，然后按照严格的等级进行控制和操作，那就能按照预定的道路前进，并能取得一定的成绩。直接式的领导角色在过去之所以占统治地位，是因为当时的环境基本上是相对静态的，领导者能够对未来进行预测，因此，可预知性、计划和控制就成了领导的主要方式。

然而，现在社会动荡的、难以把握的环境使传统的领导理念及其行为方式很难再发挥有效的作用，这就导致了直接式的领导角色在现代的组织活动中已经失去效用。对现代的组织来说，采用直接式的领导方式，靠命令推动组织的运行，将导致下级的自主性和创造性难以得到充分的发挥。因此，直接式的领导角色已经难以适应组织发展的需要。现代领导的实践证明，一个组织只靠少数几个人的智能，很难有效应对复杂多变的外部环境。真正的领导力源于领导层级的互动和上级与下级的合力。

为适应复杂多变的环境，传统的领导理念和行为方式正在发生变革。从领导的角色讲，领导者已开始从传统的直接式领导角色向间接式的领导角色转换。

（2）间接式的领导角色。间接式的领导角色的基本理念是：顺势而为，尊重下级根据具体情况选择有效的工作方式，让他们有权决定怎样完成任务，体现人尽其能，才尽其用。其具体方式是：领导者不必总是告诉他们做什么，让他们根据实际情况自己决定该做什么，以及怎样去做，这一点与直接式的领导方式有着根本的区别。

当今组织的主体与以往的显著不同在于知识型下级的比例在不断地增多，在处理大量的信息、使用新技术和新方法方面，他们丝毫不比领导者们逊色。如何挖掘他们的潜能，充分利用他们的资源对现代领导者来说是一个重大的挑战。

间接的领导方式是尊重组织成员在具体工作中所做的决策，鼓励创新，以此为前提对他们加以组织和引导。实践证明，脱离实际的命令不利于提高组织的效率，也难以发挥组织成员的积极性和创造力。同时，这种方式还可以使领导者从琐事中解脱出来，集中精力处理好全局性的事务。从直接式的领导角色向间接式的领导角色转变，是迎接这一重大挑战的有效途径之一。这种角色的转换可以使领导者集中精力合理地分配资源，提供必要的服务和支持。它的意义在于采用间接式的领导方式可以最大限度地允许下级有更多的自由利用资源从事活动，高效地完成组织的任务。

无论是从国际化的大环境，还是从我国的市场经济环境看，鼓励下级人员从实际出发制订工作方案、采取具体措施，比传统的那种等待上级领导拿出方案再去做更有效率。无论如何，第一线的"当事人"对情况的了解会更清楚，因此，鼓励他们自主地采取行动或自主地进行选择，会更符合实际。

4.1.1.3 体现新型领导角色的要求

领导角色是通过组织各种活动、有效实现组织的预期目标、创造最佳效益体现出来的。一个领导者能否扮演好他的角色，关键看他是否能使所投入的人、财、物等资源都得到最充分的利用，从而创造出最佳的经济和社会效益。

在角色的体现上，新型领导方式与传统的领导方式最根本的区别在于：把工作的重心放在做正确的事情上还是把事情做正确上。如何理解做正确的事情与把事情做正确呢？打个比方说，就像要爬上一面高墙，做正确的事情就好像我们要挑选一把牢固的梯子，把事做正确就要保证我们攀登梯子的方式是有效率的。

为了使"做正确的事情"与"把事情做正确"有机地结合起来，新型的领导者在领导活动中应该坚持以下三个原则：寻找路径、协同和授权。

（1）寻找路径。路径是保证人们做正确事情的基本依据和前提，路径明确了才能有效地激发人们坚定地沿着愿景前进，这也为人们提供了一个良好的思维方式和行为方式，增强了人们完成任务的决心。寻找路径是指领导者通过战略计划和指导原则将组织的价值体系和行为准则与服务对象的需求有机地结合起来。寻找路径的领导方式是间接式领导的具体体现，是对事必躬亲、处处控制的直接式领导的重大变革。

（2）协同。协同有两层意思：一是高层领导与基层的关系是一种互动的关系。高层领导对基层的工作不横加干涉、不凌驾于其上，而是通过与下级共同探讨问题，并给予支持的方式，放手让下级开展工作。二是系统内各部门之间的有效连接。协同与协作不同。协作是在意见一致前提下的相互合作；协同比协作更进一层，是以尊重对方的意见为前提，强调上下级或同级之间形成有效的互动，产生真知灼见、创造更好的解决办法。

协同的主要方式是：它注重把工作建立在需求基础上，让人们了解任务、战略的需求并通过有效的交流取得一致，然后共同承担责任来完成任务。协同的功效是：它能起到使人们把实现目标当作自己责任范围内的事情。采取协同方式的领导者总是避免让下级把自己当成主角，而是通过鼓励下级担任主角来提高工作效率。

（3）授权。授权是领导角色转换的一个重要方式。现代组织的显著特点是：愿景目标确立之后，高层领导就不要再干涉或者直接指示下级做什么以及怎样做，而是应鼓励下级的自主性和能动性。

授权的意义在于一种观念的转变和领导方式的更新。从观念上讲，领导要有这样的意识，那就是相信第一线的领导和下级具有巨大的潜力、非凡的才能和无限的创造力。只有放权才能把它们激活、唤醒。授权不等于放手不管，恰恰相反，它更强调积极参与。这里所讲的领导方式的更新主要指领导角色的转变。传统的领导方式是，领导者习惯于主宰一切。新型的领导者则不同，在制定和实现具体目标的过程中，他们不再是一个指挥者、控制者，而是一个协作者、共同参与者。

4.1.2 领导艺术的新规范

领导者有四种能力是必不可少的，即驾驭全局的能力、决策能力、应变能力和处理关系的能力。新型的领导者要拥有这些能力，必须学习和懂得领导艺术。

4.1.2.1 领导艺术

领导艺术是指领导者在处理人与人和人与环境的关系中，通过运用特殊的手段和方法所体现出来的那种具有创造性并能卓有成效地解决某些实际问题的技能。领导艺术的特点具有很强的灵活性和即时性，其灵魂是对具体问题进行具体分析。它强调领导者在履行其领导职能和进行领导活动过程中要针对不同的个人或群体采取不同的领导方式。比如，为调动个人的积极性，领导者可根据不同的情况采取利益激励的方式或精神激励的方式。为协调各方面的关系，领导者除了从总体上强调价值和目标外，还要针对具体情况满足执行者的需求。

领导艺术的运用，不同的时期有不同的特点。传统领导艺术的特点是领导者大都重视自己的权威，把下级训练成服从自己的"机器"。因此，他们擅长对下级进行威胁、恐吓。此外，还处处表现出他们比下级高明，以此赢得下级对他们的尊重和赞扬。

传统领导艺术主要体现两种类型：任务取向型和人际关系取向型。

- 任务取向型：主要围绕组织效率表现出来。在完成任务的艺术风格上，这类领导者认为最简单的方法是最有效率的，他们采取的方式是让下级做什么，他们就应该做什么，做得好就给予奖励，否则就会受到严厉的惩罚。他们很少关心下级精神上的和心理上的需要。

- 人际关系取向型：注重组织内人际关系以自己为中心。这类领导者常常用关心、体贴和富有同情心的方式赢得其他人的支持和服从。在他们看来，领导者如果不关心集体成员，就无法推动大家开展工作，这类领导由于注重满足下级精神和心理上需要的方法和艺术，结果在工作上表现就较为缺乏成效。

4.1.2.2 新型的领导艺术

新型的领导者在艺术上注重体现工作行为、关系行为和追随者成就的结合。概括起来讲，这种艺术主要有以下几个方面：

（1）目标领导的艺术。让目标走在前面，是领导者最有效率的工作方式。明确目标对领导工作至关重要。领导的影响力首先是通过目标展现出来，有了目标才能有效地对组织成员施加影响；围绕目标才容易达成共识，并有效发挥各方面的积极作用。用目标激励下级可以使领导能集中时间和精力解决发展的战略问题，可以放手让下级发挥自己的才干做好本职工作。

用目标影响和激励下级，手段和技巧是必不可少的。为了让大家接受目标，领导者一般采用如下的方式：

- 创建有效的学习环境。创建有效的学习环境的目的就是让团队成员围绕目标达成共识。领导者用目标影响和激励下级，他应让团队成员了解目标的价值、目标具体细节和时间限制，并让团队成员了解所期望达到的结果。做到这些，领导者必须组织团队成员共同学习，向团队成员提供决定的全部背景的理由，让人们了解必要的信息，在此基础上共同形成决策。一个团队要想高效地在一起工作，只有彼此有共识，彼此相互信任、取长补短，这样大家才能为共同的大目标全力以赴，而创造出惊人的成果。

- 施加必要的压力。为了使目标得以有效地实现，领导者可以与上级沟通，取得支持，并对下级说，"这是领导的指示或要求"。此外，领导者还可以把目标作为评价和检测个体或群体完成绩效的标准。

- 采取交换策略。这种策略的具体方式时，明示或暗示奖惩内容，对有效的努力和绩效及时给予奖励，对那些消极怠工、与目标相违背的人进行处罚。

- 领导者具有实现目标的坚定信心。强有力的领导对目标最终的实现起着至关重要的作用。目标确立以后，如果领导者对妨碍目标的行为优柔寡断或置若罔闻，目标很快就会成为空中楼阁。领导者必须对目标有紧迫感，并敢于迅捷果断地采取行动，尽其所能支持那些努力为目标奋斗的人，并为下级清理实现目标过程中的各种障碍和危险，从而使下级在实现目标的过程中更为顺利。

（2）团队的互动艺术。团队的互动是领导工作的本质。具有高超领导艺术的领导者与那些事必躬亲、喜欢过问细节的领导者不同，前者总是力争把自己置于团队其他成员之中，他们认为自己的首要职责是激发下级把具体事情做得更好。

把下级的积极性和创造性激发出来的核心是领导者善于与下级进行互动式的沟通，并能够在此基础上建立起共同的基础，取得更大的成就。擅长这方面艺术的领导者的共同特点是：他们会不断地向组织成员灌输组织的目标，并促使大家思考"我们现在需要做什么，而且应该做些什么与众不同之事使组织更有绩效"。这类领导不希望别人总是与他一致，他鼓励人们有自己的见解，并善于在众多的意见中归纳出适合组织发展的战略性的见解和措施。但他们却无法容忍人们在绩效、标准、价值观等方面存在缺陷。

具有团队互动艺术的领导理念是：只有相互依存、相互协同的工作才是最有效的。这类领导者认为，一个团队能够有效地运转，其关键是让每个人都知道现在应该做什么，目前阻碍我们前进的障碍是什么，以及如何取得成效。当大家对这些问题有了全面地了解后，组织成员之间不但能更好地合作解决问题，而且还能通过相互交流把个人的问题与团队的整体联系起来，最终把"做好自己的事情"变成"我做的事对团队目标的实现有重要意义"。

（3）将资源转化为成果的艺术。新型的领导者认为每个人身上都有四种可贡献的东西，即知识、能力、技能和动力。如果能充分地利用这些资源，组织就能克服重重困难，不断地奔向组织的目标。在他们看来，领导者采取什么方式运用资源，直接影响到组织的成功和失败。

有效的领导者为挖掘这些资源在领导艺术上的表现主要有：

- 动员艺术。这类领导者不但让下级知道组织的愿景目标和具体任务，而且还让下级充分地了解相关的背景，同时让下级知道期望他们做的是什么，有什么意义。

- 支持艺术。它的主要内容是创造适当的环境，使每个人都充满拼搏的激情。具体方式是：他们对下级的要求不超过他力所能及，当下级有困难时，领导者能与下级一道解决问题，有创举时给予鼓励和支持。

- 鼓励参与艺术。这是让下级感到自己很重要的艺术。领导者邀请下级提供有关决策的意见，并且在最终决策中使用他们的建议。领导者在与下级共同磋商的过程中从不拒绝下级的不同意见，并在决策之前充分考虑下级的建议。

- 激励艺术。领导者鼓励下级从事具有挑战性的工作，期望他们实现自己的最佳水平，并对有成就的人员给予及时的表扬和奖励。

- 权变艺术。领导者能够正确地评估自己团队的成员，总能根据每个人的特长发挥他们各自的作用。

4.1.2.3 领导角色与领导艺术的动态效应

历史发展到了今天，变化已成为一个重要的概念镶嵌在人们的脑海中。回顾几十年来的社会发展，我们能很容易地感到变化之迅速，叫人简直不知所措。这对领导者来讲也不例外。当前，领导者们已经普遍感觉到，未来几乎没有什么东西是确定无疑的，传统的那种确定性的领导原则已经在现代的领导活动中失去了大部分的效用。这样就产生了一个迫切需要解决的问题，那就是领导者应选择什么样的角色和行为方式去适应不断变化的局势，以避免被淘汰的命运。

从领导角色和领导艺术的有效性上讲，现代的领导者应树立动态意识，把握动态效应。其具体的艺术原则主要有以下三个方面：

（1）不确定性的领导艺术。当前是动态性加剧的时代，在这样的背景下，领导者都要面对两个方面的问题：第一，在预测未来时，无论你计划得多么精确，想得多么周到，错误和漏洞是永远难免的。第二，在决策的执行过程中，组织内成员不可能准确无误地遵守、贯彻执行领导的最初设计。为有效地克服这两个方面的问题，领导者应摒弃传统的集权式的领导方式，加强目标的引导，鼓励领导和成员的互动性，放权给第一线的成员，鼓励每一个行动团体都探索和选择适应环境的新途径。

（2）"整体共振"的领导艺术。整体共振是领导者与团队成员之间通过相互作用所形成的整体效应。这种领导艺术的具体内容有：第一，在团队中形成一个共同的行为范式，让大家知道团队的事业不是某个人的事情，只有大家共同献计献策，积极采取行动，才能取得成功。第二，鼓励下级发表自己的意见，必然造成诸多的分歧，解决分歧的艺术是引导大家客观地面对矛盾和分歧，这时，大家就能从整体上把握在争辩时怎么退让，以求得满意的结论。第三，在整体共振的过程中，领导者应时刻引导团队成员把焦点集中在组织发展的主要矛盾上。不断地向团队成员追问当前组织问题的焦点是什么、症结在哪里，我们如何抓住机遇，发展自己。

（3）动态的领导艺术。动态的领导艺术要求领导者在其活动中要不断地通过选择来适应变化。实践表明，能否对变化的世界做出恰当的反应，做出适应变化的选择，是关系到组织存亡的问题。许多组织之所以陷入困境，一个主要原因就是由于其僵化而拒绝调整和适应变化的结果。与此相反，成功的领导者由于不断地在动态中调整自己的组织行为，选择适合环境发展的领导策略，因此，当危机到来时，他们就能因势利导，把危机变成机遇。

学习运用动态的领导艺术要注意把握以下两个基本点：

第一，领导者要不断地整合资源。领导者只靠亲自调查研究，及时对信息进行整理分析还是不够的，要对环境做出适时的反应，领导者还必须提高参与式的领导艺术，把团队中每个成员的资源挖掘出来。在团队中每个人的生活背

能力提升（管理卷）

景和知识背景不尽相同，其中有的精通业务，有的擅长人事，有的善于分析，还有的善于应变。这些资源都是领导可资利用的宝贵财富，如果对它们不断地进行有效整合，组织就会不断地根据实际的情况趋利避害，并找出最贴近目标的方案。

第二，及时地实现主要矛盾转换。动态的领导艺术要求领导者应在大量复杂而不断变动的关系中找出影响组织整体发展的关键性问题，并及时地把新情况和新要求传达给团队成员，实现主要矛盾的转换。

[案例 4-1]

张处长的前任是在这部门当过多年处长的老领导了。在任期间，他为部门做了大量的工作。大家也很尊重他，只是他的家长作风让他的一些下级感到很受压抑。他的行为原则是"让人拜倒在我的脚下"，其领导方式是对忠诚和服从者给予奖赏和认可，对不依从的进行惩罚。这种方式让下级感到在他的身上有两个极端：一方面是当你满足他的愿望时，他会让人感到仁慈和亲切；另一方面当你违背他的愿望时，他又让人感到严峻和苛刻。结果造成了这个部门的下级处处依赖他，不愿承担责任，缺乏主动性。

有一次，这个部门在完成一项工作的过程中，出了一个很大的纰漏，这使这位前任领导怒气冲天，他立即召集部门全体成员到他办公室开会。他说道："我想现在你们都已经听到了消息，我们的工作出了问题。我用不着提醒你们它对我们的后果有多么严重。"他环视了大家后接着说："我希望你们明白我是多么失望。你们怎么能够让这样的事情发生呢？"

张处长对这次事件感触很多，他认为这次事件的发生主要是这位前任处长的责任。因为这位上级总是认为自己一贯正确，他从不听取下级的批评和建议。在工作上，他只是告诉下级去做什么，从不把有关信息传递给别人，这就使下级们只知道干好自己的事情，而不去考虑怎样与其他人相互配合，而这次问题恰好就出在大家没能有效的配合上。

启发与思考

张处长上任以后应该如何改变前任的领导范式，形成能将部门全体人员的知识、能力、技能和动力有机地结合起来的领导方式？

4.2 中层领导干部处理人际关系的技能与艺术

4.2.1 与上级建立良好的关系

作为承上启下的中层领导干部,应当着意处理好与上级的关系,从领导的艺术技能讲,它主要有以下几个方面的内容。

4.2.1.1 理解上级的价值观,适应上级的风格

消极的人会认为,与上级的关系纯属于运气,如果上级不喜欢,下级很难在这方面做点什么。事实上,上下级的关系不是单纯地由上级决定的,积极的下级不会把自己局限在一个被动的位置上。他知道如何采取积极的步骤加强这一关系,在与上级诸方面的关系中,对上级的世界观和价值观的理解,是其中的首要环节。

下级要想赢得上级的支持,首先必须与上级的价值观保持一致。具体方法有:

(1) 尽量了解上级的总体战略目标。这如同上级了解下级的目标,就能更好地帮助他们实现目标一样,下级了解了上级的战略目标和意图,就能有效地支持上级,并能在这大框架下发挥自己团队的优势,与上级一道来实现总体的战略目标。

(2) 为了与上级的关系融洽,得到上级的支持,下级应了解上级的领导风格。研究表明,一些领导未能获得晋升,是因为他们不愿去适应上级与自己不同的领导风格。一般来讲,下级适应上级的风格是自己的责任,而不是相反。下级适应上级的风格的途径很多,例如,有些下级喜欢与上级面对面的互动,但如果有些上级喜欢用书面的形式与下级交流和沟通,下级就应采用书面的形式。有些领导比较教条,有些领导喜欢采用非正式途径进行决策,下级就应灵活地适应上级的决策风格和解决问题的方式。

(3) 还有一个细微处,就是通过学习来了解上级的思想,你如果多读一些上级领导喜欢读的书,了解上级的专业背景和特长就可以在工作中找到更多的共同语言,这无疑对你与上级建立良好关系是有益的。

下级适应上级的风格过程中要注意保持诚实的品质。缺乏正直诚实的品质将

是一项致命的缺陷。因为没有人想与一位不值得信赖的人共事。

4.2.1.2 赢得上级的信任

通常人们都认为，只要努力工作，并做出成绩来，领导就会提升你。一些人经过研究发现，这种观点并不完全正确，你工作做得很出色，在企业中你的薪水可能得到提高，在高校、科研部门你的职称可能上一个台阶，但它与被提升到领导岗位没有必然的联系。

管理学家哈维·柯曼经过多年对晋升问题的研究提出了一个新的观点，他认为，一个人能否得到晋升，主要取决于以下的比重：工作表现占10%；给人的印象占30%；在组织内曝光的机会占60%。他认为，在当今这个时代，工作表现好的人很多，只把工作做得好，而缺少在组织中的知名度，上级是很难想到你的。

对于想要走向领导岗位的人来讲，哈维·柯曼的看法是有一定道理的。在现代社会，无论是在政府机关，还是在企事业单位，有知识、有能力、在工作中表现突出的人很多，这些人中有的被提拔到领导的岗位上，除了有一定的工作业绩外，更重要的是他能经常地在上级面前出现，如协助领导做一些工作，向领导汇报一些工作等。由于他们每次与领导接触都能留下很好的印象，当某个领导岗位出现空缺时，领导当然首先就会想到他了。

加强与领导的联系，赢得他们的赏识，其方式和技巧非常重要。

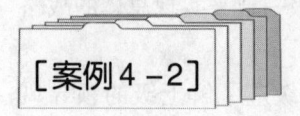

[案例4-2]

有一个人为了多在领导面前露面，一有时间就往领导那儿跑，可是在提拔干部时，却没有他。其原因有三个：直接与他接触的这位领导认为，他做事没有主见，事无巨细都向上级反映；而其他的领导认为他与这位顶头上司靠得太近了；他的同事把他看做是走上层路线的人。

启发与思考

接近领导要有度，反映问题要有重点。过于频繁不但会打扰上级的工作，而且也容易引起别人的猜忌。因此，经常在领导面前走动，关键是要讲究质量。

下级领导如何把握这种联系的质量呢？作为独立负责一个部门的领导首要一条是：既不为领导增加负担，又能得到领导的肯定。比如，你发现了你工作的范围出了问题,而且你必须得解决它。怎么办?一般来讲有三种选择:一是向上级主管反映,然后等待上级的指示;二是独自处理,即使处理得很好,也不让上级知道;三是你先对有关的人和事进行调查研究,找出解决的办法,然后告诉你的上级,现在出现了一个问题,但我们已经制定出了解决的办法。如果你的方案可行,上级会在你方案的基础上简单地做些指点,这种做法既节省了上级的时间和精力,你的工作能力也会受到上级的肯定。

4.2.1.3 帮助上级取得成功

下级领导者除了做好自己的本职工作外,另一个重要的工作就是帮助他的上级取得成功。但这并不意味着下级领导者应当变成"马屁精"或玩弄手腕的人,只是一味地赢得上级的欢心。

积极地帮助上级成功的领导者都知道一个道理,自己的成功与上级的成功是相互影响的。这就好像是一个球队:赢了,大家都受益;输了,教练、队员无一例外都脸上无光。

[案例4-3]

以一个管理顾问为例,他可能一年花200多天的时间来召开高级经理开发的学习班,或在各种公开的场合进行演讲。但他可能不擅长设计和制作用于演示的可视辅助材料。他的下级擅长这些,由于下级的帮助,这位顾问和顾问公司就会更加成功。

启发与思考

下级帮助上级取得成功的途径很多。优秀的下级都知道一个道理,上级不是超人,他们各自都有优势和不足,如果下级能巧妙地、有效地弥补上级的弱点,并促使上级取得了成就,他就会与上级紧密地联系在一起了。

让上级不断地了解组织问题的关键信息和适当观点也是下级的一个重要责任。下级要想强化与上下级的关系,他应该不断地让上级了解工作中的各种活动信息。上级非常重视及时地了解下级的各种情况,如果上级管辖范围的情况让更上一级的领导先知道了,他会感到非常的窘迫,因而也会产生对下级的不满。优秀的下级总会把关键的信息及时地传递给他的上级,以便上级在处理全局的工作中处于主动的地位。

4.2.1.4 争取上级的支持

一个具有开拓精神的领导者要想取得成绩,争取上级的支持是必不可少的。争取上级的支持难免要面对以下的问题:

(1) 下级与上级交流的方式。下级在开创性地开展工作之前要与上级进行交流。这时,下级往往又担心与上级面对面地讨论某些问题时,如果不慎冒犯了他,有可能使他怀恨在心,甚至可能遭到报复。有些心胸狭窄的领导可能会这样做,但是,对于大多数的领导者来说,只要讨论的问题对他的成功有帮助,他会对你重视的。不过,注意一些方法和艺术也是必要的。比如在上级的某些想法的基础上进一步发挥你的见解,或者你先汇报一些值得关注的问题,然后阐明你的观点和一系列的做法,这样,即使他不同意,也不会引起意见上的冲突。对于下级切忌的是:只是讲一些应该如何的原则问题,而不去考察可行性,这意味着你在指责上级"不作为"。有的时候,上级也可能认为有些事情是应该做的,但一些可行性方案还没有设计出来,如果你没有帮他考虑怎样做,就等于纸上谈兵,一般领导对这样的建议是很反感的。

(2) 正确处理与上级交流中的分歧。下级在与上级交流过程中可能发生分歧。发生分歧是难免的,有的时候上级掌握的信息可能不全面,对你解决问题的方式产生不当的反应,甚至会受到严厉的指责。避免直接冲突的最佳方式是:拿出客观的依据和准确的数据来支持你的想法和做法,同时表示对他意见的重视,最后形成一种双赢的方案。

(3) 良好想法与上级分享。有时,你的方案虽好,但上级可能不给予支持。你曾有一个很好的想法,并花了很多的时间和精力设计出一套完整的方案,接下来的事情是可能遭到上级的否决。为了避免遭到上级的否决,通常的做法有两种:一种是先做后争取支持;另一种先请示后做。从实践的经验看,一个好的方案能容易地得到上级的支持,最佳的做法是把你的想法变成上级的想法。具体做法是,直接到上级那里去,表明你的想法,并与他共同探讨实施方法。在探讨的过程中询问完成工作所需的资源,要求上级授权实施。实践证明,上级愿意支持下级主动地开展工作,更愿意下级用他的构想来充实自己的工作内容。因此,下级的良好想法能与上级分享,这是两全其美的事情。

4.2.1.5 越级报告是个危险的游戏

向上级传递信息还要注意的是,除了发生极特殊的情况,千万不要越级报告。无论在等级森严的组织中,还是在等级较为宽松的组织中,越级报告所冒的风险都是很大的。

越级报告意味着越过顶头上级，向更高层的主管反映你的建议、意见。越级报告的目的主要想从更高层主管那里争取到支持，或试图通过这种途径引起他们对你的重视。

越级报告大多数出现在以下两类情况之中：第一类是为了争取自己的权益。如：自己该升级了，可事实上却没有升上去，而认为不如自己的人却反而得到提升；你比上级能干，上级嫉妒你的才能，担心你会超过他，结果他用各种方法压制你，在工作中不但不为你创造机会，反而经常分配给你一些费力不讨好的工作。

第二类是对领导组织能力和领导推动事业发展状况的不满。如，部门内部管理混乱，工作缺乏效率，大家干好干坏都一样，结果苦乐不均。你是其中干得最多的人，虽然你做得比别人多，但领导并没有因此给予你特别的奖励。你可能会想，更上级的领导可能不知道这个领导的能力及品格如此之差，如果让更上级的领导知道了，这个部门会有新的气象，可能更有利于自己的发展。又如，上级对新的机遇毫无反应，即使有人提醒和建议，他也不会采取任何行动，而这个机遇对部门的未来影响很大，如果失去了这次机会，对部门会造成难以弥补的损失。

从实践的经验看，如果你对第一类的两种情况和第二类的第一种情况越级报告，你很难取得好的结果。对第一种情况来讲，部门有一定的自主权决定提升谁或给谁嘉奖，上级部门通常是尊重下级的决定和建议的。上级部门在一般情况下不会由于你的反应就对你的部门进行干预，或改变下级领导的决定。

在部门中出现的第二种情况较为复杂。这里有领导的原因，也有下级自己的原因。从领导的角度讲，出现这种问题是由于一些领导狭隘的心胸和较低的才能造成的。压制属下的领导，其才能虽然平庸，但在压制别人成长上他还是有一定手段的，你很难有准确的、令人信服的证据证明他这方面的低劣行为。从下级的角度讲，这是由于下级的急功近利、自命不凡的心态造成的。在一个部门中，经常有个别的下级眼高手低，好高骛远，缺乏做基础工作的热情。部门领导对他的平时表现不满意，在关键的时刻就不可能让他去表现。如果自己是这种情况，还向上级反映，肯定是没有好的结果的。

无论从哪一种角度看，如果你向上级的上级反映你上级的问题，这意味着你认为你的上级是不称职的。你很难达到你的目标，因为被提拔为部门的主要领导，都要经过一定的组织程序，或有特殊考虑。只要你的上级不出现大的事故，他是不会因为你的行动而"下课"的。

以上几种情况都基本上直接针对你的上级本身，一般来讲，任何层级的领导都不喜欢那些给自己上级打小报告的人，他们通常认为，如果在组织内部纵容这类人，会破坏组织内部正常的人际关系。

如果你反映第二类的第二种情况，你可能会引起高层领导的重视，因为你针对的是某一具体的事情。为了得到高层领导对你的支持，你必须先让他们相信，你这样做的目的完全是为了推动组织事业的发展。这里值得注意的是，你在采取行动之前必须形成一套完整的可行性方案，通过这个方案让高层领导认为你的反映是有价值的。如果你只是提了个想法，而没有具体的操作措施，你也很难得到他们的支持。

越级报告是万不得已的手段，不能轻易使用。如果经常越级反映自己上级的问题，做事情经常越过自己的上级，试图从更上级处得到支持，到头来受到伤害的是你自己。因为无论如何，你这样做违背了组织运作程序，也危及到上级的领导地位，无论你反映的结果对与否，上级都会感到不快，对你会加以防备，这对你日后的工作极为不利。

4.2.2 处理好与下级的关系

在组织中能力再强的领导者都不可能独自地完成全部工作，他必须争取下级的积极配合。领导者怎样影响下级，并有效地利用下级的资源，这就涉及领导的艺术问题。

4.2.2.1 建立共同的兴趣和目标

在现代的领导实践中，人们发现用权威施加影响远不如用共同的兴趣和目标形成互动更有利于组织的发展。从成功的领导者身上发现，创建共同的兴趣和目标的最好方式是，领导者要首先开诚布公地阐述组织的价值观和目标，在此基础上与他人进行充分地沟通，最终形成适合自己团队发展的共同的兴趣和目标。为了有效地实现共同的理想和目标，领导者还要让团队成员了解每个人的特长，鼓励大家进行优势互补。这样做，在团队中，每个人不但能有效地弥补各自的弱项，而且还可以通过合作的成就增强相互之间的关系。

4.2.2.2 把握每个人的性格特征是与下级形成良好关系的保证

获得下级的有力支持，也不是一件容易的事情，一些领导者在开展工作过程中出现困难，很多时候都是由于没有正确地处理好与下级的关系。究其原因，主要是缺少对待不同性格人的技巧。

[案例 4-4]

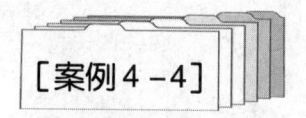

当你与对态度非常敏感的人交流时，注意他（她）的情感非常重要。这类人大都是感情脆弱的、心理容易受到伤害的人，无论在形体上，还是语言上，都不能让他们感到被轻视，更不能让他们的自尊心受到伤害。对这样的下级进行批评时用语要讲究艺术，要表扬和批评并举。批评以询问的方式，尽量让他自己讲出原因，认识到不足。而对待那些易于冲动的人，尽量不要在他情绪激动的时候与他讨论或争论问题。对待反对者的基本方法是：当对方提出反对意见时，或对方案进行否定时，你就让他拿出可行性的方案，如果他拿不出，你就可以按原定的计划行事，这样做既考虑了他的意见，又避免了因为产生了反对意见带来的消极影响。

启发与思考

中国有句古话：龙生九子，禀性各异。对一个组织来讲也是一样。组织中每一个人的性格是不一样的，由于性格的不同，他们的工作习惯、方式和人生态度也是不同的。如果对不同的人采取同样的领导方式，那就必然导致人际关系的紧张。

4.2.2.3 运用批评的技巧增强与部属的关系

每个领导都希望部属自觉地遵守各项规章制度，自觉地做好本职工作，然而事实却不全是这样，在一个部门中常会有个别的人违背领导的这一意愿，如果不对个别人的不良表现进行批评指正，那么这种坏的风气就会在部门内部蔓延。然而如果对他们批评得不得当，问题不但没能解决，反而会带来种种误会、敌意，甚至引发冲突。这就需要领导者具备一些批评下级的方法和艺术，做到让那些有缺点错误的下级既能接受你的批评，又能让他们朝着你希望的方向改进。

从对批评技巧研究成果的总结中，有效的批评应具备三个基本条件：

(1) 既让下级接受，又能维护他们的自尊。
(2) 改变后的下级行为应朝着领导期望的方向进行。
(3) 进一步完善与下级的关系，至少不伤害原有的关系。

能力提升（管理卷）

[案例4-5]

某单位的李某曾是一个表现不错的基层工作人员。可近一段时间以来，他经常迟到，布置给他的任务也不能按期完成，最后还得由别人帮他完成。一天领导要布置给他一项工作，从8点一直等到9点，他才露面。这种既迟到又耽误工作的情况，让领导很恼火。他决定处理这件事情。现有三种批评方式：

第一种是当着众人的面很不客气地对下级进行批评。如，"你怎么搞的，总是迟到，工作吊儿郎当。你实在是一个自私懒惰的人，大家都对你有意见，你明天要准时上班，不想干就走人。"

第二种是你虽然很生气，但担心自己的态度和语言使张某难堪，结果采取了一种道歉式的批评方式。如，"我本来不想说，可是如果可能的话，希望你准时上班。"

第三种是直接面对问题，客观地指出问题所造成的危害。比如，跟某人说，"我看到你最近都是9点钟以后到办公室。这段时间都是别人帮你办一些本该你做的事情，这无形中加重了别人的工作负荷。"

启发与思考

第一种批评方式过于坦率和粗暴。这种正面冲突的表达方式很容易引起对方的过激反应，结果不但问题没有解决，反而搞得人际关系紧张。即使被批评者对这种强烈的批评没有直接反应，甚至在短期内即使能按时上下班了，但他的内心已受到了伤害，一有机会他很可能会采取报复行动。

第二种批评方式虽然在形式上照顾到了别人的自尊心，避免了感情的伤害，可是由于领导者不敢直接面对问题，在处理问题的过程中采取迂回的策略，结果被批评者难以弄清楚批评的真实意图，其效果也就打了折扣。

第三种批评方式是有效途径。一方面，它采取了以事实为依据，对事不对人的批评方法。所谓"对事"就是指出这种行为已造成的危害，"不对人"就是不进行人身攻击。一般的情况下，在事实面前人们是不会有异议的（那些胡搅蛮缠的人除外）。另一方面，为了使受批评者能按照领导所希望的方向发生变化，领导做批评时都要采用一定的方式和方法。

善于批评的领导们一般都采用谈心的方法。具体做法包括以下几个方面的技巧：

- 选择合适的时间和地点与这类下级进行沟通。

- 从看得到、可证明的事实入手，直截了当地指出你不能欣赏他的某些行为，并指出这种行为所造成的危害。
- 耐心地倾听对方的解释。
- 陈述你的希望。

只有这样才能使对方心服口服地承诺，能尽快改正自己的不良行为。批评的目的是为了让对方改正缺点，使他的行为符合组织的要求。为达到批评的目的，首要的一条是得让对方接受你的批评。因此，领导者选择适当的时间和地点是必要的。如果当时对方的情绪非常低落，或有外部人员在场，就不适合进行批评。为了使批评取得预期的效果，领导者最好选择能进行充分沟通而不受干扰的场所。

批评不等于训斥，更不是威胁他人，而是要了解问题的原因，指出他的错误所在。领导者在批评的过程中指出他近期的问题后，接下来应问他近期是不是遇到了什么麻烦，他会向你解释有关情况。这时候，领导者最重要的就是倾听对方的诉说。

耐心地倾听既表示了对对方的尊重，也可以通过他的诉说全面地了解有关他的情况和心理状况。如果从中了解到了对方是由于一些困难造成的，你可以和他进一步探讨解决的途径，或表示你的同情，然后进一步阐述你的标准。经过沟通你不但了解了别人的情况，同时你也让别人了解了你想要达到的目的是什么。一旦双方彼此了解了对方的立场，双方就会开始寻找大家都能接受的解决方式。如果你的部属平时与你有良好的关系，他还是愿意按照你的希望改进的。

为确保让对方接受你的批评，进行沟通前你要做好充分的准备。以下的几项是必不可少的：

- 控制好自己的情绪。如果你在交谈时表现得很冲动，难免会说出一些过激的话语，这样极容易导致对方沉默不语或强烈的对抗反应。在交谈时尽量让自己的情绪平和，让对方感到你是在关心他，这样往下进行就会容易些。把握好自己的声调和身体语言。与对方保持平等的地位，避免官腔十足，双手叉腰，拍桌子瞪眼睛等。
- 倾听。尽量地鼓励对方表达心声，不要不断地打断对方的说话。
- 交流。富有同情心，但要坚持自己的原则立场。必要时可做适当的修正，让对方感觉到你是为他着想的，但同时又能让他知道你又是一个坚持原则的人。

沟通式批评可适用于各类各样的人，懂得如何进行富有成效的沟通式批评是做一个成功领导的必备技巧。批评的技巧是经过不断地学习和实践的结果，它要经过熟能生巧的过程。开始积累这方面的经验时，最好从较不重要的事情或没有直接利害关系的人入手，积累了一定的经验后，再处理复杂的事情和人物就会容易一些。

4.2.2.4 让信息不断地流向你

让信息流动起来是领导与下级建立良好关系的必要手段。良好的信息流动能帮助你及早地发现问题,先于他人抓住机遇。让信息流动的途径主要包括自上而下和自下而上两种。其中自下而上主要指要让你的上级充分地了解你们部门正在从事的事业,这样才能争取上级根据你们的进度给予必要的支持。让下级及时地把信息反馈给你也是自下而上的一个重要内容。让下级把信息反馈给你的途径很多,概括起来讲,主要有两个方面:一是通过正常的途径获取信息,比如,听取下级汇报,召开团队会议等。这种方式是让信息双向流通的基本途径,但由于它是经过深思熟虑的交流,因而有些问题就会被掩盖了。二是通过非正常途径获取信息。比如,四处走走,与人聊一聊,通过这种途径你就可以获得许多通过正常途径得不到的有价值的东西,这种随机获得信息的价值是非常有意义的,绝对不能低估它。

4.2.3 正职与副职的分工与配合

中层领导干部主要指中层从事领导工作的正职和副职。从财政部门的领导职能看,中层领导干部是整个领导工作的中坚力量。他们既要执行和落实上级的指示精神,又要在工作中体现开拓性和创造性。做好这些工作,中层领导干部除了具备较高的素质外,正职与副职之间的合理分工和相互配合尤为关键。在中层领导干部中,正职与副职分工与协作的基本原则是,正职抓全局工作,副职协助正职做好所主管的具体工作。

4.2.3.1 正职的作用

在中层领导干部团队中,正职是"一把手",是团队的领导核心,他的全局工作主要表现在抓大事、善协调、树立形象等方面。

抓大事主要指事关全局的大事,事关发展的大事。对于财政系统中层的正职来说,事关全局和发展的大事主要包括:落实和贯彻上级的指示精神,制定本部门的战略目标,从动态中把握主要矛盾。为在抓大事中体现以上三个方面,正职在抓大事的过程中应注意把握好以下三个问题:

(1)正确处理好全局性与局部性的关系。这一关系主要指正职在制定计划过程中应把上级的指导、决议、规划等结合到本部门的实际工作中去,做到部门的工作首先要服从大局的需要，在此基础上发挥本部门的能动性。

（2）处理好超脱性与具体细节的关系。正职要有所为，有所不为。所谓的超脱性就是指正职应把细节问题放权给主管副职。这样既可以有效地避免正职由于越俎代庖，影响副职的积极性，又能避免由于陷入具体的事物中而丢失了主要方向。

（3）正职要善于从动态中把握主要矛盾。部门的工作是一个连续的过程，在不同的时期有不同的工作重点。正职根据计划列出工作的先后顺序，指导副职逐步地落实，绝不浅尝辄止。

在领导活动中，协调是必不可少的。正职要想使领导班子成为真正的团队，其中关键的一点是，他必须善于协调部门的工作和人际关系。协调的中心问题是解决冲突。在领导工作中，冲突主要来自于分歧，如对局部利益与整体利益认识的不一致，工作方式和性格的差异等。领导工作的实践表明，正职对冲突如果处理不当，就会带来很多消极的影响，如人际关系紧张，就会导致工作热情减退，工作效率低下，责任心下降等。为避免矛盾对工作产生不良的影响，善于协调的正职都是将矛盾的消极因素转化为积极因素的能手。从对正职解决冲突的经验考察，有三点是值得借鉴的：

● 善于协调的正职在计划和实施之前让班子成员充分参与，让大家关心所做的事情，鼓励每个人贡献出有价值的创新思想和方法。这样做的价值是，经过大家充分的参与，通过对不同意见的比较，可以最大限度地达成共识。由于决策得到了大家的理解和认同，在实施决策的过程中，每个人就会愿意为集体所做出的决策承担相应的责任，并主动地积极做出贡献。

● 善于协调的正职对成功的经验和失败的教训都非常重视。他们注重对每一件事都做认真的总结。在他们看来，了解怎样取得成功是很重要的，这样在以后的工作中团队就能更好地发挥整体作用。了解失败以及几乎失败也是很重要的，对它进行总结才会避免以后再犯同样的错误。

● 在调节正职与副职之间的冲突时，善于协调的正职从不以权势压人，而是采取互动的交流方式求得统一。互动交流的方式很多，如询问式交流就是互动交流的一种主要方式。当副职的意见与正职不一致时，正职可以针对具体问题向副职询问，如让副职阐释不同意见的理由，具体的可行性方案，可预期的结果。经过询问式的交流，正职既可以准确地把握问题的症结所在，并从反对的意见中汲取有价值的内容弥补原有的方案，又能促使副职重新系统地审视自己的意见的正确性和可行性，这样可以达到双赢的效果。

有的正职之所以回避矛盾冲突，主要是由两点造成的：一是对矛盾持有恐惧心态，认为一旦处理不好矛盾就会"引火烧身"，持这种心态的人往往回避矛盾或压制矛盾；二是缺乏相应的方法和技能。树立正确的对待矛盾的态度，形成科学的协调方法，是领导团队高效合作的保证。

正职的形象是一面旗帜。正职的一言一行，一举一动都会影响副职的心态和行为。正职为领导团队树立良好的形象应注意以下几个问题：在思想修养上应注意大事讲原则，小事讲风格；在行为上应注意决策讲民主，充分挖掘领导团队的智慧办事情，反对个人独断专行；树立服务意识和责任意识。正职在实现目标的过程中应为副职提供必要的资源，如副职在工作中出现难题，正职有责任给予副职以必要的关心和支持。实践经验表明，一个部门事业发展的好不好，风气好不好，领导团队的精神状态好不好，这些都与正职的形象有着直接的关系。

4.2.3.2　副职的作用

副职与正职不同，副职是在正职领导下负责某一方面工作的领导者。副职的位置有其特殊性，他们在工作中所遇到的问题也较为复杂，首先他们要面对如何正确处理好副职与正职的关系、与同级副职的关系和与下属的关系，如果这些关系处理不好必然会遇到来自上下左右、方方面面的矛盾和问题。因此，正确认识副职的地位和作用，是处理好各种关系，解决各种矛盾，有效地发挥自己才干的前提。

副职与正职的关系是由地位决定的。正职是一个单位、一个部门的一把手，是把方向、把全局的，而副职是在正职的领导下协助和配合正职开展工作的。通过对正副职关系的实践经验考察，副职与正职关系融洽，而且副职有能力，他可以成为正职的"左膀右臂"，使领导班子具有凝聚力和战斗力。在正确处理正职与副职的关系中，从原则上讲，副职应做到在思想上尊重正职，在组织上服从正职，在工作上主动配合正职开展工作。在具体做法上，副职应清楚地认识到尊重不等于无原则，服从不等于盲从。从经历上讲，正职是从副职提升上来的，他的经验较为丰富，处于正职的位置，他的信息量要比副职大，视野也更宽广些。然而涉及具体决策，副职有可能对自己的主管领域更为熟悉，因此，在决策过程中，副职应敢于阐发自己的意见，当副职意见与正职发生冲突时，副职应注意自己的态度和语言表达方式，做到既实事求是地阐明自己的观点，又要注意维护正职的威信。

副职在工作上主动配合正职开展工作的具体做法是，到位而不越位，补台而不拆台。所谓到位是指副职对自己分管的工作要心中有数，对自己职责范围内的工作要有想法，做事要有办法，对正职交办的工作，副职首先要理解正职的意图和工作的性质，然后认真地去履行，并创造性开展工作。不越位要求副职始终要注意摆正自己的位置，注意在授权范围内开展工作，对不是自己权限范围内的事情不能轻易越权去做，也不能轻易地表态。如果副职做了不该做的，管了不该管的，说了不该说的，那就越权了，这样不但会造成与正职的冲突，还容易与同级副职造成摩擦。

补台而不拆台是指正职或其他副职工作出现失误遗漏时，应主动补台，堵塞漏洞，共渡难关。领导团队是一个荣辱与共的有机整体，它体现着"互相补台，好戏连台，互相拆台，共同垮台"。一个副职补台而不拆台，在具体工作上主要表现为两个层面的内容：第一层面是主动补正职的台；第二层面是补同级其他副职的台。

副职为正职补台而不拆台主要表现为三个方面：一是当决策出现漏洞时，副职在执行过程中应尽量完善决策内容，力求把损失降低到最小限度，绝不能将错就错，最后将责任推给正职。二是当"一把手"出现工作失误时，副职应帮"一把手"出主意、想办法纠正，不应袖手旁观，说三道四，幸灾乐祸，更不能落井下石，趁机拆台。三是当正职造成人际关系问题时，副职应从正面进行调节，绝不可"火上加油"，激化矛盾。

副职之间相互补台是领导团队团结的象征，凝聚力的表现。在中层领导班子中，每个副职都有自己的责任范围。通常情况下，每个人都立足于自己所管范围内的事情，尽量避免插手别人职权范围内的工作，否则会打乱别人的部署，影响别人的工作，伤害别人的感情和自尊心，引起人家的不满。然而同级副职之间常常会遇到一些职责上的交叉，也会有一些共同处理的交叉事务，这就涉及了如何处理交叉事务的问题了。如果每个副职都把容易出成绩的工作揽过来，把困难的事情推给其他副职，那必然出现揽功推过的不良现象，结果导致一个人做事情，其他人当旁观者，甚至出现一个人做错了事情，其他人看笑话、说坏话的现象。强调副职之间相互补台就是克服这种现象。具体做法是，遇到交叉工作时副职之间要本着"扎木成排好渡江"的心态共同承担责任；遇到困难时大家要本着同舟共济的理念相互支持，相互协助，共同排忧解难，只有这样领导团队才会形成有创造力的整体。

4.2.4 形成良好的领导者与追随者的互动关系

成功的领导者需要有一批追随者。如果没有追随者的支持，一个领导者能力再强，也无法取得成绩。已往人们把追随者当成心甘情愿地追随领导者的人。如

能力提升（管理卷）

此理解就出现了这样的问题，凡是追随领导者的人都心甘情愿作为服从者吗？如果这样，追随者的个性如何体现，他们的创造性如何发挥呢？

从现代的领导者与追随者的关系看，有一定能力的追随者都有自己的个性，他们并不心甘情愿地追随领导者，只有领导者对他们表现出尊重，而愿意与他们形成互动，他们才会与领导者建立追随者的关系。因此，现代的领导者要赢得他人的追随，应注意在以下几个方面体现领导的艺术。

4.2.4.1 领导者赢得高成就动机者的艺术

我们经常看到或听到一些有才能的人调离、辞职或跳槽，对这些人进行深入地考察，他们当中大部分人都有一个共同的心理，那就是他们都具有强烈的成就动机，追求卓越的表现。这些人的特点是：他们精力充沛，无论做什么工作，他们都力争把它做得有特色，因此，在工作过程中他们喜欢创新，富于挑战精神，做别人难以胜任的工作。这类人员无疑是组织的财富。然而让他们的潜能得到充分的发挥，使他们的行为既有利于组织，又有利于他们个人的发展，是领导艺术研究的一个重要内容。

通过对领导实践经验的总结，我们认为对于高成就者的下级，现代的领导者应做好以下两个方面的工作：

首先，要注意从他们的特质入手进行领导。这类人主动性和自主意识都很强，做事有自己的方式，通常在工作过程中他们难以接受他人的干预，如果干预过多，他们就会感到没有受到充分的尊重和理解，并拒绝与你合作，甚至会发生冲突。对这些人进行领导，其基本的技巧是：把工作布置给他们之后，多给他们提供服务，少进行干预，对他们进行控制和督导也要适时并注意分寸。传统的那种权威式的控制方式只能挫伤他们的成就动机，而不能激发他们的潜能。

其次，要对他们坦诚相待。凡有高成就动机的人，他们都不满足于现状，如果领导者对他们的创新建议、行为表现出冷淡或断然拒绝，他们就会产生不满和挫折感，一旦他们有了这样的心理，他们就会对领导产生对立情绪，或者变成一个旁观者。

对高成就动机者而言，最大的问题莫过于领导者对他的观点漠不关心或故意吹毛求疵。有较高艺术的领导者对待这类人所采取的方法是：要充分地认可他的成就。这类人通常都事业心强，他们重视对额外的物质奖励的重视远不如对他们工作的支持和对他们所做出成绩的正确评价。因此，领导者对他的建议，特别是具有挑战性的想法应持一种积极的态度。由于他们喜欢创新，富于冒险精神，领导者如果用一种安于现状的方式领导他们，或以某种推脱的方式控制他们，他们就会对他们的领导者感到失望。最佳的方法是对他们的建议积极地反应，开诚布公地与他们讨论有关的观点和建议，对他们不切实际的地方能坦诚地指出来，并做建设性的批评，如果有可能实施，与他们共同探讨实施方案。

高成就动机者虽然难以驾驭，但他们对那些善于放权赋能，与他们进行坦诚交流的领导者通常都能融洽相处，他们知道，在这些领导者的身上有许多是值得他们学习的地方。只是，他们与上级相处时，所遵循的并不是传统的指挥服从式的上下级关系，而是一种平等的、相互尊重的，在交往过程中能产生互动的关系。领导者只要从这些方面与他们进行交往，高成就动机者就能够最大限度地发挥他们的潜能。

4.2.4.2 从大局出发，抓主要矛盾

[案例4-6]

某处承担着中央财政支出监管、国库集中支付审核、银行账户审批等监管工作，任务十分繁重。近几年来很多工作都属于改革的热点问题，工作质量要求很高。在这些艰巨的任务面前，中层领导干部为在工作中克服人员少、工作量大、工作程序繁琐等困难，通过积极改进和探索科学的工作机制，各项工作取得了较好的效果，并得到了上级领导的高度评价。在对工作总结时，该处领导谈了如下几点体会：一是开展工作应服务大局，找准方向。大局就是上级对与本部门工作有关的指示和精神；方向就是围绕这些认真组织落实。二是开展工作要善于抓住主要矛盾。在国家部委里，处室是基本单元，处长起着承上启下的作用。他们既要组织、落实上级下达的各项任务，又要独立地带领全处室人员开展工作。处室的工作点多面广，任务很重，涉及的问题也较为复杂。如果对千头万绪的工作缕不出头绪，那必然会使领导者和员工每天疲于奔命，难于应付。这样必然导致工作强度大而无效率和成果。抓主要矛盾就是关注关键的问题，通过抓主要矛盾体现杠杆效应。三是以人为本，调动人的主观能动性。处长与处里的其他成员是团队关系，他们之间需要相互尊重，共同积极贡献自己的资源为组织做出贡献。

启发与思考

从大局出发,抓主要矛盾,是中层领导干部必须具备的素质和应该掌握的工作能力。中层领导干部与团队其他成员形成有效的互动是出色完成各项工作的保证。

有些领导者做事情缺少系统性,缺乏与团队成员的良好互动,结果使工作事半功倍,造成人际关系紧张。这种现象背后的原因有以下几个方面:

(1) 好大喜功,不断地督促大家干这干那,结果大家都感觉很疲惫,又觉得没有收获和成效,特别是下级感到这个领导人做的都是形式上的东西,缺少实质意义时,大家就会开始躲避他,避免与他一起共事,即使不得已,也只是敷衍了事。

(2) 做事情凭感觉,缺少系统的思考,对所做的工作往往半途而废,或做着做着就不了了之。这就使追随者感到领导是在浪费他们的精力,结果就会导致大家对领导布置的任务采取怠工的方式,即使其中有非常好的项目,大家也不会用心去做。

(3) 还有些领导者能力很强,做事很有办法,但对别人的成绩总是持否定态度,即使别人再努力,做得再好,他也会从中找些毛病,下级或团队其他成员在他面前总是有挫折感。这样一来,大家都不愿意接受新任务。这种对待追随者的领导方式只能把他们从自己的身边推向远处,而不能获得他们的拥护和追随。

4.2.4.3 以团队的方式建立与追随者的良好互动关系

领导者不要试图独自完成自己的工作。对于高效的领导者来说,他们的最佳途径是,依赖团队的资源和力量解决问题、完成各项工作任务。让更多的人参与领导活动,它意味着有更多的人手来收集和分析资料,有更多的脑子来探索有效的实施方案,特别是在处理复杂问题时,更多的人相互协作,这不仅会让工作轻松一些,而且还会让工作产生更好的结果。要形成高水准的团队,领导者应注意以下两个方面的问题:

(1) 善于整合团队的资源。在一个有潜力的团队中,团队成员都有自己的特长,有的人智力水平很高,有深厚的理论功底和丰富的知识背景;有的人经验丰富;还有的人具有很强的操作技能(特别是处理数据的能力、良好的人际关系能力)。如何把这些资源整合到一起,是领导的方法和艺术问题。成就高的领导者总是能对这些资源加以有效地运用。例如当需要把那些堆积如山的复杂资料整理成决策依据时,这类领导者就会把那些有处理数字特长的人和善于分析的人纳入到决策队伍中来，与他们一道形成决策。当组织着手进行重大的改革时，在此期间不但需要得力的人处理各种关系，而且还需要实施改革方案，这时，善于整合团队资源的领导者就会将那些具有良好的人际技巧和具有实施变革经验的人纳入到变革的团队中来。

（2）让团队充满和谐和互动。从实践的经验中我们可以看到，团队成员之间关系处理得好，大家就会有出色的表现，工作起来就有智慧和干劲。对于领导者来讲，让团队形成良好的关系，保证大家对工作有成就感，他必须具备一定的动员艺术和组织技巧。比如，在从事某个项目的过程中，有些领导者把大家集中到某个地方开个研讨会，或带着问题组织大家到某个休闲的地方度周末，让大家尽量地多接触，接触多了，必然要相互交流一些想法，交流多了，大家也就容易达成共识；在进一步的实施过程中，大家就会自觉地加强合作。实践证明，只有大家关系融洽，每个人才能打消在提出自己主张时可能被轻视的心态。这样，大家才能在没有心理压力的状态中相互磋商，统一认识。

4.2.4.4 让团队的成员觉察到自己的价值

现代领导者的风格是，他们设法创造出让每一位下级都觉得自己是主人，他们拥有很大的自主权的环境和气氛。

让下级都觉得自己是主人，首先得让他们有自己的发展规划。为自己的目标奋斗是人们孜孜不倦的最大诱因。新型的领导者认为，如果每个人在组织中创造出了最大的业绩，组织就会获取最大的收获或成效。因此，只有处处鼓励那些为事业奋斗的下级，才会使他们充分发挥出自己的才智，为组织做出更大的贡献。从领导艺术上讲，这是推动组织发展的一种"双赢"的策略，也是现代领导风格的最佳选择之一。

领导者注意培育下级的自主精神，这是发挥他们自主性和主动性的前提条件。让下级有更多的自主精神，是未来领导方式变革的一种重要趋势。

传统上，人们通常把领导者看做是消息最灵通的人，可是，在当今的信息时代，下级所掌握的信息有的时候比领导们更快、更全面。因此，新时期的领导者若想要在未来的事业中取得成功，他必须善用他们自主精神所产生的能量推动组织发展。了解这种趋势，主动地调整自己的领导艺术。为做到这一点，领导者应鼓励下级创造性地开展工作，为他们的想法提供尝试的机会。

培育团队的自主精神，并不等于袖手旁观。在这种环境中更需要领导的参与技巧。放手是为了激发下级的工作热情和创造力，参与是为了把事情做得更顺利些，把风险降到最低程度。发挥下级自主性的最佳参与方式是，在决策过程中，领导者应多采用询问的方式,而不是独断的方式,询问既能相互学习,又能促进人们深入思考,从而提高决策的实施质量。在实施过程中,领导者的一个重要技巧是,他所充当的角色不应是"运动员",在场上冲锋陷阵,而应是团队的教练员,教练最重要的工作就是在关键的时刻能及时地给予指导,其余的时间里让大家自己努力工作和发挥潜能。

4.2.4.5 主动倾听的艺术

下级在与领导者进行交流和沟通时,他不但期望从领导者那里得到有效地反馈,而且他也非常在意领导者的态度。如果领导者的态度伤害了下级的自尊心,那么,下级就不会再愿意与领导者继续沟通和交流,更不会把自己的真心话说给领导听了。领导者通过沟通和交流与追随者产生有效的互动,一个重要的艺术表现就是主动倾听。它的价值除了有助于更好地理解他人之外,还是一种明显地向对方表示尊重的方式。

主动倾听的目的是,领导者能有效地从其他人那里接收到正确的信息。为了让信息传递者愿意花时间向接收者提供有价值的信息,领导者在接受信息的过程中必须让下级觉得领导者在注意听他们讲话,否则,他们会很快结束与领导的交流。为了避免将他人拒于千里之外,领导者要注意提高自己的主动倾听技巧。这包括:

(1)用非语言动作表明你在倾听。如,把正在进行的其他工作放置一旁,在倾听的全过程中与说话者进行眼神接触,以表示出对说话者想说的内容是真正感兴趣的。有些领导者在倾听时下意识地拿笔胡乱涂画或把目光转向其他的东西,结果不但扰乱了下级的心情,而且这些领导者通常也一无所获。

(2)不轻易打断说话者,如果有问题非要插话时,先说对不起,然后提问,或要求进一步解释。

(3)有些信息很重要,并需要把它弄清楚,领导者最好用自己的话解释说话者的信息,通过说话者的反应证明传递的信息与接收的是否一致,或在多大程度上认可了和认同了信息传递者的真实内容。

主动倾听的最后效果是能充分理解信息传递者的真实意图,而不是像录音机那样把每一个字都记录下来,这就需要倾听者除了把握住传递者的表面意思外,还要注意捕捉他话语和非语言动作中所隐藏的"弦外之音"。为了达到这一目的,领导者听完全部信息后要进行积极地反馈。具体做法是,概括说话者所传递的重要内容,用自己的理解表达说话者的真实意图,以此确保领导者真正地理解了下级的真实内容。

[案例4-7]

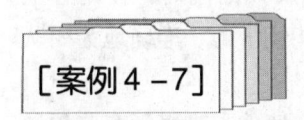

有一次甲某在与某领导交流的过程中，甲某说："张三永远也不会成为一名教师。"

领导者问："你的意思是他不喜欢和孩子打交道？或者你觉得他太没耐心了？"

甲某答："不，都不是。我只是认为他的品位太高了，教师的薪水无法满足他。"

启发与思考

这个案例中，领导者指出了他对甲某想法的理解，而这使甲某得以澄清他的意思。如果领导者只是说"噢"或"我知道你说的是什么意思"，他们都会错误地认为已达成了共识，而实际上他们的想法相差甚远。

4.2.4.6 提供建设性反馈的艺术

领导者与追随者产生有效地互动，不单是追随者向领导者提供有价值的信息，而且追随者还需要领导者能及时地给予积极的反馈。

提供建设性的反馈涉及与他人分享关于此人行为的性质、质量或影响的信息或感觉。它包括两个方面的内容：一是在沟通中积极地核实接受者对自己发出的信息的理解程度。根据互动的情况调整接下来的沟通活动。二是提供关于具体工作的相关反馈，如绩效反馈等。向下级反馈有关具体工作情况对下级的绩效和工作的继续展开是必不可少的。积极的具有建设性的反馈，对下级来讲是非常必要的。当下级需要反馈而得不到时，不仅下级失去了学习和成长的机会，而且还会影响士气，对领导者来讲，这种拒人千里之外的作风会造成组织内部凝聚力的丧失。

反馈要有所帮助，通过反馈能激发下级继续努力，促使下级根据所提供的信息改进自己的行为或措施。有效的领导者都注意采用积极的具有建设性的反馈方法，其核心是，向下级清楚地表明反馈的真实意图和目的，具体的内容有：

- 及时反馈。赢得追随者支持的领导者都能对下级需要的信息给予及时地反馈。研究表明，有些领导由于时间的压力，当下级要求反馈时，而没能及时地给予反馈，结果下级由此可能产生很多的疑虑，或有失望的情绪，这必然给工作产生负面影响。

● 建设性反馈。建设性反馈是指领导者在给予及时反馈的同时，在内容上要指出具体问题，提出恰当的建议。实践证明，领导者能经常地、准确地为团队成员和下级提供反馈，这会有利于提高组织的绩效。

领导者在提供反馈时应注意两点：第一，避免责备或使他人难堪。有些领导者由于对下级的要求过高，当发现下级的工作有问题时，他们往往采取伤害别人自尊心的反馈手法，如，"你这个人做事太差劲了，简直让人无法忍受。"这样，下级就会感到自己一无是处。一旦下级有受贬低的感觉，反馈就失去了积极的作用。第二，避免反馈时回避矛盾。还有些领导者害怕与下级产生冲突，他们尽量采取回避矛盾的方式对下级进行反馈，结果造成有些下级为所欲为，有些下级无法继续改进自己的工作。这些都会对组织和团队的事业造成不良的影响。

4.3 领导者推动事业发展的技能与艺术

4.3.1 领导用人的艺术

用人的根本目的就是让那些有才能、有成就感的人充分为组织贡献他们的聪明才智。领导的艺术体现在用人上，其关键是处理好与高成就动机者的关系和不拘一格选拔人才的问题。

4.3.1.1 处理好与高成就动机者的艺术

对领导者来说，处理好与高成就动机者的关系，其首要的工作是为他们提供发展的空间，对他们要有容人的雅量。善于用人的领导者都知道，对组织贡献最大，也最多的，只是少数人，而这些人又是很难驾驭的。在组织中，领导者与他们保持融洽的关系并不容易，因为双方都注意保持自己的自尊和权利，如果处理不当很可能产生矛盾。领导者怎样与这些人相处，对组织的发展影响很大。一般来讲，为了避免人际关系上的矛盾，领导者通常注意与他们平等相处，还要有容忍他们的雅量。

能与高成就动机者妥善相处只是第一步，领导者还要进一步做到为高成就动机者创造可持续发展的机会。具体做法主要有两点：

（1）培养他们学会系统的思维。当安排这类人参与或独立从事某项富有挑战性的工作时，要鼓励他们对这项工作进行充分的研究和分析，让他们形成整体的方案，如该项工作所依据的假设；对达到目标的可行性的清楚说明；指出该项工作可能出现的问题以及相关的预案。然后，领导者与他一起讨论他所形成的方案。对于年轻的高成就动机者来说，主管领导为他们提供如何去思考的机会，并适时地给予指导，这对他们的健康发展来说是必不可少的一个环节。

（2）培养他们提高实践的能力。在这方面领导者用人的原则是用人不疑，疑人不用，放手让他们发挥自己的才能，使他们的价值充分地体现出来。具体的实现途径有：给他们明确的目标和完成工作的确定日期。不直接干预，但给予必要的关注，并进行适当的参与，赞美他们的杰出表现，他们有了困难给予协助，对存在的问题给予指导或参谋意见。

领导者与高成就动机强烈的工作人员产生有效的互动，应具备这样的基本理念：在这些人员当中，绝大多数人员难以容忍专横跋扈的领导方式，他们反感对他们的严密监视和控制，不满意只让他们去做，不让他们参与，也不让他们知道内情的做法。为避免这些问题的出现，领导的技巧是，与他们进行充分的交流，并在此基础上形成互动。此外，这些人在工作的过程中更重视如何采取行动的意见，而不是一些原则、大道理或历史上曾如何。有高成就动机的工作人员认为最差劲的领导者莫过于保守、观念守旧、高高在上、怕别人超过自己，而不给下级机会。

有些领导者一直处于这样的困境之中，一方面为不能招募到有敏锐反应能力和创造力的人而烦恼，另一方面又认为高成就动机者很难相处、缺乏忠诚，有的时候很难留住他们。其实解除这些困境并不是没有办法，关键的问题在领导本身。一些领导把管理的焦点放在了奖惩制度上，认为只要对那些业绩好的人给予充分的物质奖励，大家就会拼命地干活。其实物质奖励是没有尽头的，当他发现，到别处更能发挥他的才能时，他很可能选择离开。因此说，对一个领导者来讲，只重视物质奖励是远远不够的，领导还应花些精力思考如何创造一个适合他们茁壮成长的环境。发挥人才的作用是不容易的，要想让他们心甘情愿地为组织贡献自己的资源，就要让他们感到这个环境虽然有压力，但非常有挑战性。

4.3.1.2　不拘一格选拔人才

不拘一格地选拔人才的方式很多，比如在社会上进行公开招聘，从内部晋升人员等。通过公开招聘的方式聘任管理人员虽然有诸多的益处，但在有晋升机会时，优先考虑组织内部的人员是非常必要的。只有当大家感到努力工作，有优异的表现就能得到提升时，人们才会把努力和期望结合起来，如果在晋升时忽略了内部有才干的下级，他们会感到非常失望，接下来的事情就是他们考虑什么时候跳槽。

对于留住人才和科学用人的重要性，无论如何强调都不过分。随着改革的不断深入，人才市场化的趋势日益明显，人才流动的问题日益突出。其表现主要有以下几个方面：

- 流向待遇较高的部门；
- 流向环境有利于自身发展的部门；
- 流向得到尊重和认可的部门。

人才的流动，对任何组织来说都是一场严峻的挑战。在现代的组织中，领导者要有容人之量、用才之能、爱才之心。

容人之量就是能容忍特殊人才的短处，特别是对他们的不足要有宽容的态度。用才之能主要表现为领导者能唯才是举，任人唯贤。具体的做法是根据人才的专长，把他们放在适合的岗位上，充分发挥他们的作用。爱才之心主要强调的是加强情感方面的关注，为人才的成长创造和谐的环境。从情感方面来讲，优秀的人才大都具有开拓和创新精神，因而他们所承担的"犯错误"和失败的风险要比常人大得多。面对困难，他们更需要理解和鼓励，一旦他们感到缺乏这样的环境和氛围，他们就会感到失望，在这样的情绪影响下，他们就很难再继续安心工作下去了。

4.3.2　抓主要问题，找出症结

成功的领导者在做事情或解决问题时都会遵循一些原则，抓主要问题，找出问题的症结就是一个很重要的原则。通过对领导实践经验的概括总结，研究者发现，高效能的领导者都是抓主要矛盾的高手。领导者抓主要矛盾可以通过树立主要矛盾对领导效能意义的观念、提高抓主要矛盾的技巧的方式来进行。

4.3.2.1　树立主要矛盾对领导效能意义的观念

在19世纪末20世纪初，意大利经济学家、社会学家巴莱多曾提出了"二八定律"。他指出，在任何一组东西中，最重要的只占其中一部分，约为20%。其余80%尽管是多数，却是次要的。把这条定律扩展到了社会生活的各个领域，他指出，在讨论会中，20%人的发言长于80%人的谈话；在一间教室里，20%的学生利用了老师80%的时间；销售公司里，大约20%的推销员会带来80%的新生意，如此等等。

这一定律对领导的活动也是具有指导意义的。领导者做的每一件事情，处理的每一个问题都要面对复杂的局面，如果找不到切入点，领导者面对的就是一个理不出头绪的乱麻团。采用这一法则，可以帮助你拿出改善问题的办法。

找到了解决问题的切入点以后，接下来要做的就是，如何进一步巩固20%，挖掘80%的潜力。挖掘的方式很多，如培训、淘汰等。抓住了问题的要点，找出了解决问题的方法，就可以把事业做大、做好。

做任何事情或解决任何一个问题，都有许多相关的数据或涉及许多因素，很多人由于常常被这些复杂的因素搞得焦头烂额，虽然他们花费了许多时间和精力，结果什么问题也没解决。究其原因，他们没有做到对其中大多数的数据和因素加以忽略。

对一个领导者来说，如果他什么都顾及，结果往往是哪一件事情都做不到最好。谁也不可能把整个海洋煮沸。这就是说，不要试图去分析所有的事情，要有所取、有所舍，从关键的问题入手，找出所做事情的优先顺序。否则的话，即使你花费了很多的时间和精力，你也会收效甚微的。

4.3.2.2 提高抓主要矛盾的技巧

领导者的主要责任是不断地推动事业向前发展，要想推动事业进一步发展，它就会涉及一些动力因素，从这些动力因素中找出关键的驱动因素是领导者不可缺少的一个技能。领导者在掌握一项技能时可以从以下几个方面入手：

（1）先做容易见效的事情。有的时候，在工作中我们难免陷入困境，团队成员也因此会有焦躁或失望情绪。面对这种情况，鼓舞士气是首要的事情。如何重振大家的士气？那就是抓住机会做几件成功的事情。这就涉及做事的方法问题。一般在这种情况下，领导者应选择那些较容易取得成功的事情去做。创造了小的胜利，就会提高人们的信心，鼓舞出士气。有了士气，人们对工作产生了热情，不利的局势就可能因此而得到扭转。先做容易成功的事情，然后由简单到复杂，这不但能让人们看到成绩，也有助于不断地推动工作向纵深发展。在这一过程中也容易得到别人的支持。

（2）安排好工作顺序，然后一个接一个地去做。领导者面对的事物很多，只有从众多的事物中找出影响全局的关键环节，才能举重若轻，稳步推进。一般来讲，影响全局的关键是由几个要素构成的。如何处理这几个关键的要素呢？其中的技巧是先易后难，然后按照难易程度进行层层剥离，使问题有序地得到解决。中国有句俗话叫"贪多嚼不烂"，对于推动事业发展的领导者来说也是一样，他不可能同时把每件事情都干好，所以，当一件事情能确保完成时，领导者才可以启动第二项工程。否则无论在时间上，还是在精力上，领导者都难以吃得消，如果是这样的话，也就别指望出色地做好每一项工作了。

(3) 关注大局，协调各方面的工作。高效率的领导在工作上讲究简单、快捷和富有成效。这就要求领导者做事情要关注大局，协调各方面的工作。因此，领导者应不时地从具体工作中解脱出来，想一想整体的工作情况，问自己一些最基本的问题：你正在做的事情对全局工作的整体推进如何？下一步应该重点解决什么问题，哪一个是下一步的重要事情？有些领导者由于埋头于许多具体工作，满足于事无巨细的各种要求，这样的领导看上去是很辛苦，但他很容易失去抓主要矛盾的目标。

当领导者感觉到被琐事缠身时，他就应该马上引起警觉，提醒自己是不是在做自己应该干的事情，是不是抢了别人的事情，是不是忽略了对整体的思考，通过反思之后，找出事物的先后顺序，然后逐步地安排下去。

(4) 不要越俎代庖。把自己的事做好，别试图干整个团队的工作。这是因为，一个人的精力和才能是有限的，他不可能包揽一切，如果这样做了，可以肯定地说，他将一事无成。什么都做，结果什么都做不好。作为一个领导者，一旦你越俎代庖，做了本应该其他人做的工作，慢慢地，你周围的人都会把工作推给你。从此，你也就失去了别人对你的支持。领导的工作就是能把具体的工作分派到适合的人手中，并确保他们能出色地完成任务。

自己试图把一切都做完，你不但不会赢得别人的尊重和赞美，相反，别人会对你感到非常失望。因为工作上的许多问题是很复杂的，它需要集大家的智慧和经验共同完成。如果你习惯于唱独角戏，而没有调动团队其他成员来共同解决问题，那你就是在浪费宝贵的组织资源。

4.3.2.3 解决冲突的技能与艺术

冲突在组织中是普遍存在的，它是一把双刃剑，如果对冲突处理不好，它会造成组织混乱，如果对冲突加以利用，它会推动组织健康地发展。对一个经验丰富、艺术高超的领导者来讲，他总是能让冲突化为动力，推动组织向前发展。这样的领导者为什么能使冲突产生这样的结果呢？因为，他们知道之所以出现冲突，是因为对立的双方都希望为自己的部门做出更理想的决策。领导者如果对冲突双方的观点进行认真地思考，并加以积极地引导和正确地处理，就可以从中发现新思路，找出解决问题的最佳途径，并让冲突的不利方面转化为有利的方面。能有效地驾驭冲突的领导者都注意加强以下的技能训练：

(1) 把握冲突的肇因。引起冲突的原因很多，这里着重探讨两点，即沟通缺乏共同的基础和由个体的意愿引发的冲突。

沟通缺乏共同的基础主要指由于缺少共同的背景和相互熟悉的术语，导致人们在交流过程中产生的歧义。在一个团队里，成员之间要想达成共识必须依据两个基本前提：

一个是把意见建立在共同掌握的事实的基础之上，如果每个人都按照自己的感觉出发，这必然会引发冲突，在这样的背景下，要想取得一致的意见，办法只有一个，那就是大家服从权威。事实表明，这种达成一致的方法将对人力资源造成浪费，也是创造力的最大障碍。如果在大家讨论之前，让大家充分地了解背景的事实材料，那么，在讨论的过程中，人们就围绕事实阐述自己的见解，提出自己的方案，好的决策就是在一定的背景下经过充分地酝酿，并在众多的方案中进行优选的结果。

另一个是团队在形成决议的过程中缺少大家都熟悉的术语，这必然造成相互之间不能完全理解对方的真实含义。克服这种现象就应在团队内部要使用标准的语言，既在交流过程中要求大家使用共同熟悉的概念。

（2）努力达到双赢的效果。由个体的原因引发的冲突主要包括价值取向的不同、权力的斗争和个人的差异。有些组织之所以经常出现人际关系紧张，对待某个事物的态度各异，其主要原因是这个组织缺少共同的文化基础。这样就导致每个人都按自己的处世哲学来对待事物，由于每个人都依据自己的观念评价事物，这就造成了在共同探讨问题时会出现认识差异和行动上的冲突。

权力的斗争也是组织冲突的一种表现。造成权力斗争的原因很多，从个人角度讲，主要是因为每个领导都想在组织事物中为自己的团队争取更多的权益。就拿行政与业务部门来说，业务部门要求有业绩奖励，行政部门的人就没有，因而在制定奖励制度时就会产生组织上的冲突。

个人由于目标的差异也会引起冲突。组织为了达到某一发展战略目标，就要制定有关的倾向性政策，这个政策必然对一些人有利，对另一些人不利，分歧也就产生了。领导的一项重要工作就是处理好由个体原因所造成的组织冲突。具体解决方法是向有关各方指出，组织采取这样的措施，从远景看，它对每一方都是有益处的。组织会想办法给不利的一方以事后的补偿。

（3）让冲突化为动力。组织中出现冲突是不可避免的。但如果不能妥善处理好冲突，就难免要激化矛盾，领导的方法在化解冲突中的表现是，综合大家的意见，结合组织发展的要求，积极引导，创造出一个大家都能接受的方案。

领导不应卷入冲突之中。平衡各方面的意见和权益是化解冲突的首要原则。冲突的各方在其意见中多少都掺进了个人的情绪，这就需要领导者从全局的角度对各方的意见加以取舍，形成一个大家都能接受的方案。领导者应善于利用冲突，不要回避冲突。很多创造性的见解都是在意见的碰撞中出现的。领导者只要对冲突加以积极地引导，及时地综合各方积极的、有价值的观点，一些好的想法就可能从中产生。如果领导一开始就站到冲突的某一方中，那必然导致另一方对你的不满，在这种情况下，即使你所做的决策符合整体利益，一些人也难以接受。因此，领导者陷入冲突之中是一种很不明智的做法。

在化解冲突的过程中要注意照顾各方面的情绪，让各方都能感到自己是赢家。采用双赢的策略是领导艺术的一项重要内容。达到此效果的方法是，充分肯定各方有价值的观点和方案，同时也尽量说服各方做出必要的退让。这里值得注意的是，冲突的解决有时不是一次完成的，有时也不完全是在会议上解决的，会下与各方分别会谈也是必不可少的一个环节。

4.3.2.4 控制与授权的技能与艺术

领导者在推动事业发展的过程中，一直面对的两难处境是控制和授权的问题。领导的主要责任是运用组织赋予的权力实现组织的目标，为达到这一点，领导者必须有效地控制组织的各种资源，并把它们有效地投入到推动组织事业的发展中去。对于下级来讲，他们所关心的核心问题是在为组织目标奋斗的过程中如何让自己的潜能最大限度地发挥出来，以实现自己的理想和目标。领导的责任和下级意愿之间的焦点问题就涉及了控制和授权的关系问题。

对于领导而言，控制就是从外部对执行者和执行组织的活动和运行状况进行宏观把握，对其偏离未来目标的行为或活动进行监控、校正、引导，以保证其组织在实现未来目标的过程中保持相对的稳定和有序运动，防止组织运行的失控和组织的瓦解，从而高效能地实现组织目标。

控制涉及两大类，即系统和人。控制包括按照行政法规和规章所进行的规范控制，对组织活动过程中的问题和缺陷加以纠正的组织行为控制，以定期考核和奖惩，以及通过感情沟通所进行的非正式组织控制。

控制的任务在于寻求组织的稳定，防止组织行动的无序和混乱。在领导活动中如何既保护组织稳定又使组织充满活力，这是领导控制的难点。然而现代的领导者在控制过程中必须在组织稳定与组织活力之间寻求一种平衡，这一点与传统的领导方式有着重大的区别。

传统的领导者为了实现有效的控制，把自己放置在金字塔顶部，通过直接控制各个执行部门来实现领导工作。为要求各个部门的执行领导直接响应他们的意图，最高层的领导者从不提倡下级的自主行为，因为他们担心下级如果拥有自主权，就会影响他们的权威和控制力。

现代高效的领导方式已把焦点从控制转向了"如何授权"才能更有利于推

动组织的发展上。授权是组织将权力下放给基层人员，让他们根据实际情况自觉地采取行动。授权的目的是避免将权力集中在少数人的手中，让领导者，特别是主要领导人从繁杂的事物中解脱出来。授权的意义是，它既有利于领导者把主要精力集中于有关组织发展的重大事项上来，也有利于充分利用人力资源的整体效能。授权给第一线人员也是有效促进基层领导能力的提高，从中发现人才的一个有效途径。

在现代的组织行为中，授权已成为流行的概念。研究表明，在一个组织中当授权已成为组织文化的重要组成部分，并能在领导活动中得到充分地体现时，人们才能在承担责任的过程中有自主权和责任感，并在此基础上激发出他们的潜能。然而，在实际工作中，它还是经常被忽视的。究其原因，这里的问题一般出现在组织缺乏相关的规定，领导者缺少授权意识和方法。从对有效与无效的领导研究成果看，某些领导者在行使权力的过程中通常是只委派任务，而不授予完成任务的职权，这种方式的领导者是那些喜欢对下级进行严密控制的人，他们总是担心一旦下级拥有自主权，自己的权威就可能受到挑战。

高效能的领导者都精通如何处理控制与授权的艺术，具体的技巧是，他们只行使掌舵的权力，至于如何划桨，怎样用力才最有效率等问题，他们放手让下级去做。高层领导者只从宏观上进行控制，所有细节都让下级自己决定。这种放权给下级的积极意义至少有以下两个方面：一是可以充分调动所有人的积极性；二是能有效地激发出他们的创造精神。

[案例4-8]

陈处长结算了一下上个月部门搞活动的经费，发现有一千多块钱没有用完。按照惯例他会用这笔钱请手下员工吃一顿，于是他走到办公室叫员工小马通知其他人晚上吃饭。

快到办公室时，陈处长听到办公室里有人在交谈，他从门缝看过去，原来是小马和另一个部门的员工小李两人在里面。

"呃，"小李对小马说，"你们处长对你们很关心嘛，我看见他经常请你们吃饭。"

"得了吧，"小马不屑地说道，"他就这么点本事来笼络人心，遇到我们真正需要他关心、帮助的事情，他没一件办成的。你拿上次办培训班的事来说吧，谁都知道如果能上这个培训班，工作能力会得到很大提高，升职的机会也会大大增加。我们部门几个人都很想去，但陈处长却一点都没有反应，也没积极为我们争取，结果让别的部门抢了先。我真的怀疑他有没有真正关心过我们。"

"别不高兴了，"小李说，"走，吃饭去吧。"

陈处长只能悄悄地走回自己的办公室。

启发与思考

陈处长作为中层，手中掌握的资源有限，不可能经常给员工加薪和升职。他只能利用手中现有的一点权力进行"小恩小惠"，这样来博得下级的好感，融洽人际关系，为工作增添"润滑剂"。但是在这个案例中陈处长的"小恩小惠"得到了下级的抱怨，问题出在哪儿？是他与下级的关注点不一致。员工最重要和最基本的需求没有得到满足，即培训的机会没有争取到，所以对员工来说，"小恩小惠"就没有意义了。领导者要赢得下级的好感，最主要的事情是要关心下属们的发展问题。

4.4 召开会议

会议是组织生活的一个重要组成部分。任何领导者都无法避免它，都要通过它产生共识，形成决策，完成组织的目标。既然会议如此重要，它就需要领导者认真研究召开会议的方法和让会议产生最大效果的艺术。

4.4.1 召开会议的必要性

会议是组织解决问题、酝酿良策、分享信息和做出重大决策的有效途径。然而，会议过于频繁，人们就会害怕开会。相反，如果一个部门长期不开会，人们就会变得一盘散沙。因此，确定是否需要召开会议，如何提高会议的实效性，让人们愿意参加会议，领导者必须为此花费一些心思。领导者每次召开会议之前都应考虑是否有必要召开会议，这次会议应解决什么问题。如果领导者不精心策划会议，就会造成如下的问题：

- 会议过于频繁。这不但影响正常工作，而且还会出现让人感到在浪费时间。
- 一次会议的时间过长，会后领导们不得不熬夜加班干活，使人身心疲惫，影响工作的整体效果。
- 找种种借口延期开会，结果影响了及时传达贯彻有关文件精神和上级领导布置的工作任务，也造成部门内部缺少有效的交流和沟通，导致每个人只知道做自己的具体事物，缺乏大局观和整体合力。

通过对有关会议方面的问题的研究，人们发现直接影响会议效率和效果的关键因素是：在召开会议之前领导者是否对这次会议确立了明确的目标，并预先对它进行精心地策划和组织。下面的这个案例从一定的程度上说明了这一问题。

[案例4-9]

某部门由于工作原因，部门成员经常到外地调研、开会和考察各地区有关情况，因此，领导很难把大家召集起来开一次会，即使这样，这个部门领导还是努力克服困难，每个月把大家集中起来召开几次会议。对于召开会议的必要性，大家都是认可的，可是大家对会议的组织方式和结果又感到不满，其主要的问题是，每次开会大家不是枯燥地学习文件，就是不着边际地讨论问题，最终无法形成有效的决策。结果，决策都是由领导者根据自己的见解和经验做出的，大家也就被动地听从领导的安排。这样一来，大家不但感到会议期间的大部分时间被白白浪费，而且一些人由于缺乏对决策的正确理解经常在工作上出错。

为了克服会议无效率和无结果的问题，部门领导对会议方式进行了改革，制定了会议流程和具体要求。其具体方式是，领导把会议议题和有关的资料在开会的前五天分发给与会者，让他们能尽早熟悉议题的主要内容，要求每个人在开会时拿出自己的方案，然后在会上以公开和坦诚的方式进行讨论，最终在共识的基础上形成决议。这一变革大大提高了决策的质量和速度，也使每个人充分地了解了如何根据决策创造性地开展工作，结果，部门的出错率不但得到了有效的控制，而且每个人的工作也做得有声有色。

启发与思考

高效率和高质量的会议虽然各有特色，但它们都有以下的共性：主题明确、重点突出；让会议成为大家相互交流、相互启发和互动的场所，领导者要尽量避免在会上唱独角戏；要使每次会议都能做到有议有决，然后按照分工与协作的原则把工作布置下去。

4.4.2 会议所遵循的常规模式

召开会议一般都遵循以下常规模式：

- 开会通知、制定会议议程和做会议记录。会议记录包括：会议的时间、地点和主题；到会者姓名；发言者姓名；发言和讨论的主题；决议和工作安排。

- 在开会通知上要明确时间地点和会议主题。
- 会议主持人在会议开始时要向与会人员公布会议的议项和主题发言人。开会由于主题不同，因此对会议过程的要求也不一样。如果是传达上级文件或指示精神，传达人会前应做好准备。
- 如果是决策型会议，在决策前会议主持人或有关领导通常先做有信息类的发言，然后进行讨论和决策。
- 无论是哪种类型的会议，会议结束时主要领导都要做会议总结，让到会者有一种结束感。

4.4.3 组织会议的技巧

开会的目的是围绕目标形成有效的决策，然而在形成决议的过程中，会出现很多问题，如果领导者缺乏处理相关问题的艺术，会议就很难取得预期的效果。为了使会议能取得预期的成效，在会议过程中，领导者应注意以下问题。

4.4.3.1 会议中的各个阶段

召开会议时要轻装上阵。就像一个人出差一样，旅行者应把自己所要携带的东西缩减到必须带的那几样。领导者无论主持什么会议，他首先要减掉那些与此无关的内容或事项，这样可以避免眉毛胡子一把抓，导致最后出现该做的没做，不该做或不该眼下做的却搅得你身心疲惫。

为了使会议有成效，领导者要注意把握好整个会议进程中的三个阶段，即会议开始阶段、形成决议阶段和会议结束阶段。会议开始时领导者首先要精练地概括会议议程，明确主要议题，突出重点，以确保每一个人都能掌握重要事件、议题和问题的新动向。这里要注意的是，每次会议的事项不要过于繁杂，有些能缓的事情，可以缓一缓，这样可以保证会议重点突出，内容集中。

会议开始之后，要尽量按日程表进行，并确保在会议确定的时间内讨论所规定的内容。因为，在开会的过程中，总会有人发言偏离主题或避重就轻，有人会顺着前面的发言谈一些离题的问题。这时会议主持者如果不加以控制，大家的注意力就会被分散。

领导者需要发挥主持会议的艺术，把人们的注意力既集中在主题上，又让人们感到有一个宽松的环境。在会议上可以听任发言人稍微地跑跑题，也准许人们开一些玩笑，但片刻之后就要引导大家把精力重新集中到主题上。如果会议必须得开上半天，尽可能让大家有半个小时的休息时间，让大家放松一下，这样也可以使大家顺便整理一下思路，调整一下情绪。

会议结束时要有明确的结论。如果会议结束后，大家对会议的结果含混不清的话，就会对会议感到失望，并把领导看成是议而不决的人，长此以往，大家在开会之前就不会做认真准备，在会议过程中人虽然坐在会议室，而心思却游离在外。

为了让会议有成效，领导者除了明确主题外，还要规划好每次会议的时间。如果把会议时间定得太短，那显然不能形成充分的互动；如果把会议的时间拉得过长，那么会议的收效就会急剧下降。调查发现，一般把会议的时间确定在两个小时左右比较合适。超出了这个时间段，人们就开始变得疲惫、焦躁、迟钝。

4.4.3.2 化解会议的冲突

会议是产生冲突最多的地方，也是解决冲突的最好场所。充分利用会议解决冲突，领导者要有预知会议可能出现冲突程度的能力。为了有效地应对会议的冲突，使会议最终达成一致的意见，领导者在召开会议之前要思考、设计运用什么样的方式达到所设计的目标。之后要思考怎样把有关事项告知与会者们，并估量一下与会者会对会议的主题有什么样的反应，大家都会提出什么样的建议，以及与会者可能对目标形成什么样的阻力，等等。最后规划一下会议的议程。

为了避免分歧复杂化，会议开始时，经验丰富的领导者总是从大家都了解的实际情况开始。这样的领导者知道，参加会议的人一旦知道了实际情况，他们就会根据实情调整自己的立场。当大家在事实的基础上充分发表了意见以后，接下来就是决策问题。这时也是开始争论的阶段，主持人在这时运用制止和提示的技巧很重要。所谓制止就是及时制止住偏离主题的讨论，一旦出现这种情况，你可以指出："这个问题在这次会议中暂不进行讨论。"当出现你认为可行的想法时，你可以向大家提示说："这个想法可以进一步研究或我认为这个想法可行。"最后决策时，如果能达到双赢的效果更好，如果不能，也不要为了让一些人满意而放弃原则。此刻的原则是组织的利益高于一切。当会议结束时，你要做的事情是，宣布散会，然后马上离开会场，以避免节外生枝。

4.4.3.3 让沟通渠道始终畅通

会议的目的是进行信息的广泛交流，经过加工和撞击，形成具体决策。为了充分体现脑力激荡的价值，领导者在主持会议的过程中应对所有人员的建议和抱怨都给予充分地重视，并力争做到及时反馈。反馈时，凡能够采纳的、解决的事项，都要明确地给予答复，如果不能解决的或暂时不能实施的，也要解释清楚。这种双向交流和沟通必须让每个人都有一种参与感，使每个人感到自己通过参会而受到了组织的重视。领导者要想从别人那里得到想要的东西，首先要具备从别人身上获取资源的领导艺术。这种艺术的核心是，领导者应对每一个人都要表现出应有的尊重。研究表明，领导者只要给他人以充分的尊重，上下级之间就会在良好的沟通中形成一种共赢的局面。

4.4.3.4 寻求支持者的艺术

有的时候领导者需要自己拿出方案，让大家讨论。即使这个方案是出色的，其结构严密而符合实际，领导者在把它清晰而准确地展示给大家时，还是要想一想如何争取到多方面人士对它的接受和认可。显然，在赢得别人的认可时，你不可能向每个人都照本宣读你的方案，只能在介绍要点的过程中通过互动，说服别人支持你的方案。在会议上争取其他人的支持，领导者要注意修炼以下几项艺术：

（1）对待反对者的艺术。一个议案很可能不会让每个与会者都满意。如何对待持不同意见者呢？有效的方法是，要求反对者把所提方案中他们不喜欢的一切内容都讲出来，一旦他们讲完了，就让他们提出他们自己认为的那些可行的方案。这一技巧具有两个方面的意义：第一，它可以产生我们事先没有想到的更出色的方案；第二，它还可以有效地否决掉带有敌意的反对者的意见，最终能最大限度地达成共识，并得到大多数的支持。

（2）让怀疑者和反对者转变为支持者的艺术。召开会议的目的是为了让方案更加完善，更符合实际。由于每个人的个性、处事风格不同，即使大家都了解了相关的背景，掌握了相同的事实资料，在形成决议过程中，大家也不会都提出相同的观点。甚至有些人会提出"坏主意"，也有些人会对最初的方案提出反对意见。领导者如果对"坏主意"或反对意见大加指责，那么，会议就失去了获得好思想的机会。鼓励发表不同的见解，允许不同观点之间的碰撞是会议的一个重要组成部分。因为争论有助于激发思维亮点，产生新思想，发现新问题，有助于大家分辨哪个是好的方案，哪些方案是不可取的。当团队成员都经历了对背景、事实和各种观点的梳理和分析后，一个满意的方案也就开始形成了。

（3）不要担心自己的意见被否决。无论你想得多么周到，也难免挂一漏万。如果在会议结束时你的意见还没有得到大家的认可，或还存在一些分歧，那就得忍痛割爱，该放弃的就毫不犹豫地放弃，该采纳别人意见的，就应该积极地接受。领导者应该把自己的意见作为抛砖引玉的手段，其目的是有助于团队成员共同形成有效的方案。如果一个领导者固执己见，并在会议上拒绝一切通融和妥协，极有可能会背离当初自己召开会议的本来目标。

此外，针对不同层次的听众，陈述方案的方法是有区别的。假如在会上向上级阐述自己的方案，你所采用的方法和技巧就应与向你的下级有所区别。对你的上级来讲，你要赢得的是，他们对你方案的肯定。所以你要从全局，特别是从有利于他们的整体思路出发，而且让你的论点很有说服力，这样他们才会支持你。对你的下级来说，你要争取他们的支持，并保证他们出色地完成这项工作，这时你就应把你的方案裁剪得适合他们。比如说，向下级除了讲明该方案的意义外，还要重点地说明要干什么、为什么这样干。向大家解释清楚后，接下来让大家补充和完善，这样做，既尊重了他们，又可以从他们那里获取了有价值的建议。采取这样的方法，在多数时候他们都会积极响应的。

4.4.3.5 培育团队在会议上有效思考问题和阐述问题的方法

解决问题是任何领导者在工作中都无法回避的事情。从对问题解决的结果看，有的领导者把问题处理得非常得当，而有的却把问题搞得一团糟。究其原因，这与思考问题的方法和解决问题的方式有关。

如何建立解决问题的方法？可以参考注意以下三点：以事实为基础，严格的结构化，以假设为导向。

解决问题从事实入手，就是要求所有参加会议者学会掌握必要的资料并能对它进行研究和梳理，在此基础上提出自己的见解或形成初步的方案，然后让团队成员进一步分析事实、完善方案。把问题建立在事实的基础之上能有效地克服偏见。每个人都有他自己独特的思考问题和处理问题的方式，如果缺乏事实的支持，各种不同意见是很难得到统一的。只有在事实基础上产生的共识，才能在行为上形成合力。

事实所产生的成效是不可否认的，然而，在领导活动中回避事实也是常有的事情，很多领导工作的失败，都与回避事实有着直接的关系。究其原因，他们大都重理论和教条，对事实熟视无睹。无数事例表明，只有尊重事实，依据事实，领导工作才能取得成效。

事实就像一块璞玉，它需要精细地雕琢。一个领导者如果想要把握真正的事实，他必须剥掉纷繁复杂的表面现象，让事实真正地显现出来，这就需要领导者掌握显示事实威力的方法。其具体的途径是，在会议召开之初，会议主持者首先应把研究整理好的事实，形成几个要点或整理成条理清楚的提要，传给与会的人看。一旦与会的每一个人都把所有整理好的事实阅读过了，那么到了产生思想的时候，他们就有了共同的背景和知识基础。

有了事实基础，接下来做什么呢？一般有两种做法：一是自己要对问题和资料的框架做到心中有数，但在决议前不拿出答案，等到大家充分讨论并达成共识后，再形成方案。二是先拿出一个初步方案，让大家在此基础上完善。持这种方法的人认为，如果提前没有设想，你就得四处寻求主意，这样会浪费很多时间。

这两种做法都有它的可行之处，但是如果能综合一下，那就会更有效率和效果。领导者决定把某件事情上会，必须提前收集足够的事实，形成初步的设想。接下来如何把事实和设想达到预期的效果，这就涉及领导的艺术问题。如果会议一开始，主持会议的领导就说，"有这样的事情，我已做好了方案，看看大家还有没有什么意见，如果没有，那就这样做了。"这样结果会怎样呢？有的人会想，既然你决定了，我也就没什么好说的了。还有的人感到很失望，极端的做法是采取不支持的态度。正确的方法应该是，开会之前或会上把议题的背景资料和事实材料让大家有个充分的了解，在这个基础上提出自己的想法，如"我认为情况可能是这样的，这有一个初步的方案，让我们大家一起来论证一下"。这样大家就愿意积极参与了，并尽其所能创造性地提供他们自己的见解。

有事实基础，大家才能围绕事实充分地讨论某一个方案，在过程中，大家无论是对它进行支持、修正，还是反对，这都有利于团队充分地自由发挥自己的才能，有利于形成方案。

4.4.4 做会议记录

通常会议上都有专人做记录。领导者是不是就不需要再做记录了呢？在会上，领导者自己做记录非常重要。有很多激发人灵感的观点和思想一般在专人的记录本上是很难显现出来的。领导者应把在会议上捕捉到的重要信息或激发出的灵感马上记录下来，如果没有及时记录下来，过后就很容易把它忘掉。因此，当场把它写下来，会后再进一步整理、综合，变成自己的意见，这对日后开展工作是非常有利的。

[案例 4-10]　　　　团队开会艺术

赵某是某部门的新进人员，从未在团队中主持过会议，而且，每一次进行会议主持技巧训练时，他总是想尽各种理由不出席，他想，会议主持哪有什么技巧，还不是浪费时间吗？这一天终于轮到了他担任会议主持人。赵某觉得头顶上似乎多了一个光环，于是，他想乘机好好地表现一番，以向团队中其他成员证明自己的能力。

会议一开始，赵某就针对今天要讨论的内容，发表他个人的意见，他滔滔不绝地说了二十五分钟，一点儿也没注意到其他与会者的反应。流程观察员的钱某终于忍耐不了，委婉地请赵某注意时间的掌控，赵某才关上了话匣子。孙某听完了赵某的长篇大论之后，提出了与赵某相左的意见，赵某面无表情地看着天花板，还没等到孙某说完，就打断了他的话，断定孙某提了个不可能做到的方案，根本没有讨论的必要。会议室里出现了数分钟尴尬的寂静……

"叮—叮—叮"，手机的声音打破了寂静，赵某看了看自己的手机，跟大家说了声抱歉，就匆忙地离开了主持人的座位，走出会议室打电话。其他人只能坐在会议室中耐心等待……

为了打发时间，李女士就和周女士私下讨论起某当红女明星究竟有没有捐款给希望小学。将近十分钟后，赵某回到了主持人的座位，李女士和周女士聊得正起劲，没有要停下来的意思，赵某不但没有请她们转回正题，反而还对女明星评论了一番。钱某举起了会议议程安排，大家才停止对明星的讨论，但赵某仍意犹未尽，根本没把钱某的举动放在心上。

会议继续进行下去，孙某想把他刚刚还没讲完的话讲完，赵某再次打断了他，孙某觉得很不服气，拍了一下桌子，于是两人就在会议室中你一言我一语，直争得面红耳赤……

这次会议唯一做成的结论是——会议延期。

启发与思考

这次会议的问题在哪里？应该如何改进？

☞ 思考题

1. 美国学者戴维布雷福德和艾伦科思在《追求卓越的管理》一书中指出，领导者可以分为三类，师傅型领导，那是经验管理的产物；指挥型领导，那是科学管理的成果；育才型领导，那是面向未来的文化管理模式的要求。你遇见过哪类领导？你又是哪类领导？结合自己的工作经历，谈谈体会。
2. 你觉得领导者和管理者之间有区别吗？区别在哪里？
3. 正职与副职的区别在哪里？如何协调处理好相互关系？
4. 你认为应如何组织本部门内部工作会谈才能提高工作效率？
5. 应如何协调处理好高成就动机者和普通工作人员的关系？

☞ 推荐阅读

1.《领导学》，[美]理查德·哈格斯，朱舟等译，清华大学出版社，2004年版。

2.《经营未来》，[美]阿尔夫·钱德勒，张宁译，企业管理出版社，1997年版。

3.《未来的领导》，[美]F.赫塞尔本，吕一凡等译，四川人民出版社，1998年版。

4.《未来的组织》，[美]F.赫塞尔本，胡苏云等译，四川人民出版社，1998年版。

5.《麦肯锡方法》，[美]埃森·拉塞尔，赵睿等译，华夏出版社，2001年版。

第5单元 团队建设

■ 引 言

"火车跑得快,全靠车头带"。领导干部的重要作用就是通过团队建设,将大家的努力形成合力,使团队的绩效大于个体成员的总和。近年来,财政改革和发展的任务格外繁重,对于财政部门的领导干部来说,更应注意不断了解和建设自己的团队,以高质高效完成这些任务。

■ 学习目的

- 掌握团队内涵,感悟团队精神;
- 优化领导心理,形成凝聚合力;
- 提高建设高效团队能力。

■ 引 例

克林顿内阁的团队训练

世界上有"团队",也有"伟大的团队"。如何将前者变为后者,则是每一个领导心中的美梦。美国前总统克林顿就任总统后的第一件事,就是对其主要行政人员进行团队训练。在第一次内阁会议上,克林顿请来两位专家。这两位专家要求所有内阁成员带上自己的简历,谈谈他们生活中令人振奋的经历。在其后的讨论会上,两位专家又请他们谈谈在简历中没有提到的重大个人事件。轮到克林顿时,这位新总统告诉大家,童年时,他是一个"小胖子",别的孩子都嘲笑他,这自然拉近了总统作为团队首要成员与其他成员的心理距离。

能力提升（管理卷）

> **启发与思考**
>
> "伟大的团队"都有一个卓越的富有远见的领导——他能集结人才，鼓励创造力，让团队成员充分发挥特长。克林顿安排的这种团队训练，目的是让内阁成员们更多地相互理解，明白如何运用自己的个性特征为群体做贡献，如何更多地互相学习，如何密切合作去解决面临的大量问题。他们真正从一群人变成了一个合作互助的团队。

5.1 团队与团队精神

5.1.1 什么是团队

［案例 5-1］ 新龟兔赛跑

龟兔第一次比赛，兔子骄傲，半路睡觉了，所以乌龟跑了第一。

第二次兔子吸取教训，一口气跑到终点，结果兔子赢了乌龟。

乌龟又不服气，要求第三次比赛，并且由他指定路线。兔子自恃跑得快，就爽快答应。赛跑开始了，兔子又跑在前面。但不幸的是，快到终点一条河挡在前面，兔子过不去。这时候乌龟慢慢爬到，爬过了河。第三次赛跑，乌龟又赢了。

经过三轮的比拼，兔子和乌龟开始捉摸：咱俩干吗老比赛啊，不如咱优势互补，开展合作吧……一拍即合。于是，新的征程开始了：陆地上，兔子背着乌龟跑；过河的时候，乌龟则驮着兔子游。最终两人同时到达了终点，实现了双赢。

启发与思考

龟兔赛跑的经历和结果，前三次给我们的启示分别是：一是自己处于劣势的时候，不要气馁、不要松懈，要坚持到底，等待对手犯错误。二是要善于把潜在的优势转化成现实的优势。三是要及时调整策略、改变策略。龟兔第四次赛跑给我们什么经验启示呢？北京大学厉以宁教授认为：除了通过协作而获得双赢这个启示外，还更要懂得双赢和优势互补是建立在互相信任的基础上，必须根据对手要互相信任才能合作。假定没有诚信，龟兔若无合作的诚信最终都会失败，甚至有生命危险！乌龟不诚信可能把兔子甩掉河里淹死，兔子不诚信可能在第三段路上把乌龟甩掉摔死。搞经济也是如此，两个经济实体要以诚信为本，通过协作优势互补达到双赢，可以保障经济协调、可持续发展，否则双双失败，乃至破产！

弥补个人不足，发挥整体优势，这便是团队存在的价值所在。

资料来源：厉以宁："新'龟兔赛跑'的经济学意义"，《新华日报》，2007年3月7日(有删改)。

团队，虽然是近年来我们经常听到或者经常挂在嘴边的新名词。但是要问您：什么是团队？这个看似简单而又很少有人注意的问题，大家往往凭直觉判断，认为团队就是一些人一起做某件事情，除此之外，就很难从根源上和实质上加以理解。因此，开宗明义，我们首先要讨论这个问题。

团队，又叫工作团队。美国组织行为学专家斯蒂芬·P·罗宾斯在比较它与群体的异同时认为，工作团队是通过其成员的共同努力能够产生积极协同作用，其团队成员努力的结果使团队的绩效水平远大于个体成员绩效的总和。[1] 这个定义启示我们：团队不等于群体。因为在工作群体中，成员只是通过相互作用，共享信息以帮助自己更好地承担责任，并不一定要参加到需要共同努力的集体工作中去，也不存在成员间的积极协调沟通，群体的工作绩效仅仅是个体工作绩效的总和。

我们再把视线转移到国内，有的研究者认为，团队"是由为数不多的员工根据功能性任务组成的工作单位，其主要特征是团队成员承诺共同的工作目标和方法，相互积极配合协作，相互承担责任的工作单位"。[2] 也有人认为，团队"是指一群为数不多的员工，他们的知识、技能互补，他们承诺于共同的行为目标，并且保持相互负责的工作关系"。[3] 还有的认为，团队"就是由少数有互补技能，愿意为了共同的目的、业绩目标和方法而共同承担领导职能的成员组成的群体"，[4] 等等。

尽管仁者见仁，智者见智，但是，我们仍然可以透过这些描述，找到一些构成团队的共同要素，这就是目标、定位、职权、计划和人员。因为这五个要素的英文第一个字母都是P，所以我们把团队的构成要素简称为"5P"，即目标（Purpose）、定位（Place）、职权（Power）、计划（Plan）和人员（People）。

---

[1] 斯蒂芬·P·罗宾斯著：《组织行为学》（第七版），中国人民大学出版社，1997年版，第270页。
[2] 严梅福："团队管理与团队建设"，载《湖北大学成人教育学院学报》，2004年第4期，第6页。
[3] 俞文钊主：《现代领导心理学》，上海教育出版社，2004年版，第254页。
[4] 黄钟仪："走出团队建设的误区"，载《中国人力资源开发》，2003年第1期，第29页。

(1) 目标，也叫愿景。团队的目标和一般群体的工作目标不同，它是所有成员共同讨论并达成的共识。尽管不同的团队具体目标各不相同，但所有的团队都有一个共同的目标。

(2) 定位。团队并非是孤立的，它需要依托现有的组织系统。因此，团队的定位要考虑由谁选择和决定团队的组成人员、团队向谁负责、采取怎样的措施激励团队及其成员、如何建立规章制度等一系列的问题。

(3) 职权。团队要明确自己的职责和相应的权限，坚持权利和义务的统一。

(4) 计划。目标的实现是一个长期的、复杂的甚至是曲折的过程。成功的团队不仅有总目标，还要把共同的目标转化成具体的、可以衡量的、现实可行的工作计划。通俗地讲，这叫"大目标，小步子"。

(5) 人员。构成团队最后一个也是最重要的要素是人员的选择。最好的团队规模都不大，成员一般控制在12人以内。团队的高效运作离不开三种不同技能类型的人：一是需要具有技术专长的成员；二是需要具有解决问题和决策技能，能够发现问题，提出解决问题的建议，并权衡这些建议，然后做出有效选择的成员；三是需要善于聆听、反馈、解决冲突及其他人际关系技能的成员。

5.1.2 团队精神

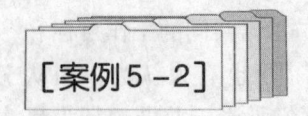

[案例5-2]　　听来的故事

一位在纽约打工的小伙子，听到这样一则故事：年底，美国老板要给每组的一个员工加薪500美元，具体加给谁，由各组讨论决定。这家工厂的工人来自亚洲，分为日本组、越南组、韩国组、中国组……

通知下达后，日本组最快上报了名单，老板很满意，此人正是他意料中的人选——技术高、速度快！越南组报上来的是一个技术中等、工资最低的可怜人；韩国组报上来的是一个技术最差、人缘特好的和事佬。

中国组直到规定时间结束，也没有上报名单，老板催问后得知：原来中国组的五个人讨论了半天，争得面红耳赤，互不相让，要么平均分配，要么大家都不加。老板生气地取消了中国组的加薪。

启发与思考

但愿这只是一个故事！中国人更应强调团队精神。

团队精神，一般是指经过精心培养而逐步形成的并为全体组织成员认同的思想境界、价值取向和主导意识。它反映了团队成员对本团队的特征、地位、形象和风气的理解和认同，也蕴涵着对本组织的发展、命运和未来所抱有的理想与希望，折射出一个组织的整体素质和精神风格，成为凝聚组织成员的无形的共同信念和精神力量。

团队精神一般是以高度概括的语言精练而成的，从字面上看，虽然极为简朴，但细加琢磨，却蕴涵着丰富的内涵。团队精神体现在以下五个方面：

（1）员工对团队的基本意向。在团队与其成员之间的关系上，团队精神表现为团队成员对团队的强烈的归属感与一体感。所谓归属感与一体感，是指员工热爱团队，对团队具有高度的责任心和荣誉感，自觉地把自己的命运、个人的利益与团队活动保持一致，自觉地调整自己的目标使之与团队的目标相协调和默契。团队成员为团队的利益与目标尽心尽职，对团队无限忠诚。

（2）员工对团队其他成员的态度。在团队成员之间的关系上，团队精神表现为成员间相互协作及共为一体，团队成员间同舟共济，荣辱与共。团队精神意味着信任、宽容、热诚等基本态度；意味着互相协作、配合默契的自觉意向；意味着创造团结、和谐、融洽、亲切的群体氛围的强烈愿望。团队成员相亲相爱一家人，容纳各自的差异性、独特性。发生过失时，大义容小过；工作中互相协作，生活上彼此关怀，利益上互相礼让。团队成员在互动中形成了一系列行为规范，和谐相处，充满凝聚力，追求整体绩效。

（3）较强的业绩观念。没有业绩增长或者显著成果的团队不能称其为团队。业绩挑战是建立团队的前提，重大的业绩挑战能给团队以能量。同时，业绩是目标，团队是手段，应树立强烈的业绩观念，把高层主管的远大理想拉近到可触距离。另一方面，业绩追求是团队活动的中心，也是其他活动的基础。团队要求其成员用业绩目标调整自己的态度和行为方式。

（4）体现员工价值。强调团队的整体利益的同时，我们要尊重人的个性特长发展和个人所做出的贡献。一方面，团队精神不仅不否定个性特长，反而主张张扬个性和特长，为员工营造能激发潜能的舞台，实现人力资本的价值最大化；另一方面，团队成员必须有良好的合作机制和协作精神，实现人力资本配置的最优化，以提高和保持团队的整体作战能力。

（5）追求共同目标。在团队成员对待团队事务的态度上，成功的团队有一个大家共同追求的、有意义的目标。它能够为团队成员指引方向、提供推动力，让团队成员自觉为它贡献力量，对其事务尽心尽力及全方位的投入。

5.2 团队领导班子心理的优化

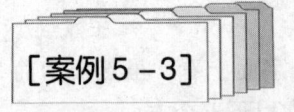

[案例5-3] 做一个有团队精神的唐僧

《西游记》中的西游团队，虽然是虚拟的，但是师徒历经百险求取真经的故事，不仅家喻户晓，而且成为中国文化的集中代表。这个团队最大的好处就是互补性。成君忆在其《孙悟空是个好员工》一书中认为，唐僧是完美型性格的象征，孙悟空是力量型性格的杰出代表，猪八戒是活泼型性格的象征，沙和尚是和平型性格的象征。他认为"西天取经的过程，其实也是这四种性格特征在团队合作中有趣互动的过程"[①]。阿里巴巴公司创始人马云非常欣赏西游团队，认为一个理想的团队就应该有这四种角色。一个坚强的团队，基本上要有德者、能者、智者、劳者。德者领导团队，能者攻克难关，智者出谋划策，劳者执行有力。

启发与思考

德者居上。唐僧是一个目标坚定、品德高尚的人，他受唐王之命，去西天求取真经，以普度众生，广播善缘。要说降妖伏魔的本领，他连白龙马都赶不上，但为什么他能够担任西天取经如此大任的团队领导？关键在于唐僧有三大领导素质：一是目标明确、善定愿景。唐僧从一开始，就为这个团队设定了西天取经的目标，而且历经磨难，从不动摇。二是手握紧箍，以权制人。如果唐僧没有紧箍咒，估计使唤不动孙悟空。三是以情感人，以德化人。唐僧的执著、善良和对自己的关心也感化了孙悟空，让他死心塌地保护唐僧。作为一个团队领导，情感管理也是非常重要的，要多与下属交流、沟通，关心团队成员的衣食住行，塑造一种家庭的氛围。

注：①成君忆：《孙悟空是个好员工》，中信出版社，2004年版。

5.2.1 领导班子对团队的影响

"火车跑得快，全靠车头带"。过去，我们对领导班子的知识结构、能力、年龄结构等方面讨论得多，而对心理建设谈得少。事实上，团队领导班子组建以后，由于各成员具有不同的气质、性格、能力以及分工的不同，他们难免会产生思维方式、行为方式上的差异和分歧。根据这种差异和分歧的程度，我们通常把领导班子分为融洽型、合作型、缺陷型、内耗型四种类型[1]，不同类型的领导班子对团队起着不同的影响和制约。

（1）影响领导班子的整体效应。领导班子作用不是其成员的简单相加。如果领导班子的心理结构合理，彼此融洽合作，领导班子整体效应就会是 1+1>2；反之，如果一班人离心离德、一盘散沙，不是"战斗的堡垒"，而是"在堡垒里战斗"，那就不仅不会出现 1+1>2 的效果，还会内耗出现 1+1<2 的现象。

（2）影响领导班子个体作用的发挥。领导班子内部民主、平等、团结、互助、和谐的心理环境和心理氛围，能使个体始终处于心情舒畅、精神振作、情绪高昂的状态，从而促进个人专长的发挥和工作效率的提高。相反，缺陷型和内耗型领导班子容易使个体处在一种紧张、彷徨、苦闷的心理状态中，能力和专长得不到充分的发挥。一个团队的领导班子是否坚强有力，关键在"班长"，在"班长"有没有凝聚力，能否成为班子高效运转的"润滑剂"、班子亲密团结的"黏合剂"、班子潜能发挥的"催化剂"。

（3）影响团队其他成员的团结和积极性。领导成员之间融洽和谐的心理气氛和良好的领导形象会感染部属成员，使部属产生一种积极进取、奋发向上的心理，从而形成一股强大的凝聚力。反之，如果领导班子成员心理不相容、闹意见、泄私愤、勾心斗角，就会造成部属的思想混乱，无所适从，从而严重挫伤部属的积极性，最终使领导班子失去感召力、向心力。此所谓："其身正，不令而行；其身不正，虽令不从。"

5.2.2 领导班子心理优化的途径

（1）增强成员的集体意识。世界篮球巨星迈克尔·乔丹曾经说过一句名言："一名伟大的球星最突出的能力就是让周围的队友变得更好。"NBA 中的公牛队之所以成就了两个三连冠的辉煌业绩，与其说靠的是篮球之神乔丹，不如说是靠乔丹、皮蓬、罗德曼、科尔等杰出运动员组成的伟大的团队和他们个人的集体意识。同样，领导班子中集体意识的培养与形成，无论对于巩固团队，发挥团队力量，还是促进个性心理的健康发展，都具有重要意义。

（2）共建和谐的班子内部环境。在欧洲有一个诙谐而富有哲理的说法：什么是"天堂"？"天堂"就是英国人当警察，法国人当厨师，意大利人谈情说爱，而由德国人来组织一切；什么是"地狱"？"地狱"就是由法国人当警察，英国

---

[1] 俞文钊著：《现代领导心理学》，上海教育出版社，2004 年版，第 391~393 页。

人当厨师,德国人谈情说爱,而由意大利人来组织一切。这说明即使对于同样元素,如果采取不同组合方式,就会产生截然不同的整体效果。好的整体效果,来自于要素上的职能互补,各取所长。领导班子专业结构合理,智能年龄结构互补,气质结构和谐,就能形成一个有战斗力的集体。

(3) 充分运用心理互补规律。明朝吕楠在其《泾野子·内篇》中讲过一个故事:一户人家有五个儿子,老大老实,老二机灵,老三眼瞎,老四驼背,老五腿瘸。这五个孩子,除了老大和老二,其他的都不健全。但他们的父亲却很懂得用人之道,扬长避短。他让老实的务农,机灵的经商,眼瞎的按摩,驼背的搓绳,腿瘸的纺线。结果各得其所,全家衣食无忧。这个故事告诉我们,人各有所长,也皆有其短。正像清代诗人顾嗣在《杂兴》中所写的:"骏马能历险,力田不如牛。坚车能载重,渡河不如舟。舍长以就短,智者难为谋。生材贵适用,慎勿多苛求。"

(4) 坚持实行强化。实行强化的手段有两种:一种是予以嘉奖和赞许。美国哈佛大学教授詹姆士在一篇研究报告中也指出:实行计时工资的员工仅发挥其能力的20%~30%,而受到激励时,可发挥80%~90%。这些研究成果为领导者运用赞扬或嘉奖的方法来激励下属提供了理论依据。

另一种是给予惩罚。西方管理学家将惩罚原则称之为"热炉法则"。"热炉法则"认为,当下属在工作中违反了规章制度,就像去碰触一个烧红的火炉,必定会受到"烫"的处罚。这种处罚的特点在于:即刻性——当你一碰到火炉时,立即就会被烫;预先示警性——火炉是烧红摆在那里的,你知道碰触会被烫;广泛适应性——火炉适应于任何人,对人不分贵贱亲疏,一律平等;彻底贯彻性——火炉对人绝对"说到做到",不是吓唬人的。

5.3 团队凝聚力的形成

[案例5-4]　　　　蚂蚁靠什么搬动巨蟒

蚂蚁驻地遭到了蟒蛇的攻击。蚁王在卫士的保护下来到宫殿外,只见一条巨蟒盘在峭壁上,正用尾巴用力地拍打峭壁上的蚂蚁,躲闪不及的蚂蚁无一例外丢掉了性命。

正当蚁王无计可施时,军师把在外劳作的数亿只蚂蚁召集起来,指挥蚂蚁爬上周围的大树让成团成团的蚂蚁从树上倾泻下来,砸在巨蟒身上,转眼之间,巨蟒已经被蚂蚁裹住，变成了一条"黑蟒"。他不停地摆动身子，试图逃跑，但很快，动作就缓慢下来了，因为数亿只蚂蚁在撕咬他，他身上已经是血流如注。最后，巨蟒因失血过多而死亡。

一条巨蟒，足够全国蚂蚁一年的口粮了，这次战争虽然牺牲了两三千只蚂蚁，但收获也不算小。蚁王命令把巨蟒扛回宫殿里，防腐处理后存储起来。这是黑蚁王朝有史以来最大的举措，在军师的指挥下，近十亿只蚂蚁一齐来扛巨蟒。它们并不费力地把巨蟒扛起来了。然而，扛是扛起来了，并且每一只蚂蚁都很卖力，巨蟒却没有前移，因为虽然有近十亿只蚂蚁在用力，但这近十亿只蚂蚁的行动不协调，他们并没有站在一条直线上，有的蚂蚁扛着向左走，有的扛着向右走，有的扛着向前走，有的则向后走，结果，表面上看到巨蟒的身体在挪动，实际上却只是原地"摆动"。

于是军师爬上大树，并让五十只蚂蚁齐声告诉扛巨蟒的蚂蚁："大家记住，你们的目标是一致的，那就是把巨蟒扛回家。"统一了大家的目标，军师又找来全国嗓门最高的一百只蚂蚁，让他们站成一排，整齐地挥动小旗，统一呼喊前进的方向。

这一招立即见效，蚂蚁们很快将巨蟒拖成一条直线，蚂蚁们也站在一条直线上。然后，指挥者们让最前面的蚂蚁起步，后面的依次跟上，在指挥下迈着整齐的步伐前进，很快将巨蟒抬回了家。

启发与思考

团队凝聚力至关紧要。团队失去凝聚力，很快就会瓦解消失。因此，团队的凝聚力历来受到人们的普遍关注。

资料来源：李慧波：《团队精神》，新华出版社，2004年版，第18~19页。

5.3.1 团队凝聚力的评价

团队凝聚力是团队成员相互聚合程度的一种表现形式，它由每一个成员对其所在的团队产生向往倾向的总和构成。因此，我们可以通过一定的方式对其进行评估。在对团队进行凝聚力评估时，我们一般考虑以下四种因素[①]：

（1）团队在成员心目中的地位。一个团队的成员如果把自己所在的团队放在一个不可替代的位置，成员自然就会关心他的团队，把团队的利益看得很重，时时处处都在维护团队的形象和利益。

---

① 李宁著：《群体心理学》，暨南大学出版社，2002年版，第37~41页。

(2) 成员对团队的向往程度。团队成员渴望参加团队活动,团队活动的出席率高,团队的凝聚力就强。要是成员无心向往团队,团队活动的出席率就低,团队的凝聚力就弱。

(3) 成员接受和执行团队任务时的态度和积极性。成员积极地接受任务,工作卖力,不斤斤计较,说明成员希望继续生存和不断发展,愿意为团队达到目标而努力奋斗,团队的凝聚力就强。相反,成员不愿意接受任务,工作拖拉,斤斤计较,这样的团队凝聚力就弱。

(4) 团队成员相互间的态度。团队成员间相互尊重,互相维护成员的良好形象和名誉,当看到或听到有损团队其他成员名誉或利益的事时,坚决起来制止,更不会做有损团队其他成员名誉或利益的事,时时处处都在维护团队其他成员的良好形象和利益,像这样的团队凝聚力必然是强的。

5.3.2 影响团队凝聚力的心理因素

团队凝聚力的大小受多种因素的影响。这些因素既有外部的,也有团队内部的。从外部看,影响团队的凝聚力首先是团队所处的环境。团队所处的环境不同,其成员相互接纳的程度就会有所不同。另外,团队所受的外部压力变化也可能引起团队凝聚力的变化。研究表明,在外来压力和威胁面前,团队成员会产生焦虑,渴望帮助,从而增强团队存在的价值,使团队成员关系更加密切。不过,也会有例外的情形。如果成员认为无论如何团队无法抵御外敌,对个体已无保护能力,则团队凝聚力并不会增加。如果成员认为威胁只是针对团队而非个人,如果解除团队威胁会自动消失,那么凝聚力反而会减小。

从团队的内部看,影响团队的凝聚力主要有六个方面:

(1) 团队成员的同质性。如果团队成员有着相同的世界观、相似的兴趣和爱好、相近的知识水平等,他们彼此容易相处,加深了解,凝聚力就会很强。其中信念和价值观最为重要,它是产生共同一致目标的前提条件。

(2) 团队的目标与成员个人目标的相关程度。团队的目标与成员个人的目标联系紧密,个人在为实现团队目标而工作的同时,容易看到个人目标的达成,团队对个体的吸引力就大。反之,只强调团队目标,员工看不到自己晋升、加薪的希望,团队对他们的吸引力就小。

(3) 团队成员所获报酬的公平程度。美国心理学家亚当斯(Adams)于1967年提出公平理论。该理论认为,职工的工作动机,不仅受其所得的绝对报酬的影响,而且受到相对报酬的影响。也就是说,一个人不仅关心自己收入的绝对值（自己的实际收入），而且也关心自己收入的相对值（自己收入与他人收入的比例）。每个人都会不自觉地把自己付出的劳动和获得的报酬与他人进行社会比较，也会把自己现在付出的劳动和获取的报酬与自己的过去相比较。比较的过程中发现与他人或过去相等，便认为是应该的，正常的，因而心情舒畅，努力工作。否则，就会产生不公平感，满腔怨气，影响工作。

（4）团队的规模。团队的规模应该既能工作又能维持团队凝聚力，不要有很多替补队员。唐僧师徒西天取经，历经九九八十一难。这支团队成员仅有唐僧、孙悟空、猪八戒、沙僧四名成员组成。研究还发现，由单一性别组成的团队，规模越大，凝聚力越小；性别混合的团队，规模越大，凝聚力也越大。

（5）团队的领导方式。不同的领导方式对团队的凝聚力有不同的影响。心理学家勒温（K. Lewin）曾经做了一个领导方式及心理效果的实验[1]，他将领导方式分为"民主"、"专制"、"放任"三种类型。实验研究表明，"民主"型的领导方式比其他两种更能提高凝聚力。在民主型领导方式中，群体成员具有较高的工作积极性，领导者不在场时也较少变化；在人际关系方面比较友好，具有集体主义精神，"我"字用得较少；成员的满意感较高；遇到困难时试图解决问题，表现出高水平的创造性；群体工作效率较高。

（6）团队对成员工作的重视程度和评价方式。多数人都有趋利避害的倾向，都希望和喜欢别人特别是所在团队的领导和成员的重视和赞扬。如果团队能够满足成员的这种心理需要，成员对团队就有更强的趋向，凝聚力就强。

5.4 建设一个高效团队

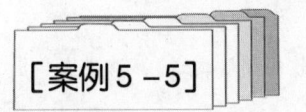

[案例5-5]　　　　团队是微软的心脏

微软公司成立于1975年，现在发展为世界计算机软件行业的领头羊。微软从只有3个员工的小公司发展成为今天的软件巨人。之所以取得辉煌的成就，经验之一就是有一支优秀的团队。

微软公司管理着数量超过9 000个的项目组，聘用了许多编写和开发软件的编程人员，开发了难以计数的产品。无论多大的项目，即使像"视窗"操作系

---

[1] 章志光主编：《社会心理学》，人民教育出版社，2003年版，第477~488页。

能力提升（管理卷）

统这样复杂的项目，公司也要把它分解为一个个很小的部分，以便能由一个个约12人组成的团队来编写。每个团队还要把承担的部分进一步细分，每个团队成员负责一部分，有经验的成员比新成员负更大的责任。团队全体成员都知道，项目的成功依赖于他们个人投入的总和。

在微软公司里，每一位员工，包括刚刚进公司的大学生，都有一间约11平方米的办公室，里面的设施完全相同，比尔·盖茨本人也不例外。为了确保每一个办公室都拥有一个朝外的窗户，公司有意把办公楼设计成"星形"布局。公司还实行弹性工作制。员工每年都有一天可以带自己的子女到办公室体验生活。在微软任何一个团队中，都有着这样一句名言：没有永远的领导与员工。领导与员工在一起，不仅是一起工作，更是在一起分享成功与失败、快乐与悲伤。微软公司重视人才，流行的一句话是"雇比我优秀的人"；流行的一个笑话是："在地球快要毁灭的时候，上帝允许比尔·盖茨带些东西上天堂。盖茨没有选择财产和家人，只是说要带100个工程师。"

微软公司对团队成员的个人绩效和团队的集体绩效实行奖励和给予报酬。编程人员除负担重要任务外，也享有某些重要的特权或权利。其中最主要的特权是在配备最新技术的计算机软件的环境中工作，尤其是所有编程人员的办公室内至少有两三套计算机系统。另一项特权是与美国最优秀的计算机编程人员一起工作。

启发与思考

微软人的团队精神主要表现在：成败皆为团队共有；大家互教互学；互相奉献和支持；遇到困难互相鼓励，及时沟通，用团队智慧来解决问题；承认并感谢队友的工作和帮助；甘当配角；欣赏队友的工作。[1]这种具有强烈意识的高素质的团结、协作的集体，形成了积极向上的士气，这也许就是微软永葆青春的奥秘。可以归纳为：大小团队无处不在；团队精神深入人心；人文关怀，以人为本；权利和义务统一。

注：[1]陈宏刚等编著：《软件企业的管理与文化——剖析微软的制胜之道》，清华大学出版社，2003年版，第26~32页。

资料来源：卢盛忠主编：《管理心理学实用案例集粹》，浙江教育出版社，2003年版，第204~205页。

团队建设不是一日之功。研究者认为，团队发展要经过开始、摸索、稳定、挣扎、成功、终止六个阶段[1]；或者要经历形成期、规范期、风暴期、执行期四

---

[1] ［英］Andrew Leigh, Michael Maynard：《创建精英团队》，企业管理出版社，2001年版，第95~112页。

个不同的发展阶段①。鉴于前面已经涉及团队建设的一些内容，为避免赘述，我们重点来探讨如何建设学习型、协作型、竞争型和创新型团队问题。

5.4.1　建设一个学习型的团队

当今，我们面临的是知识经济时代，信息的爆炸和知识的更新，已经和正在把越来越多的人推向"无知"的边缘。因此，只有不断学习，才能与时俱进。彼得·圣吉在《第五项修炼》一书中指出："团队学习至关重要，因为现代组织的基本学习单位不是个人，而是团队，即'橡胶要满足道路的需要'。如果团队不是学习型的，那么组织就不可能是学习型组织。"由是观之，建设学习型团队是当务之急。

彼得·圣吉在《第五项修炼》中提出了一个精灵古怪的问题："管理团队中每个人的智商都超过了120，怎么群体智商只有63？"但是优秀的团队不会出现这样的情况。一个优秀的团队的智商一定会比成员的平均智商水平高，原因就在于团队学习的原则。彼得·圣吉认为："团队学习是一个协调和发展团队能力的过程，这种能力能创造出团队成员真正期望的结果。团队学习建立在发展共同愿景的原则上，也建立在个人智慧之上，因为有才能的团队是由有才能的成员组成的。"如果团队中每个成员都能把自己掌握的新知识、新技术、新思想拿出来和其他团队成员分享，集体的智慧势必大增，就会产生 1+1>2 的效果。团队的学习力就会大于个人的学习力，团队智商就会大大高于每个成员的智商，整体大于部分之和。

5.4.2　建设一个协作型的团队

个人虽然表现优异与拥有坚强的核心竞争力，但除非你能在一个团队内与别人同心协力，并掌控彼此间的核心竞争力，否则你的表现将永远在标准之下。因此，彼此协作配合能够增加成功的概率。

（1）感知团队。任何一个团队都能看到竞争，但竞争并非单打独斗，队员间的配合显得更加重要。他们将自己视为整体的一部分，从不让队友间的竞争超过一定的限度，不让竞争损害整个团队。一年两次的南北迁徙，对大雁来说都是非常漫长遥远的路程。任何一只大雁都不可能单独完成长达十几天的旅程，它们

---

① 孙建敏主编，王青编著：《团队管理》，企业管理出版社，2004年版，第138~158页。

靠的就是团队的紧密合作。大雁在飞行的时候总喜欢排成"一"字或"人"字，在这种团队结构中，每一只大雁扇动翅膀都会为紧随其后的同伴添一股向上的力量。每一只大雁都能比单飞的情况增加70%的飞行效率，从而减少体力消耗，这样它们才能顺利地到达目的地，完成长途旅行。

（2）快乐工作。美国西雅图市中心有一个闻名全球的派克街鱼市场，市场内的鱼市以精彩的销售方式吸引顾客：前台售货员将顾客的需要吆喝着告诉后面的工作人员，后面的工作人员一起重复吆喝一遍，并手脚麻利地把鱼像投篮一样扔向前台售货员，又快又精彩。斯蒂芬·伦丁等人以此为素材，撰写了畅销书《鱼》，并提出了团队成员要快乐、专注、忘我地工作，唤起心中潜藏的活力、热情、能力和创造力。[①]

（3）关注整体。宋代罗烨著的《醉翁谈录》上有则故事说："眉眼口鼻四者，皆有神也。"一日，嘴对鼻子说："尔有何能，而位居吾上？"鼻子说："吾能别香臭，然后子方可食，故吾位居汝上。"鼻子对眼睛说："子有何能，而位在我上也？"眼睛说："吾能观美恶，望东西，其功不小，宜居汝上也。"鼻子又说："若然，则眉有何能，亦居我上？"眉毛说："我也不解与诸君相争得，我若居眼鼻之下，不知你一个面皮，安放哪里？"这则颇具哲理的故事说明人的五官，各自都有存在的地位和职责，然而，它们又是一个整体，离开了谁都不行。团队建设的道理也相似，成员要关注整体的利益。

（4）关注实效。在相互协作的过程中，不仅要充分发挥自己的技能，而且要激发出队友的潜能。所有的团队领导者都喜欢听到"放心，交给我了"之类的话，但更喜欢听到"任务已经完成"。因为只有真正解决问题才是关键，解决问题就是执行有力，就是取得了业绩。

5.4.3 建设一个竞争型的团队

（1）"鲶鱼效应"呼唤团队的竞争机制。"鲶鱼效应"源于这样一个典故：挪威人爱吃沙丁鱼，可是捕上来的沙丁鱼很快就会死掉，市民因此很长一段时间只能吃到死的沙丁鱼。后来有个人发现了一个秘密，自那以后他捕的沙丁鱼都是活的了。其奥秘在于：他在捕来的沙丁鱼中掺了少量的鲶鱼，使得捕来的沙丁鱼一直保持兴奋状态，活蹦乱跳的，所以能卖出高价。"鲶鱼效应"给我们团队建设的启示是：竞争才能生存。在团队内部引入竞争机制，实行赏勤罚懒，赏优罚

[①] 斯蒂芬·伦丁等著：《鱼》，中信出版社，2002年版，第84页。

劣，可以打破看似平等实为压制进取的利益格局，调动团队成员的主动性、创造性，激发团队永葆活力。

（2）团队内部的竞争不是"窝里斗"。团队内部的竞争不是一种有我没你、你死我活的两败俱伤，而是建立在理性基础上的，你追我赶、共同发展的繁荣局面。世界各国航空公司为设计制作最出色的空乘制服巧费心思展开了竞争——国航：旗袍后裔；南航：热情奔放在岭南；北方航：蓝色走遍冷暖四季；新加坡航：沙龙布裹着热带女郎；泰航：紫色的皇室风范；法航：永远的时尚；英航：拼色也优雅。世界各国都为自己的空中小姐设计制作了美丽大方的制服，这不仅是刺激天性爱美的女孩去热爱空乘职业，也是为了给乘客留下美好的感受。因此，这是一种美丽的、愉快的竞争。

（3）竞争机制要以业绩的考核作为标准。用有情的鼓励和无情的鞭策，让团队的每一个人都能以积极的心态工作在最合适的岗位上，实现自我，超越自我，最大限度地发挥团队的威力。

5.4.4　建设一个创新型的团队

"创新"虽是时下最为流行的词汇，但是，在创新问题上我们还不同程度地存在着困惑、误区和障碍[1]，具体表现为：一是墨守成规，不想创新。有的团队主观上缺乏应变思维，创新动力不足，安于现状，不思进取，"不求有功，但求无过"。二是消极畏难，不肯创新。一些同志过分强调客观条件，面对不利的客观情势，消极畏难，不能辩证地看待自己的优势和劣势，满眼都是困难，失去了创新的信心和勇气。三是只说不做，空喊创新。有的人在创新问题上叫得紧，抓得松；决心大，办法少，用美好蓝图代替实际行动，用一般号召代替解决实际问题。四是害怕失败，回避创新。有的人认为创新风险大，顾虑重重，或者畏首畏尾，求稳怕乱，宁肯守摊子，也不大胆试验。五是盲目蛮干，歪曲创新。有的人不从实际出发，不按规律办事，头脑发热，情绪浮躁，把盲目蛮干当作创新。六是骄傲自满，不思创新。七是嫉贤妒能，不容创新。凡此种种，都是制约创新的因素。不消除这些思想障碍和阻力，势必影响创新的推进，影响团队事业的发展。

创新包括理论创新、制度创新、科技创新以及其他创新。对于团队来说，创新主要包括观念创新、机制创新、管理创新和技术创新。

---

[1] 姜春云主编：《桥和船——新时期领导方法18篇》，新华出版社，2005年版，第135~136页。

[案例5-6] 新版三个和尚的故事

我们都知道一个古老的故事：一个和尚挑水吃，两个和尚抬水吃，三个和尚没水吃。如今这个故事被著名经济学家厉以宁续编出了新意，恰可说明团队创什么新的问题，演绎了新版三个和尚的故事①。

故事新编说，有三个庙，都离河边很远。怎么解决吃水的问题呢？第一个庙，和尚挑水路比较长，一天挑了一缸就累的不干了。于是三个和尚商议办法，决定采取接力赛的方式挑水。第一个和尚从河边挑到半路，停下来休息。第二个和尚继续挑，又转给第三个和尚，挑到庙里灌进缸去，空桶回来再接着挑。这种方法虽然大家从早到晚都在挑水，但都不觉得累。由单个挑水变为团结协作挑水，可以称为团队的"机制创新"。

第二个庙里，老和尚制定了新的庙规，引进竞争机制。三个和尚都去挑水，谁挑得多，晚上吃饭加一道菜；谁挑得少，吃白饭，没有菜。三个和尚拼命去挑，一会儿水就满了。这个办法叫"管理创新"。

第三个庙，三个和尚因地制宜，想出了办法。他们把山上的竹子砍下来连在一起就如水管，然后买了一个辘轳。第一个和尚把一桶水摇上去，第二个和尚专管倒水，第三个和尚休息。三个人轮流换班，一会儿水就灌满了。

启发与思考

这就叫做"技术创新"。

注：①"厉以宁讲故事侃管理：'三个和尚喝水多'"，《文汇报》，2005年6月13日。

☞ 思考题

1. 结合实际，谈谈怎样优化团队领导班子心理？
2. 结合实际，谈谈如何营造团队精神？
3. 结合实际，谈谈怎样建设高效团队？
4. 团队和部门有什么区别和联系？
5. 团队领导对团队应担负什么样的管理责任？

☞ 推荐阅读

1. 《七个天才团队的故事》，[美] 沃伦·本尼斯（Warren Bennis）、帕特里夏·比德曼著，中国人民大学出版社，2008年版。
2. 《团队精神》，李慧波著，新华出版社，2004年版。

3.《团队建设与管理》,姚裕群主编,首都经济贸易大学出版社,2006年版。

4.《团队管理新模式》,张雷、李红光著,中国时代经济出版社,2006年版。

5.《高效团队21游戏》,[美]史蒂夫·谢格、乔治·塔卡斯著,赵朋等译,高等教育出版社,2005年版。

☞ **推荐浏览网站**

1. 人民网经济频道 http：//finance.people.com.cn/GB/index.html
2. 人民网观点频道 http：//opinion.people.com.cn/GB/index.html
3. 人民网理论频道 http：//theory.people.com.cn/GB/index.html
4. 中国管理科学学会 http：//www.mss.org.cn/index.html

第6单元

人际沟通协调

■ 引 言

自从有了社会，人们就离不开相互间的沟通与协调。在现代社会里，所有健康的社会人都必须学会与周围人们沟通感情、交流思想，从而建立起广泛的社会联系。那些沟通能力强的人，会使周围的人们自觉自愿地向他聚拢。对财政系统的领导干部而言，努力学习各种沟通技能，尽量提高自己与各类人士的沟通能力，则是不断提升综合素质的必由之路。

■ 学习目的

- 认识沟通在解决矛盾中的作用；
- 了解产生矛盾的基本原因，掌握沟通协调的基本策略；
- 掌握实施沟通的要点和基本方法。

■ 引 例

一天，当你刚一到单位，你的领导让你马上写一个工作方案，下午开会就用，而你对这个工作方案认为还有不妥之处。正在思考如何处理之时，忽然有一位群众上访，牵扯到你负责的工作，需要你马上去解释，但是你对于需要解释的内容还没了解清楚。忽然，电话铃又响了起来，原来是你同部门的小刘被提干了，组织部门马上找你去做群众谈话。这三件事，都需要你马上去做，你怎样处理？

> **启发与思考**
>
> 沟通能力与协调能力之所以显得特别重要，主要是因为人际间的矛盾冲突无处不在。对于领导干部，在工作中会经常遇到这种同时都很重要，同时都急需解决的事情。这时，我们首先要冷静地思考，沉着应对，千万不要自乱阵脚。要本着冷静观察，沉着应对的原则，有理、有利、有节地沟通和协调。

6.1 培养沟通协调能力为什么是必要的

6.1.1 社会矛盾冲突不可避免

无论是国际社会、各个国家的地区或民族之间，还是行业和组织之间，甚至同一个组织的内部，包括家庭内部，时刻充满了各式各样的矛盾冲突。矛盾冲突似乎是人类社会的主色调。一个组织总是会发生冲突的。"没有冲突"表现有两个原因：要么是冲突表现得不明显，要么是压抑了冲突。压抑冲突的愿望与行动也是常见的，或者是社会文化、组织层面的问题，或者是个人的问题。

就财政工作与政府其他工作的关系而言，也存在一些矛盾和冲突。例如，各种地方保护性的商品准入、采购政策；偏袒甚至纵容有严重污染的企业；给没有安全达标的矿主发放开工许可证；非法强占农民的土地或者搞城市拆迁；袒护假冒伪劣、走私、骗税等严重扰乱国家财政金融秩序的行为，这些多多少少都与地方财政压力过大有关。在财政税收分配方面，中央与地方、东部沿海与西部地区、行业之间有不同利益着眼点，这些都是非常难以完全协调好的关系。

[案例6-1]

2003年底中国实施了通过注入政府资金调整大型国有银行资本结构的计划，动用外汇储备注资对两家试点银行——中国银行和建设银行注入资金，使得中行和建行股改的主角从财政部变成了央行。注资之后，用450亿美元外汇储备注册成立的中央汇金公司取代财政部成为中行和建行的出资人。作为中行和建行的出资人，中央汇金公司代表国家依法对中行和建行行使出资人的权利和义务。投资收益权就是出资人权益的一项重要内容，而要实现投资收益权，财务监管必不可少。但是，到2004年年底，财政部提出要加强对国有银行的财务监管。也就是说，针对中行和建行而言，财政部想扮演的角色与汇金公司作为中行和建行出资人的角色有混同之处，需要加以协调。

启发与思考

在不断改革的今天，财政组织内部管理体制在越来越趋于合理的同时，也在不断经受各种冲突和压力。

6.1.2 工作与家庭矛盾冲突

领导干部除了自己的工作事业，还有自己的家庭生活，工作与家庭的矛盾冲突是许多人的困惑。首先，工作家庭冲突是一种生活压力来源。20世纪70年代以来，国外大量的文献表明，工作家庭冲突会带来很多的消极影响，尤其是对于有子女的员工会造成诸多生理心理上的不适症状、工作效率低下、态度倦怠、缺勤和离职、士气受挫、生活质量以及精神健康水平下降等。其次，我国当前社会变革容易造成更显著的工作家庭冲突。我国正处于社会经济转型时期，政策调整、组织变迁、岗位变动、竞争上岗与下岗似乎更为普遍。最后，社会体制进一步凸现了我国的工作家庭冲突。同发达国家相对普遍的社会福利保障制度（如弹性工作时间、医疗服务体系和标准、生育休假制度与待遇）相比，我国大部分员工必须独自去操心子女教育、老人医疗等问题。我国多数地区的城市交通、消费环境、医疗保障、社区服务等方面相对落后。我国劳动力中女性所占比重自1960年以来稳居世界首位，再加上人口老年化进程的加快，我国男性和女性员工似乎面临着相同的工作家庭冲突环境。

总而言之，社会、组织、家庭一直就存在许多矛盾冲突，其中很多矛盾冲突现象，在我国社会迅猛变革的今天尤为突出。

6.1.3 沟通协调在解决矛盾冲突中的作用

矛盾冲突能否获得有效的解决，能否发挥冲突的积极意义，克服冲突的负面价值，这对于任何管理者来说都是挑战。要应对这种挑战，我们除了要提高个人应对矛盾冲突的能力之外，还应该有一些允许、接纳、处理冲突的组织制度和组织氛围，甚至鼓励适当冲突的法律体制与文化观念。

（1）提高个人在协调与沟通方面的技能。很多人之所以回避矛盾冲突，主要是因为缺乏相应的应对冲突的知识与技巧。有些人不能正确理解他人的观点，

能力提升（管理卷）

或者不能明确表白自己的观点，导致不必要的误会。有些人表达之中事实少、评价多，容易引起他人的抵触情绪。有些人一味地强调自己的观点和事实，不顾对方的感受或观点，这也容易导致事与愿违的更激烈的冲突。协调和沟通是对管理者人际技能最严格的考验。

（2）提高个人尊重他人的意识。即使是最傲慢的人，他也不可能对谁都一样傲慢。人的行为往往有针对性。假如遇到我们自认为值得尊敬的人，我们自然就会认真倾听，反复理解对方表达的含义和道理，不会轻易否定对方的看法。反之则不然。所以，我们认为协调与沟通固然需要掌握技巧，但根本上讲，还需要有尊重他人的意识。从人本主义的角度，世界上的每个国家、每个民族、每个组织、每个个人，都有值得我们去理解和尊重的地方。不尊重对手、不尊重客户，往往不能获得长远的发展和最大化的共同利益。

（3）建立矛盾冲突的协调制度与规范。矛盾可以有，但从工作角度来说，分歧终归需要达成相对的共识。如果缺乏解决矛盾冲突的制度和规范，越是让大家发表不同意见，就越难达成一致意见。到头来，还是按照实力、级别、职权、长幼等关系来强行解决分歧。一旦真的出现了许多不同意见，谁来判断"对"与"错"呢？国际争端现在多数都通过联合国组织或者多边磋商来进行协调；我国各级党政部门的工作大都通过各级党员代表大会、人民代表大会、政治协商会议来进行多方沟通与协调；机关、企事业单位职工的利益通过组织内部党委、工会组织和职工代表大会以及社会政府机构来进行协调。我们不仅要明确参与协调沟通的主体，还要明确具体的协调沟通程序、各方权益和义务等。历史经验教训告诉我们，解决分歧的制度和规范是至关重要的事情。

（4）转变对矛盾冲突的看法。如果认为冲突本身就不是好事，你不大可能会去欣赏或者鼓励组织内部的冲突。如果你认为与人发生冲突是令人尴尬的事情，尤其下属当众顶撞自己是很失"面子"的事情，那么可以想象，你一般会刻意回避与人发生任何分歧，你对那些当面挑起冲突的人一定大为不满，甚至在适当的时候施以"报复"。虽然这些反应方式非但不能解决矛盾冲突，反而可能加剧矛盾冲突，但它们都是你可能的自然反应，因为你不能容忍矛盾，或者不能容忍别人的"无礼"。如果你从本质上就认为下属提不同意见是正常的事情，而且对你的工作有利，你还有什么觉得"忍无可忍"呢？

例如，在谈到如何解决当前子女与父母的尖锐矛盾时，专家的建议就是提高父母和子女双方的沟通能力，尤其是提高父母的沟通能力这与我们的第一个观点完全相符。但是，从调查数据来看，学历高（大学毕业）和学历低（文盲）的家长与孩子沟通相对较好，学历中等的家长与孩子交流最差。为什么？高学历的家长可能知道沟通交流的重要性，而且也善于就学业、人生各个方面与孩子交流和沟通；可那些低学历的家长呢？他们为什么也能与孩子相处好呢？这主要是他们很容易尊重和欣赏孩子，虽然这些家长自己懂得少，事业也相对不那么成功。可惜那些文化程度不高也不低的家长，想管孩子但又力不从心，孩子也未必服他们。彼此不服、不能够相互尊重，这恐怕是家庭矛盾难以解决的主要原因。当然，家长对孩子的管教或者尊重也要有所约定，什么事情孩子自己做主，什么事情必须请示家长，这些都必须制定清晰的规范。这就是我们前面所说的协调矛盾的制度规范。同样道理，家长不能满脑子尊卑思想，不能认为父母的权威是不可动摇的，打骂孩子是父母的权力；反过来认为孩子绝不能顶嘴，顶嘴就是大逆不道、不尊敬父母。这种观念之下，你怎么可能容忍孩子与你产生任何冲突呢？

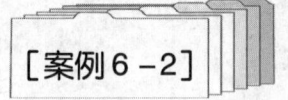

[案例6-2]

1. 回忆并与人分享一次亲身经历的冲突。

（1）回忆自己在过去的工作中遇到的一次冲突事件，请大致写下当时的情景、人物、事由、过程、结果；

（2）如果有机会重新来应对这一冲突事件，你觉得在个人沟通协调能力、尊重他人、制度规范（职责权限）、冲突观念这四个方面哪些需要改善或提高？

在小组内与其他人交流彼此的冲突经历及冲突心得。

2. 请用表1和表2反思自己工作与家庭生活的冲突情况，并且与小组成员交流。

表1　　　　　　　　　　　工作-家庭平衡情况

平衡项目	工　作	家庭或社会活动
平均每天实际投入的时间（小时为单位，精确到0.5小时）		
平均每天应该投入的时间（小时为单位，精确到0.5小时）		
调整的理由	1. 2. 3.	
预期的困难	1. 2. 3.	

表2　　　　　　　　　　　个人生活平衡情况

平衡项目	与爱人	与孩子	精神文化	体育活动	社会交往
实际投入的时间（小时/天，可精确到0.5小时）					
应该投入的时间（小时/天，可精确到0.5小时）					
调整的理由	1. 2. 3.				
预期的困难	1. 2. 3.				

6.2 矛盾冲突的缘由与协调策略

6.2.1 矛盾冲突的缘由

人在冲突情境当中，很容易彼此都把对方视为"惹麻烦的人"或"顽固不化分子"。即使作为旁观者，我们也倾向于把冲突各方视为"缺少涵养"、"斤斤计较"的人。很多时候冲突确实容易由特定人引起，或者围绕特定的一些人展开。但是，个人特点只是组织冲突诸多原因当中的一小部分。一切冲突都从当事人身上找原因，这本身就是一种非常片面的认识。冲突既有个人层面的原因，也有群体和组织层面的原因。如果凡事都只看个人素质和涵养，不利于有效地解决组织当中部门与部门、人与人之间的各种矛盾冲突。因此，在应对矛盾冲突过程中，首先必须区分引发矛盾冲突的缘由。

人际冲突的来源有很多种，虽然归根结底都是利益问题，但就其最初的缘由或者过程来看，主要有四大缘由：个体差异、信息不对称、角色不兼容和环境压力。下面我们就对它们做进一步的介绍。

6.2.1.1 个体差异

人的看法和习惯各不相同，在一些环境下需要达成一致就会产生冲突。

我们的人格特点具有一定的先天性，即使有很大的后天性，那也是在早年成长经历中所塑造和沉淀下来的。因此，我们多数人看待事物的方式和结果会有个体差异，每个人的情感体验和行为风格也千差万别。

某些人具有强制性人格，比较喜欢指挥别人，常常主动发起冲突，所以这类性格容易导致冲突。具有批评性思维风格的人也比较容易挑剔他人，并且容易拒绝别人的要求，所以也很容易卷入到冲突情境。而利他、服从、人际敏感的人，相对不大容易陷入冲突情境。

有的人喜欢接受新鲜、不熟悉的事情或者情境，有些人则喜欢稳定、熟悉的事物或环境；有些人能够同时接受多样化、有个性而且繁杂的信息或者复杂化的情境，有些人则愿意事情单一、简单；有些人能认同事物复杂无解，有些人则要求所有问题简洁流畅而且清晰有解。所谓模糊耐受性，指对事物或者情境抱有相对新奇、复杂和允许无解的态度。这种人相对更能有效地面对组织变革，应对压力和冲突。完成下面的个性测验，你可以有机会了解自己模糊耐受性程度。

[案例6-3]　　用社会态度量表了解自己的个性特点

【说明】请就下面各种说法表明赞同或者不赞同的程度。"1"表示完全反对，"2"表示基本反对，"3"表示较为反对，"4"表示既不反对也不同意，"5"表示较为同意，"6"表示基本同意，"7"表示完全同意，如下面的评价尺度所示。请选择尺度上相应的数字填写在每个陈述前的空格当中。观点无所谓对与错，不必反复思考。

1 ————— 2 ————— 3 ————— 4 ————— 5 ————— 6 ————— 7
完全反对　　　　　　　　中立　　　　　　　　完全同意

(　) a. 一位不能给出明确答案的专家可能知道得并不太多。
(　) b. 我喜欢到国外住一段时间。
(　) c. 实际上没有不能解决的问题。
(　) d. 那些按部就班过日子的人可能失去生活的大部分乐趣。
(　) e. 好的工作在应该做什么和如何去做这方面总是很明确的。
(　) f. 解决一个错综复杂的问题比解决一个简单问题要有趣。
(　) g. 长远说来，解决小而简单的问题可能比解决大而复杂的问题获得更多的成果。
(　) h. 最有创意和最令人兴奋的人，是那些不在乎自己是否与众不同，并且富有首创性的人。
(　) i. 我们往往习惯于偏好那些相对新奇的事物。

能力提升（管理卷）

（　）j. 坚持"是或非（不对即错）"类型答案的人，不知道事物实际上是如何的错综复杂。

（　）k. 过着平常而有规律的生活，几乎没有意外或惊奇发生的人，实际上是有很多乐趣的。

（　）l. 许多重要决定是基于不充分的信息做出的。

（　）m. 相比于多数人或所有人都是陌生人的聚会，我更喜欢参加那些大多数人我都认识的聚会。

（　）n. 做出模糊安排的教师或上司，给人机会去展示开创性和首创性。

（　）o. 我们接受相似价值观和思想的速度越快越好。

（　）p. 一个好老师是使你质疑自己看待事务方式的人。

个体差异表现在认知、情感、道德、个性等诸多方面。如果再考虑全球化的今天，人与人之间跨地域、频繁的交流，必然还受国家文化差异，民族、地域、性别、年龄差异等因素的影响。因此，人与人之间的分歧乃至冲突可以说是无时无刻、无处不在的现象。

6.2.1.2　信息不对称

不同的人了解的信息不同，产生的观点也不同。高层管理者如果不能及时全面了解基层的情况，那他们的决策就很容易出现失误，他们在推行各项决议或者制度的时候就容易遇到各种冲突或者抵触。同样道理，如果下属不了解总体情况，或者只清楚自己或者本部门的事情，那当然容易不理解领导的一些决定，容易看到上级部门或领导的"官僚习气"。

信息不对称所导致的矛盾冲突在组织当中很常见。它们基本属于任务型冲突或过程型冲突，是"就事论事"性质的冲突，一般不大会情绪化，不容易激发人际矛盾。因为没有挑战人的自尊、价值，所以解决起来也很容易。只要建立必要的组织沟通体制，加强人际沟通，就容易化解这类矛盾冲突。

[案例6-4]

非典时期正式渠道初期信息公布不充分、不及时，而网上的信息很杂乱，总体事态发展已经非常严重，因此群众对政府的措施有所不满。如果信息发布不一致、不对称、不全面，不同的人根据不同的信息，很容易产生矛盾的看法，导致相应的冲突。

6.2.1.3 角色不兼容

按照社会学的观点，我们每个人在单位、在家庭、在社会上其实就是在扮演各种角色而已。这就如同演戏，扮演不同的角色，那么你的扮相、言行举止、忠奸品德等都相对固定了。在一个组织当中，各部门的职责是不同的，每个人的职责也不一样。所以，他们看问题的角度往往就很不一样。另外，部门、岗位的差异，其实也意味着他们的信息有所不同，或者对同样信息的分析角度不同。因此，角色冲突往往掺杂了信息不对称因素。

组织目标、组织结构的复杂性，工作制度和流程的不确定性，必然导致组织不同部门、不同岗位之间的矛盾冲突。中央政府和各级地方政府之间，因为各自的目标不同，考虑的问题不同，所以工作之中难免会有摩擦。单位当中，负责财务的人往往强调财务管理问题，别的问题要么看不见，要么不认为有多么重要；业务部门的人往往觉得自己的工作最重要，职能部门应该更好地配合自己工作而不是"刁难"业务工作。

如果我们能够设身处地多从对方角度考虑问题，很多矛盾冲突通常会迎刃而解。大家在不同的位置，提意见的角度就会不一样，产生矛盾。所以，我们应该多一些协调沟通机制，如成立各类松散的委员会、定期交流信息。一个能够转换角色，换位思考的人，更容易理解和欣赏他人，这种人自然具有较强的协调矛盾冲突的能力。

6.2.1.4 环境压力

人的情绪和行为都极易受到周围环境的影响。个体差异和角色差异诱发矛盾冲突的可能性，会因为紧张的环境条件而大大提高。资源丰富、政策宽松、扩张增员的时候，组织内外的各种矛盾冲突通常容易缓和甚至是一派祥和气氛；但是，如果预算减少、政策从严、缩编减员，各种矛盾冲突就容易像火山一样迸发出来。

环境压力对矛盾冲突的影响表现在很多方面。环境压力带来更大的不确定性，容易引发更多的挫折或威胁，而且容易造成恶性循环。

（1）环境压力容易增加不确定性。当一个组织本身面临压力，这往往意味组织本身的前景就不大明朗，这时候组织就很容易陷入混乱和冲突当中；当一个人面临工作压力的时候，他的权力、地位和利益也会变得不大确定，因此很容易出现焦虑，并且由此诱发更多的人际冲突。

(2) 环境压力容易导致挫折感。挫折容易诱发过度的自我防御和攻击行为。在环境中受到挫折的人很容易为自己开脱，甚至不惜指责组织政策或者周围的其他人。如果当他人不认同这一点，就很容易爆发进一步的激烈冲突。

(3) 环境压力容易导致冲突氛围的蔓延。当压力情景之下有人率先表现出焦虑或者指责行为时，周围人很容易相互模仿。心理学家的研究表明，人的攻击行为、情绪表达等都具有很强的学习模仿性或者社会规范性。因此，人的冲突有环境影响与学习的因素，我们要注意在组织内部建立良好的氛围，领导要带头树立良好的榜样。

6.2.2 冲突应对方式与基本协调策略

针对不同的冲突缘由，我们应该采取不同的协调应对策略。例如，如果是人与人之间的个体差异造成的矛盾冲突，相应的应对策略是提高自己的人际敏感性，了解和尊重社会多元性，不能按照自己的偏好要求他人；如果矛盾冲突的主要缘由是信息不对称，那么建立畅通的信息沟通渠道，加强管理者的沟通意识和沟通艺术恐怕是必由之路；如果是角色差异导致的矛盾冲突，那么除了加强沟通之外，对组织战略、目标的理解，业务流程再造，部门职责、工作设计、权限的梳理等，都是有效地解决矛盾冲突的路径；如果是环境压力引发的冲突，那就应该不推诿过错，增进彼此间的理解，同心协力就成为必要的追求。

[案例6-5]　　　　午休时间的不速来客

某局A处长组织并参与了一期全国性业务培训班，没想到的是其中一项工作竟然引起了单位另一位B处长的抵触行为。

那是开班第一天，按照培训日程，开班第一天下午要进行分组讨论。中午，A处长正在房间看文件，突然房门传来一阵激烈的敲门声，在午休这个安静的时刻显得特别刺耳，A处长急忙起身将门打开，站在眼前的是单位一个岁数较大的B处长，B处长一脸怒气地质问A处长："谁把我分到了地市级讨论小组？为什么不把我分到省级讨论小组？"

其实，对分组问题，A处长事前也曾有慎重考虑：为了保证学习讨论的效果，首先要将140多名学员分成七个小组，根据学员的情况正好可分成5个省级讨论小组和2个地市级讨论小组，其次要将本司局参加培训班的9个处长、副处长作为讨论小组的记录人员分到各小组，7个小组有9个人当记录员，那么有两个组就有两个记录员，而正好有两个地市组，于是A处长将两个岁数较大的女处长分到地市组并分别配了一个副处长协助记录，这样做既可减少两个女处长的记录强度，而且在学员较多的地市组里配两个记录员也显得比较妥当。但A处长没想到，B处长不仅没有理解A处长的良苦用心，反而为此大发雷霆。

看到B处长如此生气，A处长说"有什么问题，请先进房间再说"，可B处长只是不断地重复一句话"谁分的组？为什么不把我分到省级组"，丝毫听不进去A处长的解释，A处长只好问"你想到哪个组"，B处长说"就到你那个组"，A处长冷冷地说道"随便"，B处长立刻摔门而去。结果下午讨论时，B处长哪个组都没去，在房间里待了一下午。而A处长去了地市组，A处长原先的那个组刚开始没有记录员，后来讨论中虽然发现了这个情况并及时进行了补救，但还是影响了工作，造成了不良影响。

启发与思考

A处长与B处长之间发生冲突的原因是什么？如果你是A处长，面对B处长的责问，你会如何回复？

我们再一次看到，沟通在解决矛盾冲突当中所起的关键作用。但是，如果一个人没有尊重他人的意识，或者组织没有相应的要求或者机制，一个人为什么一定要听别人的？或者为什么要费时费力与别人协商？因此，光靠个人的沟通意识和技能，无法保证沟通能够真正有效地展开，沟通协调的效果也是无法指望的。总之，正如我们前面所述，个人的沟通意识和沟通艺术水平、对他人的尊重意识、组织当中的协调机制缺一不可，它们同时在处理矛盾冲突中起着重要的作用。

虽然矛盾产生的不同缘由要求我们采用不同的应对策略，但各种差异当中也有一些共性的原则可以借鉴。下面我们依次介绍人们遇到矛盾冲突时的基本反应方式以及协调矛盾冲突的基本策略。

6.2.2.1 应对冲突的反应方式

无论面对什么样的冲突情形，无论具体缘由如何，无论冲突双方是谁，归根结底是冲突双方或者多方就特定的观点或者利益发生了分歧。根据双方观点或利益的满足程度，我们可以将人们应对冲突的反应方式大致分为五类：强制反应、迁就反应、回避反应、妥协反应和协作反应。

能力提升（管理卷）

这五种反应类型，反映了冲突双方的利益关系，反映了双方合作或拒绝的不同程度。其中协作反应指努力同时满足冲突各方的需要；强制反应指只考虑满足自身需要，不顾他人利益或观点的冲突应对方式；迁就反应是不顾自己的利益或要求，一味地考虑对方需要的满足；回避反应指既不谋求实现自己的观点或利益，也不让对方观点或利益得逞的应对方式；妥协反应则谋求冲突双方各自观点或者利益同时获得部分满足。其中，强制和迁就是两种极端的反应，是以一方完全获胜，另一方完全失败而告终。其他三种反应都是谋求双方利益在相互权衡制约当中获得满足，可能双赢，也可能双输，或者介于两者之间。

(1) 强制反应。充分考虑自己的主张，不考虑别人的看法和要求。强制反应的目标是开拓自己的路。采取强制反应来应对冲突的人，通常相对处于强势位置，他们或者因为肩负相应职责，或者是位高权重，或者是因为他们掌握更多信息，时间紧迫，所以不惜牺牲对方的利益来满足自己的需求。

强制反应有三种典型的表现：滥用权威、玩弄权术、忽略搪塞。

- 滥用权威主要体现为经常不必要地强调自己的权威或者领导位置，或者强调自己的阅历，或者直接以"后果自负"、"服从命令"等方式来威胁对方。"我知道什么是正确的选择，不要说那么多，照办就是了，否则我找别人来做。"

- 玩弄权术的人貌似柔和、民主，但一切商议活动都在他们的严格授意当中进行，商议的结果也是他们事先确定的，这实际上依然是一意孤行的独裁行为。

- 忽略搪塞是找各种理由来忽略对方的观点或者利益。他们可能说根本没有看到过你的建议，或者指责秘书忘了递交或者提醒，或者建议你再写一份。反复再三，间接地让你明白他对你的观点不感兴趣。

长期采取强制反应，虽然在一定程度能够快速实现自己的意图，落实自己的职责，但是因为总是忽略另一方的观点和利益，置对方于挫折甚至羞辱当中，所以很容易引起别人的反感。这样的冲突策略，短期内能快速解决问题，但长期来看，容易导致组织士气下降，组织效率低下，引发更多的人际矛盾和冲突。

(2) 迁就反应。充分考虑对方的观点或利益，克制自己的愿望和想法。迁就反应目标是不激怒其他人（也可能是惹不起）。对于相对弱势的一方来说，由于自己的职责或者权限、信息掌握，以及时间急迫性等方面的原因，他们很容易放弃自己的意见，屈就对方的观点或利益。

迁就反应的典型行为表现是轻易退让。这种人可能基本上从来不表达清楚的具体观点，因为他们害怕与别人不一致。他们基本上完全放弃自己部门或者岗位的职责，放弃自己的专业立场，不顾自己掌握的信息，一味地站在对方的角度考虑问题。这种人往往具有异常谦虚的姿态，而且容易被强势人物视为很好的"班子成员"。

长期采用这种策略来应对矛盾冲突，可能有利于维系与冲突对方的人际关系，但这样做的危害也十分明显。从组织利益角度来看，迁就反应者往往是一个不能尽职尽责的人，他们可能忽略自己所代表的组织、部门或者专业角度，最终给组织带来巨大的损失；从个人角度来说，其他人可以利用你的这种反应方式。一味地迁就和退让可能让对方得寸进尺，从而使自己面对越来越多的强势人物和强制反应。

（3）回避反应。对矛盾冲突置之不理，使双方的利益都得不到满足。这种应对策略的目标是避免处理冲突。典型的表现是"我对此保持中立"，"那不关我的事情"。之所以如此，可能是认为事情不是那么紧迫，条件时机不成熟，害怕得罪人等。由于冲突没有得到处理，这样的应对策略可能能够暂时缓和，但长期如此会使得矛盾积淀，甚至加剧冲突。

（4）妥协反应。双方的愿望都部分得以实现，问题获得部分解决。这种策略的目标是迅速达成一致。典型的表现是"让我们找到一个双方都能接受的方法，以便工作能够继续下去"。之所以如此，可能是害怕耽误工作或者引发烦恼和痛苦，所以急于妥协。应用这种策略的结果，通常都是双方各有让步，但是问题并没有因此得到真正的解决。

（5）协作反应。它是问题解决式的方法，是综合式的，可以使双方愿望都获得最大限度的满足。这种策略的目标是共同解决问题。典型的表现是"我的想法是这样的，你的呢"，"我正在力图找到最好的可能的解决办法"。之所以采取这种策略，原因在于双方地位差不多，双方同等，决策过程也公平，双方都比较信任。这样处理冲突，往往能最大限度解决冲突，双方都对解决问题做出承诺，并且对结果表示满意。

综合这些方法可以看出：强制的方法态度比较强硬，可以使冲突很快解决，但因为它牺牲了一方的利益，所以有不稳定的因素。当双方实力有所改变时，冲突会很快再次出现。强势的一方会认为这种策略非常有效率，但另一方会有不满、躲避的情绪。因此，强制策略不利于长期的合作。回避策略是最差的应对冲突方式。它并没有解决问题，只是暂时的拖延。妥协反应致使问题获得部分解决，但争端可能会延续。协作反应就是一种比较好的综合解决问题的策略。我们说任何一种冲突应对方式都有自身的独特价值，有它适用的条件。但是从长远来讲，协作反应是最好的一种反应方式，对我们长期的合作，和谐的关系都非常有利。

6.2.2.2 谈判原则

那么我们怎样才能达到协作的解决方案呢，下面我们来谈谈两种谈判策略：

- 分配谈判策略。我们通常遇到的问题是，双方要在一个固有的份额中进行分配，一方多，另一方就少，很难达到双赢，像双方争夺一块固定大小的蛋糕。这种竞争思路采取的是分配谈判策略，利益分歧很难解决。
- 综合谈判策略。双方按照自己的不同利益来进行交易，就对自己不重要而在对方很重要的问题上做一些让步。认真考虑对方的主张，关注更长远的利益。双方合作可以创造性地将蛋糕做大，这样双方的利益都可以得到满足。一般来说，强制、迁就、回避、妥协的解决方式都适用于分配谈判策略，而协作适用于综合谈判策略。如表6-1所示。

表6-1　　　　　　　　谈判策略和冲突管理策略的比较

谈判策略	分配型	综合型
冲突管理策略	迁就 强制 妥协 回避	协作

注意以下的方面，我们可以取得更好的综合谈判效果：

- 建立长远目标：为了营造合作的气氛，双方需要将注意力集中于他们共同的根本点。
- 将人和问题分开：成功的谈判能澄清相互的利益，应该将注意焦点集中在实际的内容上，解决问题。只有超越个人的讨论，才能使协商得到一个双方都满意的结果。
- 集中于利益而不是观点：一致的观点是协商者所要达成的最终目的。而利益是达成一致的理由。经验表明，假如更宽广和多侧面看问题，更易在利益的基础上达成共识。
- 为相互的利益创造机会：这一步要求激发创造力，通过使双方注意力集中于头脑风暴、共识和解决上，谈判的动力自然从竞争转移到协作。
- 应用客观标准：不管冲突的双方如何，总是有一些不相容的利益。这些机会不单是对意志的检验，而应注意它的公平性，寻找公平的方法评价我们的观点，这样才有利于长期的合作。

- 用获得而非损失来定义成功：如果管理者寻求10%的提高而仅仅达6%，那结果能被看做是60%的改进或40%的失败。第一种解释集中于收益，第二种在损失。结果是相同的，但是管理者的满意程度却大相径庭。所以，从获得的角度阐述问题更容易达成一致的意见。

我们要根据冲突的情境选择适当的方法，怎样选择适当的方法呢？我们可以参看表6-2。

表6-2　　　　　　　　冲突—管理技术和情形条件的匹配

情景的考虑	冲突管理技术				
策略	强制	迁就	妥协	协作	回避
内容的重要性	高	低	中	高	低
关系的重要性	低	高	中	高	低
相对权力	高	低	等—高	低—高	等—高
时间限制	中—高	中—高	低	低	中—高

冲突管理失败一般有两种原因：不考虑情境因素的变化，或者是无力实行协作式的解决策略。

[案例6-6]　　　了解自己的冲突应对风格

【说明】下面是一些有关人的行为或反应的描述。请按照1~5的尺度（1指"很少"，3指"有时"，5指"总是"）说明一下你使用这些行为或反应的频率。做大致估计就可以，不必反复斟酌。

a. 我始终坚持自己的观点。
b. 我尽量优先考虑其他人的需要。
c. 我尽量达成双方都能接受的妥协。
d. 我力图避免卷入冲突。
e. 我力求彻底和共同地调查问题。
f. 我尽量试着挑剔其他人的观点。
g. 我力求达成一致。
h. 我通过商议来使自己的建议获得部分认可。

能力提升（管理卷）

i. 我避免公开涉及有争议的主题。
j. 我开放性地与其他人共享信息来解决意见的分歧。
k. 我喜欢在辩论中占上风。
l. 我总是赞同其他人的建议。
m. 我寻找中间立场来解决分歧。
n. 我不对外流露真实感觉以免招致反感。
o. 我鼓励开放性地共享忧虑和问题。
p. 我不愿意承认自己错了。
q. 我试着帮助其他人避免在冲突中"丢面子"。
r. 我强调"平等交换"的好处。
s. 我鼓励其他人带头解决辩论。
t. 我认为自己的观点只是一种个人看法。

6.2.3 冲突情境与角色

问题解决式冲突管理可以分为四个阶段进行：确认问题；提出解决方案；制定行动计划并达成一致；实施和跟踪。其中，前两个阶段是最重要的步骤，也是最难施行有效管理的步骤。因此，我们的技能训练主要集中在前两步。

在一个冲突中争论者在争端刚起的时候，出发点不一致，担任的角色有所不同，通常有发起人、回应者和调解人三个角色。所以我们将分别说明每个争论者的角色和应该怎样担当好这些角色。

（1）作为冲突的发起人。
- 提出自己的问题；
- 以行为、结果和感受言简意赅地描述问题；
- 避免对回应者做评价总结和臆断回应者的动机；
- 坚持直到对方理解；
- 鼓励双向讨论；
- 议程管理：逐步接近多重或复杂的问题；
- 专心达成共识，以此作为请求改变的基础。

（2）作为冲突的回应者。
- 显示真诚的兴趣和关注来建立共同解决问题的气氛；
- 查询有关问题的其他信息；
- 赞同抱怨者某些方面的观点；

- 征求意见，寻找可以接受的替代方案。

（3）作为冲突的调解人。
- 承认冲突的存在，提出问题解决冲突的方案；
- 就争论方或问题保持中立姿态，以了解双方的看法；
- 讨论要公正——讨论要以事情为导向而非人格导向；
- 促进探索问题的解决方案而不是追究责任；
- 关注利益而非观点，以探索可选方案；
- 确信双方对达成的解决方案都充分了解和支持，并确立后续步骤。

作为调解人，有些人经常举止不当。以下罗列了比较典型的十种错误做法：
- 听完陈述后，就没词了（如，向后一靠，陷入慌张）；
- 向二者之一表达赞同（如，通过面部表情、姿势或移动椅子位置等）；
- 在其他人能听到你说的话时，表示你不应该在工作时讨论这种东西；
- 阻止情绪宣泄，建议双方冷静下来后再谈；
- 认为双方都有错误，指出两者各自存在的问题；
- 建议举行一个你可能不是主持人的求解方法会议；
- 导致双方共同攻击你；
- 缩小问题的严重性；
- 换话题（如，要求帮助解决你自己的问题）；
- 当双方争执时，显得很不耐烦。

在一定的情况下，调解人在双方正式会见之前，进行分别的调查非常重要。当双方以前就存在冲突，那么在这些情形下，事先的分别会谈，能增加你对根本原因的理解，并且改善个体解决其冲突的能力。个别会谈和联合会谈中，调停人事实上是在对双方进行解决冲突的训练，这对他们也是很好的学习机会。遇到以下所列出的几种情形时，我们均应采取联合会谈的方式，千万不要安排分别会谈。

（1）警觉度和动机水平。
- 都对问题表示关心；
- 解决问题的动机相同；
- 接受你作为正式调停人。

（2）关系的实质。
- 地位相当；
- 经常一起工作；
- 有非常好的关系。

(3) 问题的本质。
- 一个独立的问题；
- 抱怨具体而明确；
- 双方对问题产生的根本原因看法一致；
- 双方有相同的价值观和工作目标。

6.3 实施有效沟通的几个要点

在具体展开人际沟通之前，有必要认真分析沟通的情境。对沟通的目的、对象、形式、内容、时机等做一番考虑，这是管理取得效果的根本保证。

6.3.1 明确沟通目的

沟通的重要目的之一就是获得或传递信息。但是，工作沟通在大多数时候都不以获得或传递信息作为根本性目的。沟通并不简单等同于信息或信息流。在信息爆炸的当今时代，每个人身边的信息都大量冗余，扑面而来的信息让人应接不暇。因此，你在实施沟通之前，必须要有一个根本性的考虑：沟通的另一方为什么要费神来注意并接受你的信息？

在大多数时候，你的目标几乎是不言而喻的：你的职责、你的愿望所要求的；你必须按时完成任务、必须达到领导或公众的标准；你要让上司满意、让服务对象满意；你想获得尊重、展示才华等等。你的目标可能很少、很清晰，但也可能很多而且相互矛盾，让你处于犹豫或困境当中。

首先，尽可能地把你所有能够想到的沟通目的都清楚地罗列出来。为了避免视角单一、考虑不周，我们在开始的时候应该采取开放姿态，用发散的思维方式考虑各种可能的目的，使自己的沟通活动具有创造性。沟通目的的全面思索，也有利于管理者在实施沟通活动的过程中具有足够的灵活性和适应性。有些人可能上来就确定自己的一个沟通目的，忽略其他问题，结果导致顾此失彼的战略失误，而且一旦遇到冲突，要么强硬坚持、要么迁就退让，不大能够采取我们在前面单元所介绍的"协作"或者"双赢"的应对策略，从而不能创造性地解决各种复杂多变的管理问题。

其次，尽可能按照轻重缓急梳理各种沟通目的。我们应该根据目的的终极性质、重要性和迫切性等因素来考虑沟通要达成的目标。例如，面对一个经常迟到早退的下属，你与他沟通的目的当然应该是提醒并且指示他尽快改进不足之处。但是，上班不迟到、不早退，相对来说是个过渡目标，终极目的还是提高工作效率和效果。相对于工作效率和效果来说，迟到早退的问题有时不是那么紧迫的问题，甚至也不那么重要。如果该下属工作能力和绩效相对优异，只是经常迟到早退，那么你可能会发现应该适当考虑弹性上班制度或者实施项目管理，这样一来，谈话的目的和内容就会发生改变。

建议大家按照从终极性目的到阶段性目的、从抽象到具体来整理各种沟通目标。例如，我们可以区分：沟通意图、沟通策略、沟通任务三个层面。沟通意图指最终的目的、中长远的目的，通常是沟通活动给组织、给沟通双方带来的根本利益；沟通策略指一些阶段性目的或眼前的目的，也包括你传递信息的基本思路、基本角度；沟通任务指具体要实施沟通的对象、内容、形式、时机等。

6.3.2 确定沟通对象

在管理沟通情景当中，沟通的对象有时有很多。例如要制定一项制度，可能要与下属单位或个人沟通，还要与其他并行部门或个人沟通，有时还要多头请示相关主管部门或单位。凡是沟通结果可能影响到的人，都应该成为我们考虑的潜在沟通对象。政府部门的一项农业政策，肯定会这样或那样地影响农民的利益。所以，尽管农民很多时候不参与相关的政策制定，但政府部门为了保证政策的正确与取得实效，事先和事后多与农民沟通就显得十分必要。

（1）区分不同的沟通对象。在诸多的潜在沟通对象当中，我们要根据职责、权力、信息掌握等因素，将沟通对象区分为主要对象和次要对象。主要对象指那些拥有相关职责和权力，或者是了解重要信息、参与决策，或者是拥有最后表决权的人。次要对象指可能会受沟通结果影响，或者长远来说可能涉及或影响我们工作的人。

（2）分析沟通双方的关系。沟通双方的关系主要取决于双方的职责、权力和信息把握。如果沟通一方具有足够的职责和权力，并且掌握足够的信息，他可能会采取"简单告知"的策略。他不一定在意对方的态度和反应（人际关系），也不愿意多花时间考虑如何准确全面地传递信息。随着对方职权、信息方面的优势增加，你的沟通风格就逐步从居高临下的"告知"，转变为平等的"协商"，甚至是"请示"。

（3）考虑对方的态度。沟通双方关系是否友好，这是决定我们沟通方式和内容的重要因素。面对一个不友好的对象，你的措辞、观点、策略都必须格外细心斟酌。当然，我们还要进一步分析对方态度的起因及可能的影响策略。准备一些有针对性的观点、迂回缓和一下人际关系，都是必要的沟通策略。

（4）充分考虑对方的利益。任何沟通推销的绝不是沟通内容本身，它的根本目的在于利益，我们要尽力从各种沟通对象的角度考虑我们的观点给他们带来的正反两方面的影响。我们应该尽量确保我们的观点对他们总体来说是有益的；即使给他们带来不利，也是暂时的，或者在诸多选择当中是损害最小的。

6.3.3　选好沟通形式（媒介）

沟通形式（媒介）对于沟通效果的影响也是巨大的。口头沟通、书面沟通、电子沟通、会议沟通，这些复杂多样的沟通形式各有各的特点。

（1）口头沟通。这是管理者采用较多的一种沟通方式。尤其对于基层、中层的管理者来说，口头沟通占据了他们许多的时间。面对面的口头沟通，能及时、多方向地传递信息，而且有利于营造感情氛围。后续的支持性沟通主要介绍这些口头沟通技巧。

（2）书面沟通。这种沟通具有准确性和严肃性。在组织管理当中，口头沟通相对不够正式，而且很容易遗忘。所以，组织大部分重要信息都采取了书面沟通形式。多媒体网络技术，极大地提升了我们的沟通效率和沟通效果。与此同时，也对我们传统的写作风格和写作形式发起了严峻的挑战。

（3）会议沟通。会议沟通兼有权威性和效率。通过当面参与互动、充分共享一致的信息，会议沟通可以帮助我们达成各种管理目标。如何组织会议、如何布置会场、如何组织交流，这些都是非常重要的细节问题。同样道理，在信息技术时代，如今的会议沟通形式和技巧也发生了很大改变。

6.3.4　沟通内容与沟通时机

沟通的内容不同，沟通的形式和策略也往往不同。

如果是积极信息，或者说沟通双方级别差异明显，很多人愿意采用直截了当的沟通方式。直接的沟通方式可以快速、清晰地传递信息。直接扑面而来的大量积极信息容易给对方留下一个强烈而有冲击力的总体印象，随后的观点更容易被接受。

如果是消极信息，或者要说服比较固执的对手，很多人愿意采取迂回间接的沟通方式。以委婉、积极的方式开头，做适当的背景铺垫，再披露消极信息，最后再加上一个积极的结尾。间接的沟通方式有利于削弱负面消息的影响，它在缓和观点气氛的同时，有利于对方心平气和地对待信息。

沟通时机也非常重要。如果沟通双方彼此观点分歧很大，或者信息背景差异明显，这时候如果面对面沟通很容易引发激烈冲突，因此书面形式或第三方传递这样的间接沟通形式可能更为适合。

当消极信息接二连三地传来，当对方忙得应接不暇的时候，或者在人多、嘈杂的环境，沟通的过程和效果恐怕不会那么如意。

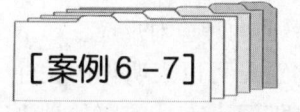

[案例6-7] 离休干部医疗费用管理制度改革为什么会中途流产

某财政厅A处直接负责推行本省省级单位公费医疗改革，具体内容是：在职和退休职工实行现金看病，费用与个人适当挂钩；离休干部实行把医疗费按标准发给个人，现金看病，节约归己，超支审核后全部报销。改革的意图是建立起医疗费的自我约束机制。对离休干部建立一种激励机制，在保证其看病就医的前提下，医疗费节约归己，超支全报，从而避免不看白不看，不花白不花的浪费。

办法的出台不可谓不慎重。省财政厅和卫生厅会签后，又报省政府主管财政的常务副省长签发，然后由财政厅、卫生厅共同召开省直机关主管厅长和办公室主任会议进行布置。

没想到这次会议出现了重大变故。新办法的文件被迫收回了。文件收回的主要原因是离休干部意见很大。这应该算是一次很大的工作失误，不仅造成政府、财政厅和卫生厅工作的被动，由此还给下一步省公费医疗改革造成了很大的负面影响。

启发与思考

本案例中改革方案为什么会失败？相关部门或者人员之间的利益是否冲突？

6.3.5 支持性沟通：人际和谐的沟通原则

如何处理好各种人际关系，这是管理者的重要挑战之一。支持性沟通力图在传递信息的同时建立和保持沟通双方的积极关系。为了解决好棘手的人际关系，创造和谐人际和组织氛围，我们必须遵守一定的沟通原则。

6.3.5.1 要善于倾听

真正能够赢得友谊的人，是那些善于倾听的人。善于表达固然重要，但是如果你没有仔细聆听他人的表白，你怎么知道对方遇到什么问题、有什么选择？没有倾听，我们就不了解对方，不了解对方有什么想法，不清楚对方真正关心什么利益。所以，倾听意识和倾听技能，是听取他人意见、关心对方利益、取得共识和双赢的前提。你可以参考附录材料，测试了解自己的倾听风格。

善于倾听的人，面对他人时采取的行为反应是有一定特点的。在忠告、转移、探询和回应这四种反应风格当中，他们更多地做出后面两种应对反应。

• 忠告方式，即直接提出建议和解决方法。清晰的意见可以表明你的关注与高明，但也容易让对方产生依赖。最关键的是如果你倾听不够，上来就给他人建议，有可能根本就是不切题的瞎分析、瞎指挥。

• 转移方式，指表达自己类似的感受。转移方式表达了一定的理解，并且有所共鸣。但是，它也容易使人觉得自己受到轻视或你在有意转移话题。同样道理，转移方式妨碍你进一步了解对方的情况。

• 探询方式，指就对方陈述做进一步的询问，了解具体情况和原因。通过不断的询问，有助于引导对方做深入细致的思考，同时表明自己在认真地倾听。通过询问了解各种情况及深层次的原因之后，我们更有机会把握住问题的核心，更有能力提出有针对性的意见和建议，甚至能够帮助对方自己来整理、思考和解决问题。

• 回应方式，指基本在重复对方的意思或者个别词句。回应方式至少说明你在倾听，同时也在鼓励对方进一步表达。不过，一味地回应有时候也会给对方留下一种你在敷衍的印象。

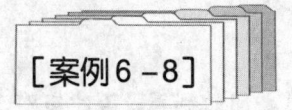

[案例6-8]　　　　　　　　　了解你的沟通倾听风格

【说明】假如你先后遇到4个人，他们先后向你当面抱怨他们在工作中面临的问题。每个抱怨后面都有5个可能的反应。请问你倾向于其中的哪种反应？请倒过来排列你最有可能选择的反应，3表示你的第一选择；2表示你的第二选择；1表示你的第三选择。

(1) 这个工作我已经做了6个月了，单位里的人我几乎谁都不认识。我看起来好像不能与别人交朋友，或者不能被别人接受。多数人工作都十分繁忙，没有时间与别人交往。我觉得我自己孤立无援，完全像是个局外人。

  a. 不要急于担心交不到朋友。你会看到，随着你在单位待的时间增长，事情会变得好起来。

  b. 你初次遇到别人时，你会说什么？是你先表示友好的吗？

  c. 由于单位的雇员都十分繁忙，大概没人有时间来维系亲近的社会关系。你对此不能抱太多的期望。

  d. 这么说，你感觉单位里的人不能接受你？

  e. 事情并不像你感觉的那样严重。我第一次进入单位工作的时候，也花了我6个月的时间来调整。我到现在仍然不认识同一部门中的某些人。

  （2）我不能忍受我的老板。你想象不出还有比他更独裁、要求苛刻的人。我还没有遇见过任何人像他这样不关心雇员。他完全不顾他人感受，缺乏人性，他让工作环境糟糕透顶。

  a. 听起来你好像难以应付严格的控制和权力。

  b. 我能体会你的感受，上年我们部门也有一个"女强人"几乎使每个人都要发疯。她是极端专制的老板。

  c. 你得解决这个问题，否则你会有更多的麻烦。我认为你该找他，并告诉他你的感受。

  d. 你目前正在艰难地适应你的老板，对吗？

  e. 你为什么对他有如此强烈的感受？其他人呢？

  （3）我想知道，上一次有关职务晋升的决定到底怎么回事？我认为我应该得到提拔。我确信在我所在的部门中，没有人像我这样有经验，而且我听到一些消息也认为我很适合这个岗位。你从外面引进人，让他在我之上，这真的使得我十分失望。我认为这不公平。我们单位提拔人，到底有什么标准？

  a. 小李，你根据什么认为这次的晋升非你莫属？你知道这个岗位有什么要求？知道我们要寻的是哪种人吗？

  b. 不要气馁，小李。你的工作不错，如果你耐心等待，我保证你会有其他机会的。下一次我会帮助你把握机会的。

  c. 小李，我认为你对此存在错误的认识。就这个新职位而言，标准十分明确，有人比你更适合。

  d. 小李，换句话说，你对自己在单位里的位置有些迷惑。

  e. 你把这次晋升决定看做对你的技术能力的挑战吗？

  （4）嗨，老王，不同意我申请买新的电脑，这是什么意思？我的办公室真的需要它。我们的工作越来越多，一台电脑已经不够用了，我们在用手完成一些

能力提升（管理卷）

本该由电子表格完成的工作。不要再跟我老调重弹，说什么单位要紧缩资源。我对新设备已经期待很长时间了。

a. 小张，你听起来好像对没有批准你的申请而感到十分心烦。

b. 在你已经有一台的情况下，你为什么还需要添置新的电脑呢？你不能计划一下工作，利用一台电脑就处理完你所新增的工作吗？当你确实感到事情过多时，是否可以考虑先借一台电脑来工作如何？

c. 你知道，小张，其他几个办公室条件比你的更差。有一些人根本就没有受过培训，不会操作软件。对现有机器操作做必要的培训，已经让我们感到十分困难。

d. 我知道你很心烦，小张。但是你如果耐心点，我保证我会解决你的问题。

e. 很抱歉，小张，但资源十分紧张是事实。这也是为什么我们回绝你的要求的原因。所以，你只能继续用一台电脑工作。

6.3.5.2 对事不对人

就事论事的沟通风格，体现出你关心的是问题和问题的解决，而不是人或者人的性格品质。围绕问题来展开沟通，有助于我们了解事情本身；围绕人的能力或品性来沟通，容易引发反感和对立，激发更多人际矛盾。

在很多时候，与其说一个人"素质低"，可能还不如具体讲讲你有感而发的缘由，例如看见他随地吐痰。与其说一个人"独裁"，就不如说这次人事任免决定没有充分征求班子成员的意见。与其说一个人"太笨"，不如说他电脑技能掌握太慢。

之所以不针对人说长道短，主要是避免不必要地激发人们的自我防御心态。我们每个人都努力维护着自己的形象，对自我的评价往往要好于他人所作的评价。另外，人的能力、性格、价值观等个人特点在成年阶段基本已经缺乏可塑性了，其中有些特点甚至多半来自遗传原因，即使发现和承认，也基本无法改变。因此，我们对人评头品足，难以服人不说，最关键的是缺乏建设性。

6.3.5.3 要多描述少评价

管理工作讲究实事求是，必要的时候我们也要表明自己的观点和态度，包括一定程度的评价。但是，我们要少做评价性沟通，多做描述性沟通。

所谓评价性沟通，指沟通活动侧重评价对方的所作所为，乐于"贴标签"或者"扣帽子"。例如，沟通当中过多地总结评价人的性格、品行；或者急于判断"是与非"。在沟通过程中，如果你说对方"工作不主动"，对方通常会如何回应呢？显然，他可能很快就急于辩解自己是如何"主动"，甚至反过来攻击你，说你"根本不了解情况"。如果沟通双方在沟通过程中都在不断评价对方、为自己辩解，甚至相互攻击，那么沟通不仅会以失败告终，而且双方人际关系也会因此而恶化。

所谓描述性沟通，指尽可能地描述事实（行为、结果、环境等），以降低对方的防御心态。描述性沟通通常包括三个步骤。

首先，尽可能客观地描述相关的事件本身，包括人的行为、过程、背景等。这些描述通常比较方便去证明，不容易引起争议。例如，对于一个多次迟到的员工，我们应该详细陈述他迟到的次数、迟到的时间。陈述要限制在行为和客观过程这一层面。

其次，要描述该行为造成的结果及你的感受。员工的行为往往会造成一定的后果。例如，多次迟到的员工，他会让他的同事手忙脚乱地替他应对客户，客户可能因此而投诉。作为管理者，当然你要表示对此事的关注，要提醒他这样做违背了哪些规定，会有什么后果。陈述尽量围绕组织制度、他人的反应、你的感受，不要随意揣测对方行为背后的动机、人品等。

最后，要探索一个解决方案。指出对方的行为、描述行为的后果，这不是沟通的根本目的。沟通是一种管理活动，它是以解决问题为目的的。因此，重点在于共同来寻找一个解决问题的方案。

6.3.5.4 多一些肯定，少一点否定

有效的沟通通常是使对方感到被承认、理解、接受和尊重。因此，在沟通过程中体现出对他人的欣赏，多肯定对方的观点或部分事实，少一些批评或者否认，这是支持性沟通的重要特点之一。一味地批评、过多的分歧、一边倒的观点，往往造成更多的矛盾，破坏沟通氛围与合作效果。

沟通当中尽量欣赏或肯定他人，主要体现在四个方面：平等尊重、灵活应变、双向交流、大同小异。

平等尊重的心态对于管理者非常重要。如果处处要强调领导的位置，下属在自己的领导面前一般就容易感到心虚和怯懦。平等尊重的氛围，有助于让下属感到自己受到关注，看到自己的价值和能力。灵活应变指努力表现出愿意听取不同意见，愿意学习改变，愿意接受新的事物、新体验。不固执僵化、故步自封，同时也不妄自菲薄、无谓迁就。双向交流鼓励发表意见和感受，是平等尊重、灵活应变的前提条件，同时也可能是平等尊重、灵活应变的后果。大同小异指在区分

能力提升（管理卷）

轻重缓急的前提下，尽量就职责和义务等与对方达成一致。存大同、求小异，这有助于彼此的感情认同，培养员工的自我价值感。

人际沟通当中有些行为表现会严重地阻碍人际关系的建立和维系。例如，傲慢自负、强硬冷漠、不通情理，这是很常见的不良沟通风格。

- 傲慢自负的人，在沟通中往往以"高人一等"的姿态出现。例如，刻意提高自己的价值与贡献，挑剔、贬低他人的工作或能力；过于烦琐、没有必要的礼节或言语，在普通人面前大量使用行话或者外语来谈论自己的专业知识或经验。

- 强硬冷漠的人，在沟通中常常以公开或者内敛的方式格外坚持自己的观点。他们说话武断、绝对、拒绝对方质疑，让他人感觉自己被认定是无知者。对方会因此而可能跳到另一个极端，采取消极抵抗的方式来应对，如沉默、回避目光、频繁打断他人等。

- 不通情理的人，基本无视他人的感受或意见。他们不大善于发现或者珍惜对方的感受或思想，不大懂人情。

6.3.5.5 任何时候都不说违心话

直言不讳、前后保持一致，往往有助于管理者开展有效的人际沟通活动，维系良好的人际关系氛围。

大部分时候，坦诚相待相对于作假或作弊来说还是比较明智的。过于压抑自己的好恶情感或观点、不说实话的管理者，首先自己的身体和心理会因此而承受代价，其次是容易让下属造成误解。下属可能完全错误地认为你能接受某些事情，所以当再次出现同样的问题时，他会掉以轻心，甚至出现其他胡乱的猜测。

直言不讳的内涵非常丰富。它包括直截了当地表达自己的真实观点、前后一致地保持自己的观点、沟通内容与沟通形式保持一致等。

直言不讳是每个人的权利。所以，作为一级领导者，我们无论如何也得给下属营造出一个可以自由表达并直言不讳的环境来。

☞ **思考题**

1. 一份机密文件不见了，当你准备向领导报告时，第二天又出现在你的抽屉里。你如何处理这件事？

2. 假如你正在兴致勃勃地和同事谈论领导的缺点，领导出现了，你该怎么办？领导的能力比你低，你该怎么做？如果领导比你强很多，你又该怎么做？

3. 假如一位你需要经常合作的同事,和你在工作中常常有较大的分歧,影响了工作效率,你怎么与他合作共事?

☞ 推荐阅读书目

1. 《管理就是沟通》,托马斯·D·兹韦费尔著,中信出版社,2004年版。
2. 《人性化管理沟通》,肖晓春著,中国经济出版社,2008年版。
3. 《中层沟通技巧》,易书波著,北京大学出版社,2008年版。

第 7 单元

演 讲

■ 引 言

演讲是领导和管理工作的一项基本功，是一种能力，也是一门艺术。知道该说些什么很容易，但说得让人信服却不简单。演讲要能打动人、鼓舞人、说服人，甚至要能征服人。好的演讲有时能抵得上千军万马，产生雷霆万钧之效。一个干部讲话的学识水平，逻辑修养，乃至语调的驾驭能力，都是演讲获得成功不可或缺的元素。

■ 学习目的

- 了解在各种不同场合，不同情况下演讲的主要内容和结构方式；
- 掌握演讲技巧中的基本要点；
- 提升演讲的实际能力。

■ 引 例

哲学是明白学、智慧学，学懂了哲学，脑子就灵，眼睛就亮，办法就多；不管什么时候、干什么工作都会给你方向，给你思路，给你办法。我当了15年工人，搞过100多项技术革新，当时被称为革新能手，几乎是干什么就革新什么。我搞了个木工计算法，为此还拍了个电影。60年代初，建筑业一度抹灰工短缺，领导要我们木工队改行做抹灰工，在一年零八个月的抹灰工作中我搞了一套机械抹灰法，据说，迄今仍有人使用。1965年我转为干部，从一个工厂的总支书记到今天，中间多次转换工作岗位，有时工作内容和性质变化很大，但都能很快适

能力提升（管理卷）

应、很快熟悉，并有所作为、有所创新。这都是哲学帮了我的忙。哲学这门学问说来也神，你的工作越变化、越新，它显得越有用；你的地位越高、场面越大，它的作用越大；你碰到的问题越困难、越复杂，它的效力越神奇；面对的问题越关键，它发挥的作用越关键。

资料来源：李瑞环著：《学哲学 用哲学》，中国人民大学出版社，2005年版，第15~16页。

启发与思考

这一段通俗朴实而又深刻的话语，讲起来朗朗上口，听起来发人深省。这不是信口言来，不是朝夕之功，是优秀演讲能力之一斑。

7.1 演讲的目标

演讲有三个层次的追求：追求表达好自己的思想；追求让别人听懂；追求影响他人的行为，也就是要"征服"听演讲的人们。演讲不应该是一场表演"秀"，是实实在在地因为工作需要而讲，是为了号召大家、鼓动大家而讲。

7.1.1 把自己的话说好

演讲首要而基本的追求，就是表达好自己的思想。要把自己的意图表达清楚，表明自己的观点，这和写作的一般要求一样，要"准确、鲜明、生动"。

7.1.1.1 准确

演讲和写作的相同之处是，所讲和所写的数据要准确，引用的资料要准确，所讲和所写的概念和理论阐述的表达要准确。

不同的是，在写作的时候，如果想不起来，可以借助查找资料、问询别人等多种方式把所要表达的内容写准确。而讲话则需要连续不断地进行，必须比较流畅地讲下来。因此为了讲话的准确，就要求演讲者的脑子里要背下很多内容。一个领导者总不能在开会的时候说："同志们，这个问题的内容我突然想不起来了。你们等一会儿，我先看看资料去，回来再接着说。"也不能自己讲不明白，讲不利索，有关具体内容要求与会者自己回去看文件。

一个领导干部不管是高层的还是基层的，一般要记住 5 000~10 000 字左右的内容。比如，一个单位的理念、口号，七八个字，十几个字，必须要背下来，而关于这些字的解释会有几百个字。还有，工作范围内的基本数据，本职工作的基本原则、指导方针，基本理论的阐述，都应该准确地背下来。又如，一个方面的理论阐述，上百个字甚至上千个字都应该背。只有背下来这些东西才能使演讲准确，才能滔滔不绝地讲好。而且随着形势的发展、工作任务的变化，每个人所需要背的内容还要不断地补充和更新。比如，党的十七大召开，提出了"高举中国特色社会主义伟大旗帜，深入贯彻落实科学发展观"等重要思想，这是今后一个时期的指导方针，我们就应能够在脑子里熟记，尽快在干部群众中讲出来。

　　当然，背下这么多内容，不是朝夕之功，而要靠慢慢积累。需要记住的那些段落，一年当中要在干部中过手、过眼、过脑几十次，应该逐渐做到耳熟能详，讲得流利。为什么有人不能记住呢？主要是没有留心。需要记住的思想内容，文件、报纸、杂志、网络、电视、广播都会经常出现，如果我们能够对于耳目经常触及的重要思想内容都能留心，给予一定的注意，每次都有意识地记一记，积累的时间长了，那些内容就能脱口而出，准确流畅地讲出来。

7.1.1.2　鲜明

　　演讲要做到鲜明，首先就要繁简得当，这和写作类似。说得多的内容，意思自然就鲜明，给人的印象就深，就突出。但是，作为口头表达，除了繁简得当以外还要作用于他人的听觉。同样的一篇话，有人讲一遍留给别人的印象不深，而另一人讲一遍别人印象就非常深刻，两人讲得一字不差，效果却不同。这就跟演讲语言的鲜明度有非常大的关系。

　　说话的时候，字和字之间的间隔不是相等的，词与词之间、字与字之间长短轻重有主次之分。重要的词、核心的词，要放慢速度说——加倍放慢速度。这样才能说得清楚，让人听得明白，印象深刻。从语文的角度说，每两三个短句，三四个短句之中，一定有一个词需要放慢速度，如果是一个长句，句中至少有一个词要放慢速度来说。究竟在哪个词放慢速度讲，取决于讲话人自己的理解，自己的意图。

[案例 7-1]

　　"演讲和领导工作有密切的关系"这句话，在讲话时可以有不同的表达：

　　"演—讲—和领导工作有密切的关系。"

"演讲和领—导—工作有密切的关系。"
"演讲和领导工作有密—切—的关系。"

启发与思考

同样一句话，由于说话时词与词之间、字与字之间长短轻重缓急不同，产生了不同的听觉效果。自己试说一下，立即会感到语义表达鲜明了。

因此，演讲的鲜明不仅是写作上的繁简得当，在表达当中还要有相应的手段和方法，放慢语速是一个基本的手段。简单地讲，就是重要的地方——放慢说，特别重要的地方——大声说。稍加注意我们就会发现，所有的演员、播音员讲话时都会注意到核心词，一般要将核心词放慢速度讲，并且还有可能加大力量，提高音调去讲。

7.1.1.3 生动

生动就是以情动人，就是不阐述道理，不讲概念，而用故事、现象表达意图，以一个个具体事物、具体过程来说明大道理，以某一点、某一个环节来证实思想的命题。

写作和演讲在阐述了道理之后，都会讲述案例，都会描述场景，都会抒情。写作的文稿，如果抄写或者打印出来，无论多么生动的内容也只是静静地在纸上的文字。而演讲的生动不仅体现在内容的变化，还要求讲话人能够绘声绘色，把自己的情感参与进来，包括声调的变化，声音色彩的变化，眼神表情的变化，手势体态的变化等。比如，讲到案例、故事的过程，喜怒哀乐情绪都会伴随出现；讲到见闻情趣，悲欢惊奇都会自然表达出来。一般来说，这是人们讲话的本能，但有水平高低之分，也有准确贴切与否之分。

7.1.2 让别人听懂

演讲进一步追求的目标是让别人听懂。演讲的时候，要看着听众的眼睛，追求让别人听懂自己所讲的话。领导者演讲一定要有让人听懂的强烈追求，不能是我讲我的，你爱听得懂听不懂，甚至是爱听不听。古人说"语不惊人死不休"，今天领导者的演讲应当做到"你不理解我不休"。

让别人听懂有两种情况：一种是复现；另一种是理解。

7.1.2.1 复现

已经发生的事实,通过演讲者讲出,在别人脑海里再一次出现,好像在眼前浮现,这就是复现。

[案例7-2]

在我深入基层时,了解了全省税务系统劳动模范、永兴县国家税务局金龟税务所专管员李易福。他的5个子女无一就业,妻子又因患病无力耕作,家庭生活十分困难。从1989年税务局发放制服后,他再没给自己买过一件衣服,添过一条裤子,他的全部衣服放在一个破旧的纸箱里只能装到半截。在食堂吃饭,他打回一份菜经常要分作两餐甚至三餐吃,为的是省下钱给老伴治病,让孩子读书。李易福缺钱,但他无数次拒绝了纳税户送上门的钱物,经手让几百万元的税款足额及时地缴入国库。

资料来源:演讲与口才网。

启发与思考

无论谁听到这样的演讲,一定会在头脑中浮现出这位劳动模范艰苦而又严于律己的形象。

7.1.2.2 理解

要追求别人理解,讲话的时候要不断观察体会,看听讲的人们听懂了没有,是不是理解了,被自己说服了没有。

[案例7-3]

假如我是一个厂长,我牢记三句话:一是与其在逆境中被拖垮,不如在拼搏中奋进,继续发挥企业精神,带领职工知难而上,绝不向困难低头。二是不找市长找市场,我绝不乞求政策、等待改革,而要果断地调整产品结构,适应市场需求,在竞争中求生存,在生存中求发展。三是人心齐,泰山移,干部与群众要同心同德、同甘共苦、同舟共济,这样就没有什么困难不能克服。

启发与思考

这样的演讲词就是要让人们理解他关于走出困境的思路和决心、毅力。

领导者演讲中更多的内容是讲道理,所以追求让听众听懂,理解的成分可能要重一些,要让听众真正明白自己讲的是什么意思。演讲者要看着大家是不是目光集中,是不是微微点头,人多的时候,还要观察大家的呼吸是不是一致的。要努力呼唤这样的效果。

7.1.3 影响他人

演讲者讲完了以后,听众都很支持所讲的意见;或者听众改变了原来对这个问题持有的不同意见,这就是演讲者追求的更进一步的目的——影响他人,"征服"听众。其实,前面所讲的追求把自己的话说好,追求让听众听懂,最后都要聚焦、落实到最后这一目的。简单说,领导者演讲的最终目的是要让大家听领导的话,按领导的要求把工作做好。

7.2 演讲基础

7.2.1 克服紧张

很多人当众讲话时会心情紧张。有人在这一场合不紧张,换个场合讲话也会紧张。一位资深的老司长曾经讲过,当干部这么多年了,如果是给下级讲话,不管在全国各地,或者是在部里、司里,基本上都不会紧张。但是,如果两个部委开个规模较大的会议,让他上去讲一段话,多少还会有点紧张,有时面对国务院领导讲话,在大型场合汇报工作,也会有点紧张。

产生紧张心理的原因,主要是过多地在意别人对自己的注意,过多地注意别人对自己的态度或者猜想别人对自己的评价造成的。紧张会大大影响演讲的质量,特别是初当领导干部的同志,一定要跨过这一关。

心理学家提出两个消除紧张心理的对策:一是转移注意力;二是自我心理暗示法。这两个方法有一定的效果,但是也有局限和不足。

7.2.1.1 转移注意力

命令自己不注意听众几乎是不可能的。心理学家告诉我们一个小窍门：在上场前，如果心情紧张，可以两手使劲握拳，紧紧握住，然后突然放松，同时全身肌肉都放松了。这样反复做三次，就不会感觉紧张了。因为这个时候演讲者已经把注意力都放在握拳和放松上了，就会忘记别人对自己的注意，只要一忽略别人对自己的注意，紧张马上就释放了，在一秒钟之内从头到脚就全部放松了。

还有类似的方法，比如做深呼吸。在上场前深吸一口气，然后徐徐吐出，反复做三四次。在这个过程中，演讲者把注意力都放在呼吸上了，同时也就忘了别人对自己的注意，紧张的情绪也就会有所消减。而且深呼吸还有一个好处，就是吸进去的氧气量大，大脑获得氧气量比平常多，这样会使演讲者头脑更清晰，心情更加放松。

根据这样的思路，每个人都可以设计其他很多动作，通过做这些动作来转移注意力使自己的心情放松下来。

不过在实际操作的时候有个问题。在上场前不紧张了，但是一上场面对众人开口说话，看到大家的目光都集中在自己身上，还是会觉得不自在，不由自主就在琢磨场下的人怎么看我，他们心里在想什么。只要心里想着这些，又感受着台下听众目光的压力，这样紧张的情绪又会重新回到身上。此时，再不能说让大家等等，我握一握拳头，或者我吸两口气，然后再演讲。

7.2.1.2 心理暗示

另一个对策是演讲者对自己的暗示。心理学家提示演讲者，不要认为台下的听众都是很有水平的，都是领导、专家、内行、教授，可以暂时把他们当成小学文化水平，认为他们什么都不懂；或者把台下的听众当成文盲，就当给他们扫盲来了；或者把台下的听众当作一个个木桩子，当成一片菜地，想象每一个座位上都是萝卜、白菜。因此，他们不可能指责你，不可能嘲笑你。于是就大胆讲，放开讲，效果有可能非常好，演讲因此而获得成功。

但是，这个方法也只能针对一部分人。我们当中的很多人是很理性，很现实的，不论他如何把台下想象成是文盲，他仍然清醒地知道台下是一个个智慧的头脑，不论他怎样想象台下是一片菜地，都真实地看到每一个"大白菜"、"大萝卜"上都有一双智慧的眼睛在盯着自己，心里还是会紧张。这样的方法对这一部分人的局限性比较明显。

能力提升（管理卷）

7.2.1.3 模拟练习

实实在在消除紧张的有效办法，就是做模拟演讲练习。如果演讲者下午两点钟要在一个很大的会场里做演讲，可以在一点钟的时候，把办公室门锁上，只有自己一人，或者有几个好朋友，利用这个时间和这个环境，大声讲一遍。经过这样的准备，到会场上应该不会出什么失误。如果在办公室大声讲两遍，到会场上一定是成功的。这是个很灵验的办法。

有条件的话，可以预先到讲演的会场去看一看，在那里试讲两遍，寻找更为真实的感受。等到人们都坐满了，再来讲第三遍，紧张就会大大缓解了。与此同时，对于讲台的高低，话筒的位置，都提前适应一下。甚至走向讲台的路线也试走一下，做到心中更为有数。

[案例7-4]

有一位民营企业家，他从来没在公众面前讲过话，他的企业参加招标活动，交了标书，竞争入围了，最后需要每个企业领导人进行10分钟的阐述。指导他的老师了解了企业的情况后，在纸上写下了八个字："材料、价格、工艺、时间"。这位民营企业家看着这八个字，讲了不到2分钟。他讲完后，大家共同商议，在纸上添加需要补充的文字，然后再讲。这样反复了七八次，那张纸上已经有了一百多个字。最后这个民营企业家拿着这张纸试讲的时候，已经能讲8分钟了。后来在招标的最后陈述时，他讲了10多分钟。经过这样认真地练习，他的演讲最终获得了成功。

启发与思考

这个案例告诉我们，要想克服演讲时的紧张，取得满意的效果，事先的练习是最有效的方法。

练习、实践，这就是克服紧张最好的办法。这个办法还有一个重要的作用，那就是避免失误。有时讲话稿打印有误，有时要讲的话没有想好措辞，有时打算引用的诗词没有背熟，都有可能当众出错，甚至出丑，如果练习就能发现其中的问题，及时解决。所以重要的讲话，事先一定要有所练习。

克服紧张的练习必须做到两个方面：出声练习和不间断地完整练习。

(1) 出声练习，就是一定要大声地讲出来。很多人习惯坐在办公室里静静地想一想，这样单单在脑子里想肯定是不行的。因为心理学研究结果表明，很多句子在我们的脑海中好像是想明白了，但事实上思考的语句都是残缺不全的，一讲就会发现有问题了。回忆一下我们这一生，多少次已经想好了准备和某人说什么，但是真的到了那人面前说话的时候，却和原来想好的那些话不一样。因此，光想是不行的，光想讲什么而不进行出声练习，不会对克服紧张有什么帮助，必须讲出声来才能奏效。演讲练习要讲出声来，就像学游泳必须下水后才能学会一样。静静地思考，想一想讲什么，就像在岸上练习游泳动作，如果不下水，无论岸上的动作多么准确和漂亮都没有用。

（2）不间断地完整练习。要特别注意，开口练习时要连续不断地讲下来。中间也许少不了有结巴的地方、讲得不得体的地方，甚至是一团糟，产生放弃重来的念头。但是，最好不重新开始，中断会导致真正演讲时失败。只有坚持下来，演讲练习才有提高能力的作用，才能真正让自己适应实际演讲会场，甚至是复杂的场面。

如果把办公室练习比作游泳池练习，把真实演讲比作到江河湖海去游泳，游泳池里练习时，游十米八米就站一站休息一下，再游个十米八米，再站一站休息一下，那就根本不可能到江河湖海里游泳。假如在办公室里练习，讲三分钟停一下，然后再接着讲，或者重新讲，再讲三五分钟，又停下来，是难以应对演讲的真实现场的。

上面那个案例中的那位民营企业家练习的过程中，也有讲不下来的时候。在他练习时，他的助手不时打断他，指出他讲话中不妥的地方。后来，教师明确告诉他们，在那位企业家练习讲话的过程中不要打断他，如果有什么建议等，在他完整地讲过一遍之后再提出来。在没有中断的一遍遍试讲练习中，那位民营企业家的演讲很快就成功了。

真正演讲的时候，演讲者不能和大家说"我想不起来了，容我想一想"，也不能和大家说"对不起，我重新开始讲吧"。如果没有更多的时间练习，就给自己规定10分钟练习时间，在这10分钟不停顿练习的时间，锻炼自己在困境中还能够硬着头皮讲下去的能力。每练习一次，就会比上一次有更多的自信，紧张自然会消除掉了。

7.2.2 提高组织语句的能力

组织好演讲的语句，是演讲的核心基础。优秀的演讲者组织语句的能力很强。

能力提升（管理卷）

现实生活是立体的、三维的，而当用语言来诉说现实的时候，语言表现出的是线性的特征。语言的线性表达过程表现在，我们说出的话是一个词一个词沿着时间的顺序说出来的，说成了一条线。现实和语言表述在这里就形成了一对矛盾。当我们把一个手脚并用的机械操作动作用语言描述出来，当我们要把三个人同时操作不同动作的过程用语言表述出来，就会感到有些困难，有一时说不清楚的感觉。这就是语言组织能力的不足。我们平时说的最熟练、重复频率最高的那些词的范围非常狭窄，都是生活语言。然而，公务人员要讲公务语言，管理者要讲管理语言，领导者讲话使用的词汇和句式的范围就要比日常生活宽泛得多。因此，领导者为了演讲，就需要不断扩展自己的词汇和句式。

[案例7-5]

夫妻二人清点家里的现金和存款，可能会有这样的对话：
——有这么多钱了，咱们买个好点的小车吧。
——不，咱家还是买个一居室吧。
——其实小车、房子都想买……
——小车、房子都买的话，钱不够呀！
——钱不够，哎，你上二姨家去借点呀！

在家庭里说这些话很自然也很正常。但是如果要是说成下面的语句，就会显得很不适应：
——现在清查咱们家的资产。
——家中的资产已经达到一定额度。
——需要并且可以购置一辆中高档轿车。
——不，需要购置一所房产。
——既购置轿车又购置房产，资金不足。
——那去二姨家融资吧。

然而，在工作讲话中这样的词汇和句式是常常用得到的。

启发与思考

平时说话和演讲时遣词造句的范围不尽相同，不同的场合需要不同的语言。

很多情况下，别人说的话，自己完全能够听得懂，但是要是让自己说，就说不好。虽然心里明白，但就是找不到合适的词汇和句式，或者词不达意。这部分一时找不到的词句我们称为消极的词汇和句式。我们要努力把消极的词汇和句式变成积极的词汇和句式。

积极的词汇和句式，就是别人说我能听懂，我自己心中有某个想法或意见，也能够脱口说出的恰当的词汇和句式。

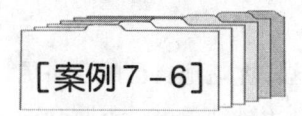

[案例7-6]

中共十六届四中全会闭幕时，江泽民同志、胡锦涛同志和全体中央委员有一次会见，当时的讲话是这样的：

胡锦涛：同志们，今天我们大家都非常高兴，在党的十六届四中全会胜利闭幕的时候，我们敬爱的江泽民同志特地来看望大家，让我们以热烈的掌声欢迎江泽民同志为我们做重要讲话。（掌声）

江泽民：今天来同大家见面，我感觉到非常高兴。讲三句话，第一衷心感谢中央委员会接受了我的辞呈，第二衷心感谢这若干年来同志们对我工作的支持和帮助，第三希望在以胡锦涛同志为总书记的党中央领导下努力工作，继续前进。我坚信，我们党的事业，必定会不断地取得更大的胜利！（掌声）

胡锦涛：同志们，我们衷心感谢江泽民同志刚才所发表的满含深情的重要讲话，衷心感谢他为党、为国家、为人民做出的杰出贡献，衷心感谢他对我们新一届中央领导集体的工作给予的支持和帮助。在这里，我代表中央委员会的全体同志向江泽民同志表示崇高的敬意！（掌声）

启发与思考

这是讲话原始录音的记录，一字未做修改。我们在观看这段演讲录像时，发现他们两人都有边讲边思考组织语句的过程，语句组织得体恰当。这样组织语句的水平是很高的。

每个人都有自己熟悉的工作领域，可能在一定范围内的语句组织很熟练，或许讲到其他领域的内容时，不一定能达到很流畅的程度。每个领导者都应该在自己从事的工作领域，在自己所熟悉的范围内，锻炼好组织语句的能力，熟练而深刻地表达好自己要讲的内容。

增强熟练组织语句的能力，让自己有更丰富的积极词汇和句式，一个简单而又非常有效的办法就是每天朗读、讲述5分钟报纸内容。最好是专业报纸刊物，或是普通报纸杂志的相关部分，内容与自己的工作越接近越好。最初，是照本宣科，一字不差地朗读；一段时间后，在忠于原文意思的前提下讲述报纸的内容。如果真的坚持半年一年，演讲时就会心到口到，积极词汇和句式脱口而出，恰到好处地表达出自己的思想和意图。

7.2.3 演讲听众分析

演讲之前，非常有必要了解和分析听讲人的情况，这样才能把自己的演讲更好地与听讲人的心理衔接起来。每次演讲之前，至少要用十秒钟考虑一下听众的情况。即使是熟悉的下级，经常见面的群众也是如此。对于比较熟悉的群体，可以稍加考虑，少花一点时间，少用点脑子。

可以从以下八个方面来分析听众：

(1) 谁来听。即听演讲的人是熟悉的还是陌生的，他们的身份是什么。

(2) 多少人来听。需要注意的是，有时预计有数百人来听，可实际到场却只有四五十人，会让人很扫兴；有时预计有三十来人，可实际到场却有二百多人，会让人感到突然，以至于慌张。演讲的思想准备，应该是无论多少听众都要信心百倍地去讲好。日本前首相田中角荣在当年竞选时有一次演讲，冒雨到场听的人只有一位，他还是满怀信心地认真做了演讲，感动了那位听讲人，也坚定了自己的信心。

(3) 听众的目的。来听讲的人也许是例行公事，接受指示，也许是为获取未知的情况，也许是为了取得与自己意见一致的共鸣。不同目的的人，对于演讲的感觉也会不同，会明显地表现出有没有兴趣，愿意听什么不愿意听什么。对此，演讲人要有相应的思想准备。

(4) 听众对所讲事物的了解程度。如果众人都不知道要讲的内容，演讲人可以神秘的姿态出现，吸引大家的注意力，会产生很好的效果。如果所要讲的消息已经在群众中传开，演讲者还仍然用神秘的姿态面对大家，可想而知有多滑稽！

(5) 听讲人对所讲事情的态度。听讲人对所讲的事情是支持，是反对，还是无所谓；支持者支持到哪一步；有没有保留的地方；反对的态度反对到什么程度；是完全反对，还是部分反对；这些都要了解清楚，演讲才能有的放矢，有针对性地组织内容，把话讲到人们的心上。

(6) 与听众间共同的文化背景。演讲者要善于利用与众多听讲人之间共同的文化背景。所谓共同的文化背景，就是我们大家所共知而外人所不知的那些故事。一个民族有共同的文化背景；一个地区、一个单位、一个部门，都有各自共同的文化背景，即这一群体之间共知而外人所不知的故事。最小的群体三口之家，爸爸、妈妈和孩子之间，也有他们三人共知而外人所不知的故事。演讲者在不同的文化背景下，利用大家共知的事物，使自己的演讲更为生动，更有丰富的内涵。

（7）听众的经济状况。这个问题有时也应加以注意。不要面对高收入者大谈"为富不仁"，也不要对低收入者总讲"艰苦奋斗"。

（8）听讲人的知识水平和知识结构。对于不同知识水平的人，讲解说明问题的方式必定有所不同，要从他们理解的内容，他们的知识起点讲起。即使大致相等水平的群体，由于所学专业不同，知识结构不同，演讲者的表达也应该调整到和听讲人衔接的程度。

面对不同的听众，演讲的方式、演讲的内容都会有所不同。尽可能多地了解听众，分析听众情况，是演讲前的重要环节。

7.2.4　演讲文稿

演讲要不要文稿，不同情况下有不同的要求。

很多情况下，演讲是不必有文稿的。一般会议的开场白、结束语，简要的事情传达布置，礼仪性的讲话，都不必写成文稿，有个腹稿，边想边讲就行了，一边讲一边在脑子里组织语句。如果很简短的话，很简单的内容也都让人写成规规矩矩的稿子，上场照本宣科，大可不必，时间长了会弱化自己的讲话能力。

在工作会议上，如果事情很重要或者头绪很多，为了防止遗忘，应该在笔记本上写好讲话的提纲。每件事项可以写一句话，或者写上三五个字，提示自己不要忘记要点。然后根据提纲，边想边说。事情繁多，内容复杂，可以写个更详细一些的提要。

引用中央文件的段落，引用上级机关的指示，引用教科书的内容，引用古文，引用他人原文，可以照文件读，或者抄在单页上、笔记本上，引用时照读。然后，再讲自己的理解和本单位的具体要求。要让大家听明白，哪些话是引用的，哪些话是自己的。

在重要的大会上讲话，需要有文稿。要注意的是，手里拿着稿，也要照着稿子"说话"、"讲话"。一般来说，有文稿的演讲，需要严格按文稿讲，应该是不讲错内容，甚至不讲错一个字。这样，就不可能完全摆脱念稿的痕迹。即使在这种情况下，也要尽量向"说话"、"讲话"的方向靠拢，要求自己在句尾时，在段落结句时抬头看着在场的人们，和大家交流。不要只是一味地照着稿去见字念字，见词念词。见字见词不见句，见词见句不见段，难以让人听到心里去。照本宣科式的讲话，已经远远不能适应今天的社会了。

7.3 演讲结构

7.3.1 精彩的开场白

这是呼唤听觉的准备状态。写作要开门见山，恰恰讲演不能开门见山。阅读的时候人是主动状态，而听别人讲话，却是逐渐进入主动状态的。比如，平时打电话给某人，确认是老王后，会这么说："老王啊，我跟你说件事，这事很重要，你听好了，事情是这样的……"四个短句说过了，正事一个字没说。这个过程就是在呼唤老王的听觉准备。电话那边已经很关注了，注意力已经很集中了，这边才可能开始说实际的事情。

同样道理，演讲也得有一个精彩的开场白。要渐渐地把全场听众的注意力吸引到自己身上，大家心神稳定了，开始关注自己的说话了，才能讲正题。开场白可长可短，少到十句话，三两分钟都行。开场白可以充满悬念，可以充满趣味，可以很新奇，可以很生动，目的就是吸引全场关注。当大家注意力集中在自己身上时，话题一转就讲正事了。这段开场白与所要讲的主题有没有关系不要紧，只要把大家的注意力集中在自己身上就行了。

7.3.2 结束前的归纳和总结

演讲的结尾要对演讲的内容作归纳和总结。当演讲到尾声的时候，"同志们，我今天就讲到这里了"，这时千万不能宣布散会，要把前面讲过的内容归纳和总结一下。

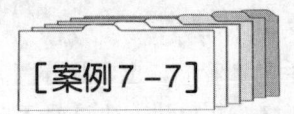

[案例7-7]

某领导在会议结束时讲，"我今天讲了四项工作，一严明纪律，二加强管理，三落实责任，四强化服务。现在散会。"

当听完这次会议的一名工作人员下班回家的时候，他妻子正在炒菜做饭，见到他回来，满脸不高兴地问："今天为什么回来晚了？"丈夫解释说："今天开重要的会，领导讲话时间稍长了点，不是干别的事去了。"

妻子不相信，问哪位领导讲话，问讲了些什么。如果丈夫能说出领导讲的是"一纪律、二管理、三责任、四服务"，那妻子一定会痛快地说："好了，吃饭吧！"

启发与思考

这是笑话，但是一个开会的人对另外一个没来开会的人能够复述到这个水平，会上演讲的人就成功了。

不要指望大家把领导讲话的字字句句都记住，都能复述，那是不可能的。需要让与会者记住的是领导讲话的总体框架。如果记住了框架，就能相对完整地回忆起讲话的更多具体内容，如果没有这样的框架，听众所带走的只能是零散的信息，回忆起来的可能是支离破碎的片段。更重要的是，他只要记住框架，就能从总体上把握领导所讲的主要精神。

临散会之前把一场演讲的主要内容作归纳和总结，最容易被人们记住。这是记忆规律，被称为"近因效应"。在演讲临结束的时候所讲的内容，一定是一个个简短的词或者词组，不能是若干段落的再次阐述。否则不容易被人们记住。

一般来说，演讲开头时会告诉大家今天要讲的内容，演讲中间详细展开讲明各部分内容，这就像在超市里边一边走一边仔细选购商品；而演讲结束之前再次讲明本次演讲的框架，就像是离开超市时使用购物袋让人很方便地把所买的东西带走。

最后的结束语，可以说得很耐人寻味，讲号召、鼓动、希望、感慨……也可以比较简单。最朴素的就是"散会"两个字。

7.3.3 单层结构与抽屉法则

演讲中间的主体部分，应该遵循单层结构，这和写文章不一样。

写文章，特别是教材，经常采用的是如下的多层结构：

一、……

    1.……

        (1) a. …… b. ……

　　　　　(2) a. …… b. ……
　　　　　(3) a. …… b. ……
　　　2. ……
　　　　　(1) a. …… b. ……
　　　　　(2) a. …… b. ……
　二、……
　　　1. ……
　　　　　(1) a. …… b. ……
　　　　　……

　　如果试着把这份文件朗读一下，就会听到："一……，1……，(1)……，(2)……，(3)……，2……，(1)……，(2)……，二……，1……，(1)……　(2)……"没有视觉文稿相伴随的时候，是不可能听明白的。

　　演讲时，听众一般是看不到讲稿的，所以在没有视觉参照时，演讲只能讲单层结构。绝不能讲成这样："今天我讲三个问题，第一个问题里面有三点，第一点里面有三个小点……"那样一会儿自己都可能讲乱了，别人也就更加不明白。即使两层结构，听众也还常常是一头雾水。

　　与单层结构相联系的，有一个"抽屉法则"。办公桌都有抽屉，起到把琐碎的东西放整齐的一种作用。演讲的每一层结构就是一层（个）抽屉。

　　(1) 抽屉法则一：不能串抽屉。这是个严格的法则。如在讲纪律的时候，就只讲有关纪律的内容。虽然纪律与管理、责任、服务的关系非常密切，但是在讲纪律的时候，就不要涉及管理和服务等内容；讲管理的时候不要连带纪律和责任；讲责任的时候不要再去讲纪律和管理；讲服务的时候同样不能再重复管理和责任。各层次内容明确，别人才能听得明白。这样的要求有一定的难度，可这是必需的。

　　(2) 抽屉法则二：抽屉要鲜明。运用重复强调的手段，讲出每一层次的标题，让大家明确感觉到演讲中的各个层次的划分，也就是一个个"抽屉"的存在。

　　(3) 抽屉法则三：宽容的法则。允许每一抽屉里面可以讲得不那么有条理，可以讲得颠三倒四，可以啰嗦。不要紧，只要"抽屉"明确存在，结束时还有归纳和总结，听众一定能够领会演讲的内容。有的人能够把"抽屉"里面的内容也讲得有条有理，那是高水平的演讲者，值得学习。

7.3.4 时间的分配与掌握

很多场合要求领导者按照既定时间讲话,也就是要看着钟表讲话,不能说讲10分钟,结果却讲了50分钟。对于10分钟的讲话,到5分钟的时候应该计划一下后面怎么讲,到8分钟的时候再计划后面讲什么,讲到10分钟就可以停止了。当然,如果事情确实重要,需要扩展讲话内容,可以在10分钟时向大家说明:"由于事情重要,10分钟讲不完了,需要讲更多的时间。"

演讲的各层次部分之间的结构也要控制好时间,既要突出重点,也要相对均衡。

[案例7-8]

国防会议准备开始时,叶利钦走进会议室。他按自己的思路发了言,根本没用任何讲稿,尽管他手头上的资料一应俱全。他在讲话结束时说:"议程如下:国防部长和总参谋长每人作15分钟报告,其他人发言不超过5分钟。"国防部长站起来说:"我和总参谋长每人需要30～40分钟时间来作我们的报告。"叶利钦说:"整个会议要在一个半小时内结束,请不要超过规定的时间。"国防部长又说:"在这样短的时间说不出什么来。"叶利钦说:"我用了一个多月的时间研究您的报告,国防会议成员手中也都有您的报告,所以没有必要对报告进行复述,只要说些主要的东西和回答些问题就行了。"国防部长回答:"用15分钟时间谈构想是不可能的。"叶利钦说:"您已经浪费了2分钟规定给您的时间。开始吧!"

启发与思考

在争分夺秒的竞争时代,按规定时间讲话,是应该养成的好习惯。

7.3.5 礼仪性演讲和三结构

演讲如果有实质性的内容,那有多少条就讲多少条,有多少要点就讲多少要点,这是工作的必须。有的情况下,是礼仪性的演讲。在短篇的礼仪性演讲中,建议讲三结构。

三结构很容易组织。最常见的是:眼前直接—密切联系—远端相关。即:第

能力提升（管理卷）

一，讲眼前直接现实，眼前发生了什么就讲什么，讲那个事件。第二，讲与之有密切联系的内容，或者是前因后果，或者是一分为二。第三，讲远端相关的内容，主要是今后、下一步的目标和理想。

几何学中讲三角形最稳定。同样道理，在许多实际工作演讲时，也会用到三结构。比如，三特点，三用途，三规律，三类型，三方面，三大基础，三个法宝，三个步骤，等等。三结构在简短篇幅中具有丰富感。一般来说，讲两结构使人感到单薄，讲四结构使人感到啰嗦，所以讲"三"是恰当的。三结构有多种类型，有的是并列三结构，有的是一个核心两个要点，有的是对立双方和中间环节，也有三个连续、连贯的过程。

前面的例子中，江泽民同志说"讲三句话"，他讲的是三结构：一是辞呈，二是感谢，三是希望；胡锦涛同志没有说要讲几句话，他实际讲的也是三结构，即对江泽民的三个感谢：一是满含深情的讲话，二是若干年的贡献，三是对新一届中央委员会的支持帮助。

[案例7-9]

当培训课程结业的时候，听完大家关于学习情况的简要汇报，领导站起来讲话，讲三结构就很成功：

同志们，我讲三个词。第一个词——祝贺。祝贺大家在这里学习有成绩、有收获。第二个词——感谢。感谢优秀老师们的授课，感谢为教学做出努力的各方面工作。第三个词——希望。希望大家在未来的工作岗位上好好运用学到的东西，创造出更大的成绩，把我们的工作推向前进。

启发与思考

"祝贺—感谢—希望"是礼仪性讲话经常会用到的一种结构。

7.3.6 演讲结构

精彩的开场白就像头，若干个问题像骨架，归纳总结和耐人寻味的结束语像美丽的尾巴，文学色彩和幽默智慧就像两个翅膀，翅膀有力量，演讲之鹰就会飞得更高。如图7-1所示。

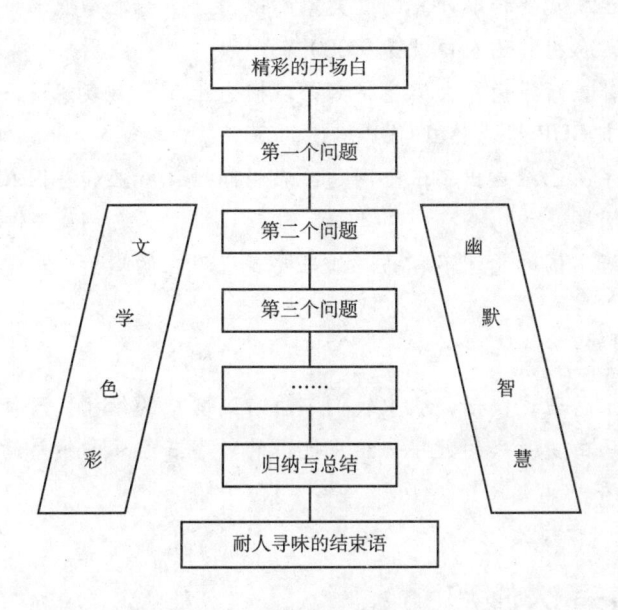

图 7-1 演讲结构

[案例 7-10]   温总理答记者问（2003 年 3 月）

香港凤凰卫视记者： 熟悉您的人都说您是一个重视事实也非常注重数据的人。麻烦您告诉我们，在目前中国国情当中有哪些数据您认为是最为可喜的？有哪些数据是最忧心、牵挂和关注的？

温家宝： 瑞士前驻中国大使曾经说过我的脑子像 computer（电脑），我的脑子里确实装了许多数字。这些数字有使我高兴的，也有使我忧虑的。譬如说，中国改革开放以来，GDP 的增长速度年均在 9% 以上；中国近 5 年尽管受到亚洲金融风暴的影响，GDP 的增长年均在 7.7%，2002 年达到 8%。目前中国的外汇储备达到 3 000 亿美元等，这些是使我高兴的。

但是，有些数字恐怕连记者也不完全清楚，比如中国的劳动力有 7.4 亿，而欧美所有发达国家的劳动力只有 4.3 亿。中国每年新增劳动力 1 000 万；下岗和失业人口大约 1 400 万；进城的农民工一般保持在 1.2 亿。中国面临巨大的就业压力。

中国 13 亿人口有 9 亿农民，目前没有摆脱贫困的有 3 000 万左右，这是按每年人均收入 625 元的标准计算的。大家知道，这个标准是低水平的，如果标准再增加 200 元，农村贫困人口就是 9 000 万。

中国东西部差距很大，大家恐怕只是从概念上了解。我想说一个数字，中国沿海五六个省市 GDP 超过全国 GDP 总值的 50%。

这几个数字，已经点出了三个问题：农村问题，就业和贫困人口的问题，东西部地区差距问题。

因此，当好中国的总理不容易。如果要我说现在的心情，我觉得身上的担子有千钧重。

启发与思考

分析温家宝总理这段话，从中我们不难看到其中的结构，清楚而又明白：

精彩的开场白 + 高兴的数字一组 + 忧虑的数字三组 + 归纳总结三个问题 + 耐人寻味的结束语。

7.4 演讲表达修辞

演讲的特征是需要讲的别人当面听懂，追求的是听众一次听懂，透彻理解，彻底明白。为此，在一般修辞手法的基础上，特别还要强调演讲表达所常用的一些修辞手法。

7.4.1 口语词汇与书面语词汇

人们在前些年的口语交流中，特别是对群众讲话时，都注意避免使用书面语词汇，防止大家听不懂。今天，时代有了很大发展，全国基本普及了九年义务教育，再加上广播电视天天都有书面语出现，大家都习以为常，接受某些书面语词汇已经不是问题了。在演讲时，只要自己说着不困难，能够说得流畅自然，别人一般都能够听懂，因此，书面语词汇也可以用在口语里。

7.4.2 常用的三种修辞方法：比喻/换算/重复

7.4.2.1 比喻

在演讲的表达中，比喻是经常要用到的。比喻就是用大家熟知的、容易理解的事物来形容大家不熟知的、不容易理解的事物。例如，为了说明演讲要出声练习才能有效果，就和游泳相比。强调下水练习才能学会游泳，出声练习演讲的重要性也就说明白了。大家一听就很容易接受。

毛主席的讲话中，常常有比喻。在张思德追悼会上，他引用司马迁的比喻："人固有一死，或重于泰山，或轻于鸿毛。"他进而引申道："为人民利益而死，就比泰山还重，替法西斯卖力，替剥削人民和压迫人民的人去死，就比鸿毛还轻。"教育意义是很深刻的。在作党的七大闭幕词时，他以古代寓言"愚公移山"来比喻为了革命胜利而奋斗，给人鼓舞，给人力量。

7.4.2.2 换算

如果有人问，你家离这儿有多远？回答说，我家离这儿骑自行车20分钟。这从严格意义上说是所答非所问。问的是距离，回答的却是时间。但是从效果上来说非常好，让人很容易理解，这就是一种换算。如果问你家离这儿有多远，答案很科学，说5 824米，人们可能不会确切地知道是什么概念。要是写教科书，计算距离，应该使用这样确切的数字。所以口头表达和书面表达不一样。口头表达追求的是让人更容易理解和接受，因此在很多方面都需要换算。

[案例7-11]

澳门特别行政区的土地面积是27.3平方公里，但一般人对这个数字难以产生准确的概念。天安门广场的面积是0.44平方公里，这个地方大家是熟悉的。如果换算一下，62个天安门广场合在一起，相当于澳门特别行政区的面积。

启发与思考

生动的比喻，让抽象的概念比较容易地被人们即刻感受到了。

7.4.2.3 重复

一个很重要的事件，若刊登在报纸上，会有非常醒目的大字标题，标题大字和内容小字之间的比例很悬殊。演讲时，强调某件事情很重要，不能只靠加大音量，因为人的声音是有极限的，扩音设备的音量也只能增大到一定限度。演讲时对重要内容的强调，要靠延长时间，具体表现为适当重复。在讲到需要让大家重视的问题、需要让大家记住的事情，可以反复地讲几遍。

比如说："同志们，我今天讲讲纪律，啊，纪律！对，纪律！纪律很重要。最近我们的纪律有点松懈，纪律不抓不行，必须要把纪律抓好，怎么抓纪律？我提几点意见……"这一段话就说了八次"纪律"这个词，这就相当于报纸上的大字标题。重复的时间延长了，重点深刻了，听众就很清楚讲的主要内容是什么。

演讲的重复要比报纸更活泼，某个重点的数据，某个重点的概念随时可以重复，给人留下深刻的印象。一篇讲话中有若干个要点被重复，那这篇讲话就能比较容易地被大家领会。

需要指出的是，在台上讲话的过程中，要避免不必要的重复。一种是说一句重复一句，十句有八句都会说上两遍或三遍。这是一种不当习惯，要注意克服。另一种是两段之间不必要的重复。上段话讲完以后，演讲者从上段话的思维脱离出来，准备进入下一段话的构思，需要一段时间，这当中可能有 3~7 秒的空当，在这段空当内，演讲者就把自己吓住了，不知道该如何处理。以为不说话会很不合适，于是出现了重复现象。比如："……同志们，这就是我要跟大家讲的下一阶段的主要工作任务。啊，这个，主要工作任务，这个，任务，嗯，主要任务，任务……关于这个主要任务，我再讲几点注意事项……"

实际上演讲者大可不必这样吓唬自己，因为台下听众的思维和演讲者是同步的，他也要从演讲者上面讲过的那一段话内容的理解中脱离出来，转入对下一段讲话的期待。听众完全可以承受，演讲者对此可以忽略不计。当出现两段内容之间的瞬时思想空白，演讲者应该做到咬紧牙关，一声不出，什么时候想好了要说的话再继续讲下去。就算听众期待的时间长一点，会场可能突然特别安静也没关系，那时再开始说话，反倒能控制演讲的局面。

7.4.3 宏观与微观相间／抽象与形象交错

在面对面讲话的情境中，所讲的内容应该是变化交替的，要做到讲一段道理讲一个案例，讲一段道理讲一个现象场景，讲一段道理讲讲自己的见闻和感受，是演讲吸引听众的一个很重要的修辞手段。研究表明，人的视听注意力的极限是7分钟，到一定时间必定要转移注意力。事实上，人们一般五六分钟，或者更短的时间就会走神。所以演讲者一定要注意，每讲三四分钟就要变换内容。让宏观的内容与微观的内容，抽象道理与形象故事交替表达。如果演讲者只是一个劲地讲道理，不论是多么忠诚的听众，脑子也会不知不觉地"开小差"。

在电影院看优秀故事片，从灯黑到灯亮两个小时，在整个看电影期间，观众没有分神的时候，始终被故事情节所吸引。导演把握住了观众的视听规律，动与静、紧张与轻柔、强与弱、震撼与感叹……一段段内容交替出现，激烈的战场搏斗之后一定是温馨的生活场景，宁静过去就会有飞机轰鸣着闯进画面扫射投炸弹，使人一惊，紧接着在漆黑一团死一般沉寂的树林里，两个黑影闪进画面，让人凝神静气地关注。这样的手法接连不断，就达到了强烈的效果。

演讲不需要、也不可能像电影故事片这么复杂，只要能够做到道理、故事、现象、情感交替表达就可以。要让听众的左半脑接受道理，用右半脑去形象思维，不断地跟随着演讲者思考理解、想象感受，产生共鸣。

7.4.4 生活短句与书面语句

生活当中的人们说话都习惯了用短句，讲演的时候也要照顾到人们的这个习惯，所以一定多说短句。

长句和短句有多种不同的区别。其中最主要的原因是长句的修饰语部分过长。比如，我们表扬一部分同志，书面语句常常是这样："这些同志克服了资料不全、资金不足、人手不够、交通不便、生活艰苦等困难，完成了这次任务。"写文件应该这么写，可是这样讲话听起来就太吃力了，演讲的口语可能需要这样讲："这些同志克服了很多困难，其中包括资料不全的困难，资金不足的困难，人手不够的困难，交通不方便的困难，还有生活艰苦的困难，克服了这么多困难，他们完成了任务。"口头表达一定这样，但是我们的文件写成口语这样，就啰嗦不严谨了。

报纸在报道交通事故时，会出现这样的文字："这次事故造成了三人死亡，七人受伤，大客车完全报废，桥梁栏杆损坏，交通堵塞了三个多小时的严重后果。"报纸其实也应该写得更口语些。如果报纸这样写还能接受，演讲就一定要把它改过来："这次事故造成了很严重的后果，其中有三个人死亡，有七个人受伤，大客车完全报废，桥梁栏杆损坏，交通堵塞了三个多小时。"这样说，人们听着才会觉得自然，才容易接受。这是面对面地说话所必须要做到的。

7.4.5 注意语言新颖性

我们已经进入新时代，应该有新思维、新认识，应该使用新概念、新语言。演讲的语言应该是生动务实，富有个性，大家"喜闻乐听"的话语体系。要能够适应不同场合，不同风格的演讲需要。

[案例7-12]

我们看到，今天一大批党政领导已经有了个性非常鲜明、思想非常深刻的语言。
- 李源潮：谁再"看摊子"、"守位子"，就要被"摘帽子"。
- 孟建柱：谋求发展不能"吃祖宗饭，断子孙路"。
- 张宝顺：带着深情和农民交往才能得到农民的信任。
- 刘奇葆：在飞速发展的时代面前我们要时刻感到知识恐慌。
- 汪洋：我们常讲"权力就是责任，工作就是服务，公务员就是服务员"，不能只当作口号喊。每一名机关干部，都必须把为纳税人服务、为群众服务作为一种价值观念来强化，作为一种行为准则来遵循，作为一种基本能力来提高，作为一种日常习惯来培养。
- 张德江：各级领导干部要自觉接受监督，做到知所守、知所辨、知所拒，慎独、慎友、慎微，注意纯洁社交圈、净化生活圈、规矩工作圈、管住活动圈。

启发与思考

在我们自己工作的领域，我们应该讲生动而富有个性的语言。这一点我们如果做不到的话，就会大大落伍于时代。

7.5 实施领导的演讲

7.5.1 动员部署

（1）做什么。讲明这一次动员部署的目标。讲明面临的任务、任务的规模、任务的范围、任务的性质，等等。

(2) 为什么。讲清完成这一次任务的目的和意义、责任和价值。实际上是在讲道理，讲认识。

相当一部分领导者和管理者不愿意向群众讲大道理，认为自己是做具体业务工作的，讲大道理没有什么用，只要大家把工作做好就行了。其实不然。存在决定意识，当人们将要身体力行、认真负责、辛辛苦苦执行任务，实施部署的时候，围绕这一项目的积极意义的认识萦绕在耳边，最容易渗入人们的精神境界，二者极易融合。对于提升队伍的精神境界，极为有益，久而久之人员的素质就能有所提高。也许，要比专门开辟时间进行思想教育的效果不差。所以，要特别重视动员部署工作时的思想引导。如果时间紧张，可以少花一点时间来讲，但是一定要努力讲好。

要特别注意的是，不能只讲对个人、对本单位有什么好处，不讲对社会的责任和价值。那样就狭隘了，起不到提升精神境界的作用。尤其不能反着讲。所谓反着讲，就是对下级的工作人员说："这项工作有关方面会做严格的检查，如果我们没有做好，上面就会批评我们，处罚我们。为了不受批评，不受罚，大家一定把工作做好。"更不应当"恐吓"群众："这项工作如果没有做好，有关方面检查没有通过，我们受了批评，受了处罚，所有的损失都会分摊到你们每个人头上，你个人利益想不受损失吗？好，大家团结起来把这件事情做好。"经常这样讲，将会出现人心涣散的效果，下级各小部门之间将会出现互相刁难、互相扯皮的工作状态；下级工作人员之间在工作层面上的关系将会是冷漠的，会营造"防范他人，推卸责任，保护自己"的不正常小环境氛围。

(3) 怎么做。要讲明具体怎样实施项目，怎样分工，怎样分阶段进行。从管理学角度，至少要讲明三个要点：第一，由谁负责；第二，什么质量标准；第三，什么时间完成。这当中还需要讲纪律方面的要求、安全方面的要求。各行各业、各部门的业务不尽相同，要按业务规律提出具体的工作要求。

(4) 谁最好。要根据实际设计好激励措施，并且在动员部署时讲清楚。项目结束时要评选优秀个人和先进单位。事先讲明，事后兑现。

7.5.2 褒奖与表扬

(1) 准确具体地描述事实。在表扬某个或某些同志的时候，可以讲"这个同志一贯勤勤恳恳"，"这个同志一贯任劳任怨"，"这些同志一贯认真负责"，但是光这样讲太空泛，更多的同志并不知道应该像他学习什么。因此，领导者做表扬讲话的时候，一定要把被表扬者具体的作为说明，也就是要讲清楚，具体做法。要说明他做了什么事情值得我们表扬，并且要能够具体描述到可以模仿的程度，这样，别人才能够向他学习，知道今后我也应该有同样的作为。

（2）自己的直接感受。不必过多评价那些事实，因为那些事实在大家心中已经有所评价，而且评价得恰如其分实际上是比较困难的一件事。此时可以讲讲领导者自己的感受：

- "面对这样的同志，我心里特别高兴……"
- "对这些同志，我心里充满了感谢……"
- "看到这样的工作精神和工作态度，我很受感动……"
- "我很钦佩这样的好同志……"
- "我年轻的时候也经历过这个岗位，做过同样的工作，我深深地理解他们有今天这样的成绩是多么不容易……"

（3）前展后连。要将被表扬的人和事与在此之前、在此之后的工作情况联系起来，形成鼓励的氛围。要讲这次工作的成绩不是偶然的，是此前一贯努力的结果，一贯认真负责的突出表现。还要表示相信大家会一如既往，在今后的工作中创造更多更好的成绩。

至于在表扬的同时颁发奖金，提升某人的职务，那一定是有决定的，是形成了文件的，要按照这个文件去讲。真正意义的演讲，就是上面三个方面。

还要注意，表扬时不要多说那个"还"字，多这一个字，可能是对被表扬人淡淡的、微微的伤害。习惯这样说的同志，要有意识地克服。

7.5.3 提出批评意见

（1）明确指出所要批评的具体事实。要讲清楚发生了什么事情，错在了什么地方，具体是什么样的错误行为，什么样的做法导致了错误发生。同样，也要具体描述到可以"模仿"的程度。只有这样，才能让大家明确，这一类的做法和行为以后不能做，谁做谁就是错的，要讲清是非，讲明正确与错误，要明确不同的人承担的各自责任。

（2）讲明困难和损失。讲清楚失误和错误导致了什么样的困难和损失，是批评的依据。如果不能讲明困难和损失，那批评就会显得没有说服力。

（3）提出要求。要求被批评的当事人要改正自己的缺点错误，全体同志都要从中吸取教训，同样的错误情况不能重复出现。严肃、危险、紧急的事情，要严肃、直截了当地提出改正的要求。不是很重大的事情，可以采用委婉的方式来讲：

- "我们大家能不能一致起来,坚决杜绝这种现象的发生。"
- "如果经过努力今后不再发生这样的情况,(作为领导)我将非常感谢。"

(4) 前堵后截。批评的时候,还要注意"前堵后截"。也就是要把这次的错误作为与此前此后分离开,引导正确的心态和正确的行动。要讲以前我们大家,包括这些同志一直是正常积极工作,在其他方面成绩也是突出的,这一次是个案,是有原因的;还要讲今后相信大家还会积极工作,而且会共同努力,这样的失误不再发生。

还要注意:批评不能像表扬那样讲自己的感受。因为表扬的语言表达是情感状态下的语言,而批评应该永远是理智状态下的语言。领导者在会上批评的时候,最忌讳讲这样的话:"谁砸我们大家的饭碗,我就先砸了他的饭碗";"谁让我们单位丢脸,我就让他先丢尽了脸"。

7.5.4 说服性讲话

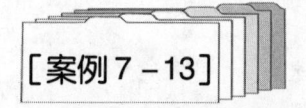

[案例7-13]

在电影《南征北战》中连长和营长有一段对话,营长说服连长的过程对我们很有启发。

连长:从苏中到苏北,从华中到山东,我们仗仗都打胜了嘛,我不懂,为什么这样大踏步向北撤呢?

营长:为了歼灭敌人!

连长:打一仗就走,打一仗就走,这样打法真叫人心里不痛快!

营长:是啊,我也想在今天晚上打冲锋,明天一早就把蒋介石几百万军队全部消灭。可是不行啊,同志,我们现在是步枪加小米在对付美式的飞机大炮,我们一个人就得对付五六个敌人,这就有困难,这就不允许痛快。现在最重要的,倒是我们怎么把上级的作战意图,通过你,通过我,变成全营全连的行动。

启发与思考

在这里,营长讲了三层意思:(1) 我和你一样心情;(2) 现实情况不允许痛快;(3) 我们应该怎么做。这是说服人的一个重要的模式。这个模式适合会议演讲的说服。

能力提升（管理卷）

登台讲演的时候，事先应该了解听众，知道听众对自己所要讲的内容是什么态度，什么意见。可能听众支持自己的观点，也可能不支持自己的观点。

（1）面对支持者：主题相同——先讲自己的主题意见。如果听众和自己讲演主题意见相同，他们赞同自己要讲的内容，那么演讲者的第一段就要开宗明义，先讲自己的主题意见，以求良好的气氛。

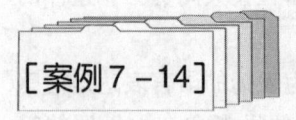

[案例7-14]

要在某地盖一座大楼，所有的人都支持盼望着盖起这座楼，那么演讲者开场白之后就可以直截了当地讲："我要告诉大家，这座大楼下星期一就要破土动工啦！"一定会得到大家一片掌声。然后可以接着说："但是我要提几点要求，所有人今后不能从这个位置走，要绕路，可能很不方便，但是希望大家能够支持一下。"即使提出一些要求也没有问题，前面热烈的情绪持续着，大家还是支持的态度。

启发与思考

这就像拧螺丝钉，第一道螺丝正确，后面就容易拧进去。

（2）面对不同意见的人们：主题不同——先讲我与大家的共同之处。当预计到听众和自己的意见相左，看法不一致，甚至意见相抵触、对立的时候，演讲者面临着说服听众的任务。这时所讲的第一段内容绝对不能讲自己的主题意见。而是要先讲我与大家的共同之处，即"我自己"和听众一致的方面，先取得听众的认同，才能讲下去。要讲我们大家有共同理想、共同事业、共同愿望、共同目标、共同利益，我们大家同处一体，面临共同任务，应对共同困难，等等。讲好你我认同，再来用不同意见说服，就有希望了。

传播学指出，认可某个人，才有可能认可他和我自己不同的意见；不认可某个人，对于他和我相同的意见，也有可能找出不同点来，不那么认可。

[案例7-15]

如果大家都对盖楼本身有疑虑，甚至还有点不满情绪，演讲者上来后直接讲下个星期一大楼就要破土动工，大家肯定会不满，交头接耳、议论纷纷者有，怒目而视者有，大声表示不满者有。在这种情况下，演讲者还能讲下去吗？一定会陷入窘境。因此，演讲的开头应该先讲自己和大家的共同之处：

"同志们，我和你们一样生长在这个地方，这里有我美好的童年，这里的一草一木我都很熟悉……"

"我跟大家一样这一辈子都会在这个企业里，直到退休……"

"我跟大家一样都盼着我们的企业会更好，都盼着自己在企业搞好的基础上能有更好的收入，和大家一样，跟企业共荣，共进共退……"

"我和大家都一样，知道这座楼对于今后我们的发展很重要……"

然后，才可以再讲：

"所以，我们这个大楼要建好，下个星期一破土动工，希望大家能支持……"

启发与思考

演讲说服别人，要先让在场的听众认可我这个人。如果第一道螺丝错位，接下来无论怎么拧都是无益的，直到把螺丝弄坏。

7.6 表达自我的演讲

7.6.1 自我介绍

公共场合介绍自己主要讲三点：

(1) 我是谁，也就是我叫什么名字。如果自己的名字有特色，还可以展开。

(2) 我是做什么的，我的职业。有时，还可以说说我来自何方。

(3) 我与大家可能有什么共同的合作。至少可以说欢迎到我的家乡做客。

介绍自己的单位和地区，要靠平时的积累。要有些成句在心中，有些数字在嘴边，到时说起来就能滔滔不绝，很自然。介绍自己的工作，应该是轻车熟路的事情。但如果没有准备，也可能说得不理想。

有一种演讲，命题为"一次难忘的经历"，要求讲自己在岗时的一次工作经验，作为一种学习交流或个人风采的展示。通常这样的演讲规定时间在6~8分钟。这样的演讲各有不同，有过程的叙述，见闻的展示，也可以夹叙夹议。大多数是讲述一个事件，讲起来大致有三个层次：第一层，讲所遇到的矛盾冲突，分析矛盾。第二层，讲解决矛盾的思路、做法、过程和结果。第三层，讲这一次经历的感悟，这样的感悟应该来自刚刚所讲的事件，顺理成章，而不是另找几句套话。有时矛盾的冲突、解决有反复的回合，有更多的层次，表达的难度就更大一些。同时，由于有时间控制，所以要注意各层次所用时间的合理安排。

7.6.2 汇报工作

汇报工作是各级领导者工作中不可或缺的环节。许多汇报工作是在人多的情况下进行的，也就是处于演讲的状态下。

7.6.2.1 目标明确

一般来说，汇报工作最重要的是汇报工作的结果，其次是工作的过程。如果不是汇报学习收获，汇报中有关感受和认识的部分要从略。

汇报工作的讲话要做到目标指向明确。有时可能是表达自己的工作成绩，有时可能是为了改变大家习惯的印象，有时可能是让上下左右理解自己遇到的困难，有时可能是为了争取一笔资金或政策，有时可能是为下一步工作铺平道路等等。目标明确的工作汇报，能推动今后的工作。

7.6.2.2 能简能详

重要的汇报工作要储备有不同长度的版本。如果领导同志今天一上午要听十个单位的汇报，那每一家的汇报都不可能长，只能 10 分钟左右。如果领导同志要听三五个单位汇报，那每家就要汇报 20 分钟左右，汇报之后还要有接受领导指示的时间。如果领导同志今天上午来到自己单位视察，听取汇报，那就汇报 45 分钟左右。

10 分钟的汇报工作也要注意有"面"有"点"、有层次。一般来说，汇报的时间短，要集中讲若干条问题，主要是较为抽象的阐述。但无论如何也要挤出一点时间，简明扼要而又清楚明白地概述两个典型案例，还要再挤出一点点时间，用不超过 30 秒的几句话讲出一两处感人的细节。

7.6.2.3 条理清楚

一个阶段的重要工作结束了，有三种汇报线索：
（1）按照时间顺序汇报，称为"纵向结构"，也就是竖着讲。汇报结构通常是"第一阶段,第二阶段,第三阶段……"。

(2) 按照空间顺序汇报,称为"横向结构",也就是横着讲。汇报结构通常是"东、西、南、北、中……"。

(3) 按照问题顺序汇报,也属横着讲。汇报结构通常是"成果、特点、困难、规律……"。

汇报时的结构顺序不能乱,讲到某个局部之内可以有"横""竖"的变换,主线索应该是明确不变的。

7.6.2.4　多种形态

汇报工作要善于运用多种形态强化演讲效果。比如,使用电脑多媒体方式,用投影的方式是目前普遍使用的一种形态。多媒体形态的表达可以用文字、图表;还可以利用各种箭头来表达事物之间的关系,用动画的手段表达动态过程中各部分的关系变化;有抽象的思想和数据,有形象的照片和色彩;甚至需要的话还可以用音乐、短片来表现。这样的视觉、听觉内容伴随汇报演讲,使所讲的东西更形象,更吸引人,让听汇报的领导同志印象深刻。

如果需要并且可能的话,还要注意使用"道具"强化汇报的效果。在听汇报的主要领导面前,摆放与本次工作汇报相关的物品,比如一个小工具,一个样品,一本画册,等等。这样,讲到与之联系的问题时,领导可以顺手拿起来观看,印象会更直观、更深刻。

7.6.2.5　数据充分

汇报工作的演讲要善于运用数据。为了说明一个问题,讲述一组逻辑相关的数据,有立体感、很鲜明、很有说服力、也很吸引人,使人感到振奋的数据,可以使大家更为深切地感受某项工作的轮廓和特点。

如果我们参加一次培训学习,回到本单位后汇报学习情况,应该汇报自己的学习收获和体会。此外还可以汇报这一次学习经历了多少天,一共学习了多少个课时,有多少位老师,讲了多少个课程,有多少字的讲义,写了多少字的作业和论文,还可以汇报在学习过程中,参加过一次拓展活动,一次辩论,三次演讲,三次文体活动。这组数据讲出来以后,可能连自己都会惊讶,这一次学习居然还经历了这么多事情!

7.6.3 竞聘演讲

我们的干部今后会有越来越多的机会竞聘上岗，而演讲是竞聘上岗少不了的重要步骤。全国财政系统，从部机关到各地，已经有过多次这样的实践了。竞聘上岗演讲是今后每个干部都会遇到的课题。针对竞聘演讲首先要建立自信，同时也要有一些基本的构思。

[案例7-16]

公开选拔聘用干部要演讲，已经不是新鲜话题了，各省、自治区、直辖市基本上都是在小范围内演讲，而江苏省这一次把演讲的过程用电视直播的方式向全社会播放，全省乃至全国大部分地区的老百姓都可以通过电视看到演讲过程。竞聘者通过抽签依次上台，分别通过10分钟的演讲、20分钟的现场答辩展开实力的较量。演讲答辩结束后，根据演讲和答辩情况，9位评委分别打分并当场亮分，现场参与测评的150多名干部群众也将排出名次计算分数。演讲、答辩、民意测评积分权重分别为30%、50%和20%，以此得出综合评分。电视现场直播是没有任何遮掩的，如果谁讲着讲着，讲不下去了，结巴了，那是无法补救的。江苏省副厅级干部竞选讲演在全省直播这个做法很是超前。

启发与思考

时代发展到今天，演讲可能还会有一个目的，就是和领导者的任职有关。

7.6.3.1 竞聘演讲包括四个方面

（1）对准备应聘的那个岗位的认识。那个岗位的工作有什么规律，有什么特点，是什么性质的工作，以及那个岗位对人的要求有哪些。这部分不宜多讲，控制在1分钟之内。

（2）自己的条件和情况的介绍。对应聘岗位的认识和对自己条件的展示要有所对应，自己的条件和情况要有针对性地介绍。重点要说明：
- 自己的知识结构和能力结构；
- 自己在此前已经做出的各方面的业绩；
- 自己工作的特点和风格，这是容易被忽视的内容，要总结概括得个性鲜明，又要恰如其分。

- 此外，如果有鲜为人知的优点和优势，也要积极表达出来。此所谓"3+1"。

（3）自己对竞争岗位未来工作的设想。演讲竞争一个重要内容就是对未来的工作思路。各行各业千差万别，但总有共性。在当前工作的基础上，在现有的条件上，要能够提出创新的工作思路，提出更振奋人心的目标，同时，还要提出如何落实创新目标的实际举措。二者缺一不可。

（4）今后更加严格的自我要求。由于今后的岗位责任更重了，权力更大了，所以要更加勤奋学习，提高水平和能力；更加注意团结同志、更加注意听取各方面的意见；更加注意保持廉洁等。

有的单位竞聘规章要求每人演讲5分钟，介绍自己，可以就讲第二部分；有的单位要求每人演讲6分钟，阐述应聘岗位的工作思路，那就讲好第三部分。

7.6.3.2　回答现场提问

当竞聘演讲的第一阶段完成之后，第二阶段要回答现场提问。现场有领导和相关部门的同志，大家会提出各种各样的问题，也可能由比较科学的考核模板产生的一组问题。对于这些问题的回答，是竞聘演讲的一个重要组成部分。

无论哪种情况，竞聘者的感觉都是差不多的。事先不知道对方问什么，问题提出之后5秒钟就要开口回答。经常有这种情况，竞聘者面对提问，脑子一片空白，不能立即组织好语句，站在台上说不出话来，讲得十分不理想。而竞聘结束不久，就能够反应过来，很好地应答了。事实上，有些问题确实需要一小段时间思考，想一想前因后果来回答，只要过十多分钟或半个小时，竞聘者想明白了，就能很有条理地回答提问。但在台上，提问的话音一落就得回答，没有回旋的时间。

有一个可行的办法，就是前一天找几个好朋友来，连珠炮似的模拟提问。模拟的过程中，一定有的问题回答不上来，朋友们会提示怎样回答，过后还可以就有关问题再思考很长时间。在这个过程中，增强了快速反应能力；对于事物的多角度思考，对于工作背景和外围的问题，都有了充分的准备。

有人会说，我的朋友水平不是很高，有些问题他们没有问到。这不要紧，重要的是他们帮助你做了应对一切的准备。有句名言："准备往往是没有用的，但是准备是必需的。"指的是要应对一个特定的场合，曾经设想很多可能出现的意外情况，并为此做了相应的准备，结果设想的情况根本没发生，发生了的都没想到。但由于曾经做了许多准备，就可以对突如其来的情况应对自如。所以，朋友的模拟训练真正的作用在于使竞聘者对很多问题进行了深入思考，提高了应对的能力。由于有了这样的准备，对竞聘现场提出的更多问题，依然能回答得很好。

竞聘者演讲时，肩负着很多人的期望。竞聘现场回答提问还有三个要注意的情况。

（1）涉及自己优势的提问，回答时要在有利于自己的方面多讲一点。要借题发挥，讲得充分一些。

（2）涉及自己相对于这个岗位的局限和不足时，也就是被问到有什么缺点时，笼统地讲一条主要缺点即可，不能讲得过于细致具体。可以讲我的局限和不足是"比较年轻"，经验还不丰富，要向老同志多学习；也可以讲我最大的问题是"工作常常急躁，对有些事情过于严格"，要注意方式方法；还可以讲我最要克服的是工作"有时过于自信"，要注意听取各方面的意见。那些细致的、具体的缺点都会包括在其中。讲这种笼统的局限和不足时还能暗示相应的优点。比如，"年轻"暗示充满活力，"急躁、严格"暗示工作的责任感，"自信"暗示坚强有毅力。

（3）如果涉及你过去不愉快的事情，尽量少讲。如果有人提问的时候问到以前发生过的差错或者事故，并且联系到当前竞聘的岗位时，在回答的时候就只需要讲一句"我会总结经验教训的"，多余话一概不讲。要淡化这类问题可能产生的负面影响，最好是散会后人们就忘记了这个话题的问答。

7.6.4 获奖、成功时的演讲

在领导岗位上最高兴的是取得成绩的时候、是获奖的时候、是被群众和上级赞扬的时候。那实实在在的成绩，事业上的成功，一定是自己或者自己一班人发奋努力辛苦工作赢得的。获奖者的讲话，应注意以下两点：

（1）讲好"感谢"。当作为获奖代表在台上讲话时，当因为成功在众人面前接受采访时，当因受表扬而当众发言时，要说的第一段话或者唯一的一段话就是"感谢"。在各行各业、各种人际环境中都应如此。得意的时候回家，家人夸奖，要感谢家中的亲人；得意的时候会朋友，受到朋友的赞扬，也要感谢朋友们。

[案例7-17]

在"奥斯卡"电影奖的颁奖典礼上，当台上宣布评出的最佳女主角的名字，获奖者惊喜激动，她登台领奖后有一小段发言时间，在发言时讲的都是感谢，感谢评委，感谢导演，感谢摄影师，感谢成长路上支持帮助过的人。最后还要说上一句，感谢在场的所有的人。历届奥斯卡获奖演员的讲话无一例外。

启发与思考

说"感谢"是人类的文明。这不是庸俗，是美德。

（2）讲好"上、下、左、右"。对于领导者，在成功时刻，所要感谢的就是"上、下、左、右"。

- 上——我直接间接的上级领导。
- 下——我单位的全体同志。
- 左——我面临的管理部门，人事、组织、办公室、后勤、纪检监察、财务……
- 右——曾经和我协作过的单位和部门，共事的相关司局、处室，共同并肩的友邻单位……

自己和自己这一班人处在"上、下、左、右"这个十字的交叉点，然而，唯独不讲自己。

在讲"上、下、左、右"表达感谢的时候，有一个问题值得注意。就是"左、右"两个方面很难讲周全。讲不全就会对别人有所伤害。台下的有关部门和单位的同志听到你感谢这个人感谢那个人，但是没有提到自己，于是就会有意见。会后不论你如何解释，是解释不清的。这个问题要解决在台上，而不是台下。要在讲"左、右"两方面的时候讲"所有"，并且把这个"所有"放大了、变化着讲充分。可以说："感谢所有帮助过我的朋友！在这里我由于紧张，不能把你们的名字一一都讲到，但是一个不少都在我心里。你们的支持我不会忘记。我真诚感谢你们对我的帮助！借这个机会，我向你们每一个部门和单位表达我的谢意！"

7.7 多种场合的演讲

7.7.1 喜庆场合

领导者经常遇到一些喜庆的场合需要讲话。

7.7.1.1 联谊/婚礼

这是两个很相似的喜庆场合。讲话的基础结构都是："甲方—乙方—共同"。

两个单位举行联谊活动时，双方领导都要登台讲话。比如，过年过节了，两个单位一起开个联欢会。再如，通过艰苦的谈判，两个月之后我们达成一个协议，共同开发一个项目，在签字当晚，两个单位举行一个庆祝酒会，双方的中层干部都来了，有关领导也来了，还有一些客人。这一类的场合，两个单位的领导人祝酒讲什么？要讲你们单位如何优秀，我们单位如何奋斗，双方共同开发的这个项目如何如何。

一对年轻人结婚，作为领导身份去参加婚礼。主持人会说，"今天咱们新人的领导也来了，我们欢迎他讲几句话"。领导讲什么呢？要讲我单位的这个青年如何如何优秀，他要娶或者她要嫁的那个青年如何如何优秀，希望你们两个人共同幸福生活。

7.7.1.2 庆典/生日

这也是两个很相似的日子。要讲的结构都是："当初—现在—今后"。

参加庆典，无论那个单位的历史是一年两年，还是三年五年、十年八年，或者更长时间。要讲你们当初创业如何艰难，从那时到现在如何有成就，可喜可贺，然后再讲希望你们将来要如何辉煌。

参加生日晚会，比如总会计师五十大寿，作为领导去祝寿了，要讲当初您来我们这里的时候是什么样，从那时到现在您为我们的事业做出了什么样的贡献，希望您今后身体健康，为事业做出更大的贡献。

7.7.1.3 必要的内容

在以上这四类场合，演讲要注意以下几个方面的内容：

- 这四个场合会有众多的客人前来，客人来自各个方面。要对所有的客人致意，不要粗心大意，不要冷落任何一方面的客人。
- 这四个场合可能有一些需要感谢的人，要注意讲好感谢的话语，感谢那些应该感谢的人。
- 上述四类活动可能是在一个特殊的日子里举行，演讲时提到它，会成为这次演讲的一个光彩点。也许今天正好是端午节，也许今天正好是重阳节，也许今天是本单位的一个什么特殊的日子，也许今天正是演讲者本人的生日。

- 还可以讲讲特别要说的内容。比如，可以根据需要在婚礼上热情地对男青年讲：希望在你新婚妻子的支持下，争取在我们这里做出更大的成绩，我相信，这里有你发展的充分空间。为什么要讲这些，是听说他结婚以后想跳槽，不想在这里工作了，正在联系新的单位，要利用这个机会进行劝说。也可能在生日宴会上真诚地对总会计师讲：希望今后你身体健康，继续为我们的事业做出贡献，同时还要带好我们的年轻人，我们共同的事业需要接班人。讲这一番话的原因是，这位老同志总是自己埋头工作，忽视培养年轻人，要在这个机会难得的时刻提醒他。还可能在双方单位领导在场的时候，特别向上级领导表示点什么，或者向上级领导提出些什么。不论是表决心，还是要政策，或者请求某项具体支持，在这样喜庆的气氛中表达，也许更有效果。这类话有则讲，没有则不讲，不必勉强。

7.7.2 沉重场合

生活不都是一帆风顺的，也会有令人悲伤、遗憾、惋惜、痛苦等不幸的事情发生。发生了灾难、事故、死亡这三方面的不幸，领导者不仅要及时处理，以求减小损失，还要调动有关力量，组织群众行动。向群众发表讲话势在必行。有时，长者与世长辞，人才英年早逝，同事、朋友病故，领导者前往吊唁时也需要发表讲话。

在这样沉重的场合，领导者的演讲要与广大群众的感情一致，与群众的脉搏相通。这样的场合演讲，语音应该是低调的。演讲的声音不能太小，否则大家不能听清楚，但是一定要在自己的中低声区。语句的速度一定要慢，句子之间可以有比平常多一些的停顿。句子间的停顿，能表示出演讲者与大家有同样的沉重心情。

在大家都非常沉痛的情况下，要讲好"人—事—心"。

（1）讲"人"。演讲者要对受到灾难和苦难的人讲，讲好人的感情。要对于人员伤亡、情感创伤、财产损失表达出自己与大家同样的痛楚和惋惜。要表示对死亡者的哀悼，要讲他们生命的价值，他们生前工作的意义，要讲他和我们大家的关系，他的离去使我们大家难过。如果是为了事业而牺牲的人，更要根据实际情况恰如其分地对牺牲者表示敬意，予以恰当的评价。要注意的是，这里的"恰当"是非常重要的。

演讲者在对生命财产受到损失的群众表示慰问时，要对死伤者的亲人们表示慰问，希望他们节哀，叮嘱他们自己珍重，并询问他们今后的生活安排。

演讲者在对受伤者和患病者表示慰问时，要对他们的伤情病情表示关切，要嘱咐他们安心治疗，祝愿他们早日康复。

演讲者要对在灾害、事故、死亡发生时的各方面救助人员表示感谢，这其中可能有医务人员、公安民警、消防人员和抢险救灾的专业人员、解放军或者武警部队的指战员、基层政府工作部门的人员、见义勇为人员、社会各界的热心人士。他们之所以前来，有的是岗位职责，有的是内心深处的社会责任感。演讲者要对他们的行为表示出一定的赞扬。

(2) 讲"事"。演讲者要讲好政府有关部门采取的措施和行动，已经做了和正在做着哪些工作，特别要重点讲好与群众关系密切的衣、食、住、医四大方面组织救助的计划安排。要告诉大家，各方正在努力，力争把损失降到最低，伤亡降到最低，让大家的情绪稳定下来。如果有人员死亡，要讲好后事安排处理，告慰亡灵，安抚大家。还要讲明今后要做的下一步工作，特别是目前最急切的计划和进一步的行动。

(3) 讲"心"。演讲者要安定人心，更要鼓舞人心。对于灾害，要号召大家抗击灾害，自救家园；对于事故，要对于进一步的抢救进行动员部署；对于人员伤亡，要号召大家化悲痛为力量。总之，要谨慎地向大家讲明，不幸已经发生，我们要做好目前应该做的工作，避免再发生不幸，要能够面对现实，以积极的心态应对突如其来的严峻挑战，战胜已经发生的不幸，有信心共同走向明天。

7.7.3 道　歉

有时不是领导者个人有什么错误，可能是出于岗位职责需要发表道歉的讲话；有时领导者可能有点工作闪失，或者负有领导责任，也要出面承担责任。这种道歉往往当众表达，应注意以下五点：

(1) 态度诚恳/语言慢速。道歉演讲的语言速度要慢，慢到结结巴巴的程度都可以。比如，"上次的那件事……我们觉得实在是……过意不去，我们，我们这一次……特地来……跟您说一声……对不起。"

就这样，很好，显得道歉的态度十分诚恳。哪怕自己心里还有些不情愿，说得慢也可以把勉强的心理有所遮掩。不能说快了，如果像连珠炮似的说一遍，就像是在应付，甚至让人听得想吵架。

(2) 不要重复错误过程。道歉演讲坚决不要重复曾经发生错误的过程和细节，要非常笼统地说对"那次的那件事"我们表示歉意。千万不能提到那些已然变得淡漠了的细节。有人以为检讨逐一细节是一种认错甚至悔罪的表示，其实追述细节于事无补，只会将对方本来已经平静下来了的情绪又重新勾起。

（3）承担责任的限度。道歉不一定是全盘承认，有些事是有保留的，有界限的。道歉的时候要明确表示对于哪个范围内的事情表示道歉，哪个范围的事情不承担责任。防止因为道歉而授人以柄。但是，困难的是道歉时这样的话不能讲得太明，否则会被视为不真诚，使道歉失败。所以不想道歉的内容要以埋藏的方式说出，即"A—B—A"的模式。在这个模式里，真诚道歉的是A部分，不承担责任不道歉的是B部分。这样前后的"保护"，就能使人在不知不觉接受道歉的同时，也接受了不道歉的内容。

（4）解释。道歉时要做一些解释，讲一讲客观原因。比如，由于信息不对称才产生了误会；有关困难和不可抗拒的条件；历史条件和环境的局限；部门能力和个人能力所不及，等等。解释的过程中，也可以讲一讲主观原因。比如出于个人或者部门良好的愿望，好心办了错事；因为部门的难处或者个人家庭的困境，没有把事情做到位；为了部门和个人长期保持的荣誉，以至于一时糊涂，做错了事等等。解释时要与对方认识事物的习惯衔接。如果对方是工作狂，就从自己急于成功，日夜操劳讲起；他爱惜人才，就多讲某人才难得；他忠诚家庭孝敬父母，就从工作人员家境解释，目的是为了让对方能够更真切地理解，产生同感，产生原谅之意。

（5）改正和补救/适可而止。道歉时，应该多说改正和补救。要讲如何改正已经出现的错误，实际的步骤是怎样的，还要讲好如何补救，必要时包括个人的补救承诺。

只要对方接受道歉了，那就适可而止，不宜久留，要适时有礼貌地告辞，其他的话以后再说。如果在酒席上，道歉的酒喝完了，坐下以后只说友谊，不再提那件不愉快的事。最后酒席分手的时候，再说一句谢谢接受我们的道歉，就可以永远不再提这件事。

[案例7-18]

美国前总统克林顿因为与莱温斯基的事情通过电视演讲向全美国道歉。

他说，"我确实与莱温斯基女士有不正当的关系（I Did Have a Relationship With Ms. Lewinsky That Was Not Appropriate）。事实上，这种关系是错误的。对我来说，这是一个重大的判断失误和个人的失败，对此，我个人负全部的责任。"

他说，"我从未要任何人说谎、隐瞒或销毁证据，或有其他不法行为……"

他说:"我知道我(过去)有关此问题的公开讲话及沉默让人产生了虚假的印象。我误导了人们,甚至包括我妻子。我对此深感遗憾。"

他解释说,他之所以那样做,首先是想避免自己出丑;二是想保护自己的家庭;三是认为在葆拉·琼斯案背后有政治动机;四是独立检察官当初是调查白水案,在一无所获之后,开始调查他的私生活。

启发与思考

他在道歉的时候把与莱温斯基所有的事情只说了三个字:"不正当",没有叙述任何更多的过程和细节,这是必需的。他巧妙地使用"A—B—A"结构,前面说"不正当关系",后面说自己"误导"了人们,把否认指使别人做不正当事情夹在中间说出,巧妙地划出了道歉范围与不道歉范围的界限。最后的四方面解释,都是美国社会人们最能原谅和理解的因素,所以容易赢得同情和原谅。总的说来,这是一个成功的道歉。

7.7.4 即兴演讲

参加一个议程中没有让自己讲话的会议或一项活动,被主持人指名要求讲话的情况并不少见,这就是"即兴演讲"。即兴演讲也应该以真实的工作和真实的思想来讲。可以参考下面的"即兴演讲三部曲"。

(1)时刻准备着。出席某一场合的活动,要设想如果我讲话,我该讲什么。不宜用长时间思考,只需5秒即可。稍加思考之后,就和参加会议和活动的同志、朋友打招呼、问候、握手致意,进入会场开会参加活动。如果最后真的要讲话了,那原来的5秒钟思考已经成熟了。这是潜意识工作的结果。

(2)利用讲话前瞬间。利用好走上讲台的时间。如果突然被邀请讲话,要从台下稳步走到台上,而不是急步走来,然后转身站好,环顾一下全场左右,沉稳地谢谢主持人,向在场的各位领导和客人致意,再向台下问候"同志们,大家好!"可利用这10多秒钟冷静地构思,想一想我该讲什么。即使已经坐在主席台上也能争取到六七秒钟左右帮助我们构思。

(3)万能公式。如果事先没有准备,走上讲台的这段时间也没有能想明白该讲些什么,大脑还是一片空白,还有一个解决问题的公式:"过去—现在—将来",这就像一个"救生圈",能够帮助即兴演讲获得成功。

任何事物都有过去、现在、将来,所以这是一个万能公式,适合于任何场合、任何主题、任何时间的演讲。

比如,过年的时候,可以讲过去一年的成绩,眼前过年的喜悦,对明年新的工作目标的展望。学习总结的时候，可以讲以前没有像这一次这样学习过，现在在这里学习后我的收获很大，将来一定要把学到的知识很好地用在工作实践中。

特殊场合也可以讲，"这个同志过去跟我们大家一起工作过多年，给我们留下了深刻印象，现在他因病去世了，我们很难过，我想他一定会永远活在我们大家心中的。"

一般情况下，不宜过多使用这个公式。即兴演讲也应该尽可能讲实实在在的内容，因为这个公式毕竟是救生圈性质的，只是在突然没有办法时才使用这个公式来解围。演讲，该讲什么讲什么，不能只会讲"过去—现在—将来"。

此外，使用这个即兴演讲的万能公式的时候，要尽量把"过去"、"现在"和"将来"这三个词隐去，或者变化一下，用其他话来说，以避免别人一下子就听出来是在使用这个特定的公式。

7.8 演讲形象

7.8.1 三种形象的树立和推广

一个人来到大家面前讲话，无论他自己是否觉察，他的形象就在树立和推广着。演讲树立一个人的三种形象，即政治形象、文化形象、能力形象。

7.8.1.1 政治形象

领导者的政治形象就是对党中央的大政方针理解和阐述的水平。一是理解，二是表述。是否拥护，拥护到什么程度，都在讲话中表现出来。在财政部门，对中央财政政策的态度，就是领导者的政治形象。在国际舞台上，一个政治领导人开口讲话，他处在世界的哪个利益集团，他和谁站在一起，都能很清楚地表达。

7.8.1.2 文化形象

讲话体现一个人的文化修养和个性风格，同时必然展示其文化形象。是快人快语，还是慢条斯理；是风趣幽默，谈笑风生，还是一本正经，严肃认真；是通俗易懂、深入浅出，还是学理性很强，需要费心思考；讲话是经常引用他人的诗文，还是都说自己的话，这都是不同的文化形象。

温家宝总理在会见中外记者时，语速比较慢，举重若轻，轻松中有深入的思考，话语句句有分量，他经常引用古今中外的诗词、文句，语言风格十分鲜明。

一个人讲话时，穿什么样的衣服，留什么样的发式，选择什么款式的眼镜，以及手势变化，都是他的文化形象的要素。

7.8.1.3 能力形象

与一个人有直接的工作交往，就能够对他的工作能力有所判断，包括理解能力、分析能力，判断能力、处理事物的能力、决策能力，等等。没有直接交往的人怎样判断一个领导者的工作能力呢？别人说他的能力或强或弱，那是别人的判断，我自己判断大概只有一条路，就是看他演讲的水平。

一名领导者给上级，给下级，给周边各单位，给组织部门、人事部门留下有没有工作能力的印象，很大程度上与演讲的形象有关。讲得清楚就意味着想得明白，讲得深刻就有可能做得到位。

7.8.2　谦虚和自信相结合

谦虚是中华民族的美德，我们在生活中都不能没有谦虚。但是，做领导还要有自信，要有坚定的意志和不屈不挠的精神。只有谦虚，自信不足，这样的领导难以赋予重任，只有自信，谦虚不够，这样的领导可能不被人们接受。

领导讲话，必然展现着自己的谦虚和自信。这两者的结合，是所有人的期盼，也被所有人衡量、评判着。既然难以摆脱，就一定要把谦虚和自信结合起来。

谦虚和自信的结合，没有标准。在每个人身上都是个性的，犹如每个人的相貌指纹。人与人之间，性别不同，性格不同，年龄不同，成长道路也不尽相同。各自的行业岗位不一样，还有高矮胖瘦也不一样，谦虚和自信的一致也就各不相同。

讲话时，把带有自己个性的谦虚和自信表现得自然得体，是一种挑战，也是一种修养。需要每位领导者自己历练。

7.8.3　激情和稳重的组合

过去没有扩音设备，要凭借演讲人大声讲话才能让最后一排的人也受到演讲的鼓舞。因此，大声疾呼，大幅度的手势，就是过去演讲的激情。今天，有了扩音的音箱，不必再用那么大的音量讲话，似乎激情就减弱了。有时看到，台上讲得有气无力，不知给谁听，台下听得毫无生气，交头接耳，台上台下各行其是，会议流于形式。这是一种失败的演讲，也是失败的执政能力。

然而，演讲还是要有激情的。演讲的激情在于声音中的呼唤力量。不论多大声音讲话，不论讲什么内容，讲话的声音里要透出一种呼唤的力量。那声音好似带钩，钩住在场的每个人的心在听。这里有讲话人的话语指向性，讲话人的热情和内心的力量，讲话人的强烈的态度和愿望。

演讲的稳重是一种价值判断。演讲话语出口的瞬间，心中有相应的价值判断，有用的信息要讲，没有用的废话不说。而且说出的话，信息价值也不完全一样，有轻有重。这样的判断感觉，就是体现出一种话语稳重。

二者的组合，就是要把有价值的信息送达在场的每一个人的心里。

7.8.4 严肃和幽默的搭配

多数情况下，在演讲中应该含有幽默。在正常演讲中插入幽默的元素，让听讲人心中不时掠过一阵笑的感觉，让人群中响起一阵阵笑声。也是自身形象的展示和提升。

只有少数的场合，比如说常见的灾难、事故、死亡，以及各种隆重严肃的场合，讲话不适合有幽默。

有人提出，当讲解完一个技术过程或一个产品性能的 15 个要点之后，应该加入的第 16 个要点就是幽默点。如果不这样，听的人就会觉得沉闷，听不进去，影响讲解的效果。用幽默调节气氛，轻松一下，再继续进行，就不会因听觉疲劳而丢失应知的信息。这是有一定道理的。

论述式的演讲，适当地使用幽默，听众不会感觉枯燥无味，而是听起来很轻松，很有兴趣。做到这点，演讲者也就很好地抓住了听众的注意力。

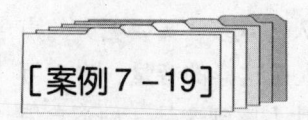

[案例7-19]

看到斯草、斯木、斯事、斯人，想到我母亲在这儿年轻的岁月，在这个校园接受教育、进修成长，心里面实在是非常亲切。她老人家今年已经 96 岁了，我告诉她我要到这边来，她笑眯眯的很高兴。台湾的媒体说我今天回母校，母亲的学校。（笑声）这是一个非常正确的报道。（笑声、掌声）

启发与思考

这是连战先生在北京大学演讲中的一段话。谁说"母校"是"母亲(上过学)的学校"?真是很幽默!后面又添加了一句"这是非常正确的报道",造成幽默的叠加。连战先生在讲这一段话的时候,语调和神态也充满了幽默感。

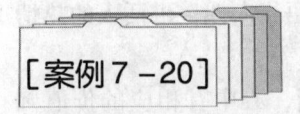

[案例7-20]

不可否认,台湾意识曾经被"台独"所操纵,但是这种政治挂帅的手法反而混淆了台湾真正的心声。例如为了"台独"而认同日本人,不仅扭曲了历史,也否定了台湾人,这是一小部分人狭隘的个人经验,既丢了根,又抛了本,所以是根本不对。(笑声、掌声)

启发与思考

这是宋楚瑜先生在清华大学演讲中的一段话。在这段话里,第一次讲到"根"和"本"的时候,是名词,第二次讲到"根本"的时候,是副词,形成了错位的幽默。

7.9 演讲技巧

7.9.1 声音运用

7.9.1.1 中等音量

现在演讲场地一般都有扩音设备,所以演讲者说话的音量不用很大。一般来说,演讲者用可以让三四十人听清楚的音量就可以了。人数众多,需要更大的声音,那样的音效是要由电的功能来放大。台下坐1 000人是这样的音量,坐1万人也讲这么大的音量。有扩音设备,还要使劲喊,容易让人感到这是一种不自信的表现。

虽然演讲使用的是几十个人能听到的音量,但是演讲者的心里感觉要能覆盖听众的最后一排,也就是所讲的话要让最后一排的人也能感觉到你在对他说,这是演讲者语气感觉的问题,不是音量大小的问题。

7.9.1.2 舒服的中音区

演讲者要用自己舒服的中音区讲话。每个人声音的音调是不一样的,每个人都有自己的高音区、中音区和低音区。用自己最舒服、最自然的中音区来说话,会表现出一种稳重、一种自信。有的人有使用高音区讲话的习惯,情绪稍有一点波动,就用高音区大声讲话,声音顶在高处,显得非常不稳重。女士更要小心,女声本来就处在高音,再使用自己的高音区,就更显得尖锐,使人感到听起来吃力。所以一定要注意控制。其实,使用中音区的时候,声音是放松的、自然的、舒服的,并不费劲。

演讲者要意识到,以中等音量、中音区为主,以坚实有力的声音去讲话,这样的声音表现出的就是自信而有力量的领导者的形象。

7.9.1.3 语流音调起伏

在演讲者声音控制里面,还应该注意起伏。有人说话从头到尾都是同样音高,感觉像是一条声音的平直线,会让别人觉得沉闷,容易让听觉进入疲劳区域。对于这样的讲话,听众必须很刻意、很努力地去听,去捕捉信息,才能领会演讲者的意图。如果把大脑放松,这样没有高低起伏的直线的语言表达,会使得听众走神,这是听觉的本能在抵制。所以演讲者讲话时一定要使用自己的中音区,让声调有高有低,语调的抑扬顿挫有利于听者轻松地领会其中的意思。

讲话声音的高低需要一个练习的过程。最开始练习的时候,要强迫自己前几句话声调略高,后三句话声调稍低,再三句话声调升高,又两句话声调偏低。开始练习时,哪句话调门稍稍高点,哪句话语调压低点,排列往往是没有规律可循的,主要目的就是为了要养成一个句子音调高高低低的习惯。等渐渐地习惯了这样的讲话方式后,就能够不自觉地合理分配高低音调,就会自然而然地考虑哪句话更适合高音说,哪句话适合低音说。比如,鼓动的话声调相对高一些,语重心长的话声调就相对低一点。重要的话高声说,说得慢,声音也大些;相对不重要的话低声说,说得快,声音也弱些。时间久了,就能逐渐把握讲话声音起伏变化的规律。

7.9.2 目光的落点

一般情况下,演讲者在台上有三个方向的目光落点。左、中、右,每一个方向都要寻找若干个人,对他讲。这一句看着左边的某人讲,那一句看着右边的某人讲,再一句看着中间的某人讲,不断变换着。一般来说,要去看认真听讲的人,以求能够鼓励自己演讲的信心,越讲越受鼓舞,越讲越好。

当演讲者眼睛看着某个人的时候,台下所有的人都会感觉到是在对我说;如果演讲者谁都不看,只是看着对面的墙去讲,那么台下在场的人都会感觉没对我说,这样效果就不好了。

有一个问题,当我看别人的时候别人也在看着我,这就可能会感到尴尬。实际上,大家都可能怕看别人的眼睛。可以尝试不看对方的眼睛,而去看对方的鼻梁和前额眉毛之间的部位。这样既不尴尬,也不失演讲的效果。

在演讲的时候,要学会让眼睛也跟着说话,这是一种本能的沟通方式。生活中,我们所有人的眼睛都会说话。可是很多人不能够把平时生活中讲话的眼神习惯用在工作演讲中,工作演讲的时候目光总是过于平静、过于单调、过于严肃。

事实上,演讲时嘴里讲什么,眼睛应该是相应地在表达什么,眼神和语言相互配合。当讲到工作的成绩,眼睛要流露出喜悦的光芒;当讲到下一步的工作,眼睛就要表现出兴奋和坚定的光芒;当讲到工作中的缺点和不足时,眼睛同时要显出遗憾……目光里闪现的和嘴里所讲的应该是一致的。"未成曲调先有情",实际上,在讲每句话的那一瞬间,眼神是先"放光",话是后"发声"的,是眼睛带嘴巴走的。眼神目光能使演讲十分生动感人。

7.9.3 表情的练习

表情是人表达自己思想情感的一种方式,主要是人面部肌肉的动作组合,虽然动作幅度不大,但却也多种多样。每个人自成体系,伴随着讲话,呈现出各种各样的变化,形成自己的表达方式。表情是少年时跟随周围的大人学习的。虽然当了领导,社会交往多了,融合了许多他人的表情,但现在每个人的表情方式都还带有少年时代生活环境的文化特征。每人的表情都可能会有一些缺点,从提高的角度来说,需要练习一下表情的基础动作。

7.9.3.1 微笑

对亲人,对下级、群众,对上级,微笑是同样的。练好微笑极为重要。要在镜子前练习最为真诚、大方、灿烂的和最富感染力的微笑。我们可能在生活中评价过他人的微笑,批评过某些人皮笑肉不笑的样子,批评过某些人不得体的带有谄媚式的微笑,但是自己微笑的结果却不得而知。要让微笑成为自己文明修养水平的体现。

在某种意义上说，领导面对百姓，面对各单位、各部门的工作微笑是一种执政的表情。经过练习，要对自己的微笑做到心中有数。若在大众场合突然被记者拍照，能够完全自知照片上自己微笑的效果。

7.9.3.2　感慨

生活和工作中有许多令人感动，使人感叹的事物。当语重心长讲述的时候，当激烈表态努力强调之时，常常要由表情参与协助表达内心活动，面部肌肉动作幅度相对加大。感慨万千时，言已尽，意未尽，表情在努力表达那未尽之意，就会暴露表情的各种缺点。有皱眉、扬眉，有耸鼻子、眯眼，有撇嘴、咧嘴、抿嘴、翘嘴，还有头部相应的晃动和摆动。一定要经过练习，把感慨调整成为有文化教养的那种方式。

一端是灿烂的微笑，一端是有文化教养的感慨万千，这两端练好了，中间地带的众多表情问题就能基本解决了。作为公众人物的领导者，地位越高，就越需要注意调整自己的表情方式，使自己的表情符合社会公认的文化主流的评价。

7.9.4　手势的丰富

演讲的手势很丰富，很多手势还有民族特征、地区特征、个性特征。因此，每个人都要有自己演讲的手势仓库。

一般来说，手势活动的范围分为上区、中区和下区。肩以上的活动空间是上区，腰以下的活动空间是下区，肩到腰之间的活动空间是中区。

7.9.4.1　上区、下区和中区的区别

除了事物方位的指示，上区表示褒义。好的事物都在上区表达，当手举过了肩的高度，向上伸出或向前伸出，我们可能会讲："我们的未来更美好"；"明天的美好前景在向我们招手"；"树立远大的人生目标"；"这是我们长时间创造出来的成绩"；"艰巨而又光荣的任务在等着我们"等等。

类似的，一般来说不好的事物都在下区表达。比如要说下面这样的话，手就常常向下指："这样的技术在18年前就落后了"；"新时代不提倡这样的行为"；"违反纪律的现象一定要得到纠正"；"黑社会性质的犯罪行为要坚决打击"等等。上下两区注意不能错位。

从肩到腰这一段是中区，中区的手势更为具体地说明所讲的各种事物。

7.9.4.2 手势的要素

手势有各方面的要素。

有手指，有一个手指、两个、三个、四个、五个手指。

有手掌，手掌有向前、向后、向左、向右、向上、向下方向的。

有拳头，不同方向、不同表达方式的拳头。一般来说女士不适宜用拳头，因为女性演讲者握拳做手势容易向外弯手腕，做不好还不如不做。

手势的运动有上下的垂直运动、前后左右各方向的水平运动、向内或者向外的斜线运动、各方向的弧线运动。

手势的运动方式有以肩为轴的运动，有以肘关节为轴的运动，有以腕关节为轴的运动，也有以指关节为轴的运动，还有以不同的关节同时一起做的运动。

手势的动作有一只手单独运动的手势，有两只手分别做的手势，还有两只手一起运动的手势，其中分别有两手配合的手势和不配合的手势、对称运动和不对称运动。

以上诸多要素的排列组合，使得人类的讲话手势有许许多多，世界上没有任何一个人能够把人类的手势姿势给做尽了。

通常，一次演讲有四五个手势交替使用即可，多了当然不限。有的演讲者在台上讲话只有一个手势，说每一句话的时候都用到这个手势，十分单调。一个人一生有二十多个手势积累也就足够了。成熟的演讲者应该有意识地积累自己的手势。仓库丰富了，说话时的手势就自然而然地带出来了。但千万不要为了某句话刻意去安排甚至排练一个动作，那往往是很不成功的。

7.9.5 演讲体态

演讲的体态姿势分为站立、坐姿和走动。

7.9.5.1 站坐端正

一个演讲者在台前说话的时候，如果没有桌子或讲台，演讲者从头到脚都在众人的视线里。演讲者要两脚平分重心，双脚的开度要小于肩的宽度。注意：双脚的开度等于肩的宽度不好看，大于肩的宽度更不好看。膝关节要轻轻挺直，腰部要稳定。

在众人面前讲话不能歪着"稍息"站立，那样有损演讲人的形象。

如果有桌子或者讲台，讲话的人只要身体上部是端正的就可以，腿部略有"歪曲"不会被发现，如果坐着讲话，桌子会挡住身体更多的部分，上半身端正即可，桌子下面腿的动作是大家看不见的。

站在大家面前演讲的时候手可以在身体前面抱手，也可以自然垂手。演讲的时候不要背着手讲，背手是很难看的。

在演讲培训练习中，几乎所有女士都站得很好，亭亭玉立，两脚平分重心，没有歪着站的，这和女士很注意自己的形象有很大的关系。但是，男士中有相当一部分人演讲站立姿势不好，有的人站在众人面前很不自然，手脚不知怎样摆才好。所以男士要格外注意站姿的自我训练。

很多人开始不习惯正确的站姿、坐姿，身体会觉得很难受，可是在其他人看来，只有这样有点"难受"的形象才很端正，很好看。领导者要严格要求自己，努力保持好站姿和坐姿。在公众场合和大会上，即使时间可能会长一些，领导者都要坐得或者站得端正，不能是很松散、懒散的样子。

7.9.5.2 走上前来

演讲走上场的步子可能不多，但很重要。在众目睽睽之下走上来，如果修养较好，就很有风采。一般说来，学习过舞蹈、体操，在军队受过严格队列训练的人，都能走得很好。对于没有受过训练的人有一个简单的办法，就是要走得稍快一点。这样一来，走路的缺点就被缩小了。女士在快走的同时，还要加上"提腰"的动作，就能立刻走得很好了。

讲话时也可以走动，既可以左右走，也可以前后走。走着说的话都是无关紧要的、作陪衬的、作为主题背景的话。但有一条规则要遵守：最核心的话、主题的话、重要的话，一定不能走着讲，一定要站定了面对大家讲。最重要的话一定要站到听众的正面，稳稳当当地讲。

7.9.6 场面控制

有的领导者在台上讲话，台下的人东张西望、交头接耳、低声说话的人很多，会场上不太安静。即使主持会议的人，或者其他领导会维护一下会场秩序，但是一旦继续开始讲，台下又会变得不安静。这种情况不能完全怪听众。有这样一句话：改变不了别人就改变自己。会场的秩序要靠演讲人自己来掌控，而不能靠别人。就是听众一片安静，也要把他们内心的注意最大限度地吸引到自己的演讲内容上来，这就要掌握演讲场面控制的一些方法和技巧。

7.9.6.1 目光的控制

如果发现台下有哪一部分的听众没有认真听，演讲者可以非常热情地看着那一部分人讲。要看得很"努力"，迫使这一部分听众出于礼貌抬起头来回应。这就像生活中两人面对面，一个人热情地对另一个人诉说着，另一人也不得不有所对答。一旦面对的听众抬头回应，演讲者继续讲下去的内容一定是有价值的信息，也是有逻辑的信息，让听众意识到所讲内容的重要。而且他一旦听了，就会被语言的逻辑吸引着认真听下去。用自己的目光和态度呼唤台下的各个方位群体的注意力，一片一片地"消灭"。

7.9.6.2 声音的控制

声音的控制是指声音的大小轻重变化，声音的快慢变化。演讲者在台上要不断地调整自己的声音高低，一会儿声音大，一会儿声音小，一会儿轻一点，一会儿重一点，一会儿快一点，一会儿慢一点，不断交替。目的就是要造成一种节奏变化的效果。演讲如果要是始终用较弱小和慢吞吞的声音讲，那听众的思绪逐渐就会离开演讲内容，如果总是高亢震耳的强节奏，那听众过一会儿也会疲倦。一味地快速讲，或者一个劲地拖沓，都会失去听众。要让听众的听觉处在不断张弛交替的状态，那就能听着不累，听得进去，听得有趣味。

大小、强弱、快慢的变化可以合理地安排，一些神秘的事情，不重要的事情要弱声讲；重要的事、人人关注的事情要大声讲，有震撼感。这样的效果不言而喻。

[案例 7-21]

声音控制还可以使用停顿的手法。比如这样讲：

"同志们，最近上级，——（停顿）对我们工作进行了严格的检查评估，评估过程每一步都十分认真，最后对我们的结论是，——（停顿）优秀！"

启发与思考

在这里的这两处停顿，可以吸引着全场凝神屏气。不讲，大家期待着；讲，就讲到所有人的心里了。

除了上边讲过的一句话中间的停顿，还有句子之间、段落之间的停顿。在句段之间停顿的时候,听众有一个心理期待。当演讲者在台上说着说着不说了,停在那里的时候,台下的人甚至会认为演讲者产生了失误,于是就想看下一步局面的发展。就在听众想看笑话的那一瞬间,会场将是很安静的,而也就在这个时候,演讲者如果再接着往下说,那么场面一下子就被控制住了。

7.9.6.3　手势动作的吸引

动感的事物会吸引人的注意。比如路上汽车转向灯闪动时,人们都会不自觉地注意。夜间黄色警示灯一闪一闪地,就非常有效地提醒人们注意路上的特别情况。所以演讲者千万不要忽视了自己的手势动作,丰富而又恰当的手势动作会大大降低听众走神的几率。

演讲做出较大幅度的手势,可以将全场所有人的目光都集中在手势上。当做大幅度的手势动作的时候,台下人的眼睛会有微小的动作,这极小的眼睛动作会引导全身的注意力,使人在瞬间忘却其他事物,而专注的是演讲者。

演讲者出示有关的道具,会吸引全场的目光,哪怕台下看不清楚,效果也很不错。

7.9.6.4　内容的调整

演讲者讲道理时间长了,台下可能会出现波动。这时就要注意调整计划的内容。可以讲一个案例、一个故事、一个现象、一个场景,改换内容,调整听众的兴趣,说明自己的道理。当听众被吸引,安静下来,话题一转,可以继续讲道理。

道理讲到一定程度,演讲者还可以再改变内容,讲自己的见闻趣事,自己对某事物的感受、感慨。这样也会得到很好的控制场面的效果,每当这时候场上会非常安静。因为有这样一个规律,人们都愿意听对面那个人讲他自己的情、事、理。领导者在演讲的时候把自己的认识、情感、态度讲出来,人们就会专注地听,会场马上就会安静下来。

7.9.6.5　呼唤与会者

演讲者在会场上还可以虚设与会场上某部分群体的交流,引导局部注意的同时,也就吸引了全体的注意。比如演讲者招呼:"下面,我要和所有在场的男士讲几句话。"这时候男士一定会注意听,在场的女士也会很好奇,女士也会同时注意听。再比如说,"我要和在场的中年同志讲几句话",或者"我要和在场的年轻的同志讲一讲",其结果是全场都认真听了。

演讲时也可以和台下进行真实的交流。比如，指着台下："坐在前排的老王，你是不是连续三年的先进？是不是？"这样台下的老王可能有些脸红，不好意思，可是场上的听众却在寻找老王，看看老王，甚至后排的人也会都站起来看。此时，似乎听众的注意力集中在某人身上，实际上全场的注意力是在演讲者的手中控制着。

7.9.7　掩饰错误

谁也不能保证，在演讲的时候不说错话，说错话的时候要注意一个原则：掩饰错误而不是强调错误。比如说错话了以后，一个劲儿地强调"对不起，对不起各位，我说错了，正确的应该是……"这样的说法很不可取，实际上是把自己的错误给放大了。话讲错了，更不能一翻白眼，一吐舌头，一挠痒痒，那样更不得体。讲了错话的时候可以用如下方式处理：

7.9.7.1　可忽略的错误

演讲者在讲话时意识到自己说错了，但错误不很明显，出错的内容也不是很重要，那就"厚着脸皮"往下说，不用管它，也没有必要纠正。比如，哪个语音讲跑了一点，哪句话的语调讲偏了，都不要再管了，继续讲下去。过一小会儿，大家就会忘记演讲人曾经讲错过。甚至，有些不重要的信息错误也可以忽视。比如，演讲者在某学院讲话，一上来就说："同志们，很高兴，今天在某大学，跟大家讨论一下关于演讲的问题。"这个时候，演讲者应该意识到，这个错误跟今天讲课的主题没有冲突，没太大关系。就不用管它，继续往下讲。台下的人听到演讲者在这个问题上说错了，也不会太计较，因为这不影响对于课程的学习。假如演讲者想纠正这个错误，可以在讲了一段时间后，找个机会对大家说："某学院这个地方环境非常好，非常适合我们大家学习。"这就很自然地把错误改正了。如果没有机会纠正，也就作罢，无妨大局。

7.9.7.2　纠正错误信息

如果在演讲中出现很明显的信息错误，就必须得纠正。纠正的方法很简单，就在最短的时间里讲出正确的信息，正确话语的声音稍大一点即可。千万不要说："对不起，对不起，错了……正确的应该是……"这样，实际上是在强调错误，成为演讲的干扰信息，也影响自己的形象。

比如在台下的学习者有50多位,但演讲者顺口说出:"我们这次来学习的,有500多个同志。"话一出口,就会意识到自己讲错了,那就需要马上纠正,可以紧接着就说:"啊,是50多位,这50多位同志学习非常认真、非常好。"这样瞬间改口说一遍正确的,就可以了,以后不会有人能记住你曾经说错过。纠正口误,只有这个方法最恰当。

7.9.7.3 将错就错

将错就错,就是已经说出的话不作废,因势利导,成为下面话语的铺垫,借题发挥,自圆其说。常用的手段有:自嘲、虚设、以错为错。

(1) 自嘲。可以说"……我有点高兴,看到这么多同志来学习,激动了十倍,把来学习的人数也多说了十倍。"还可以说,"我太希望大家都来学习了,如果500人都能来学习那该有多好哇!"

(2) 虚设。可以这样解释:"……500人是我们的计划,这一批来的是50多人,这50多位同志学习非常认真、非常好。"台下的人可能不知是说错了,还以为事实上就是这样的情况。

(3) 以错为错。这是一种带有自嘲性质的曲解。某演讲者讲到廉政的时候,对大家讲道:"同志们,你们要警鸣长钟……"讲到此时,他自己意识到讲错了。台下的听众也听出来不对劲了。但是还没等所有人反应过来的时候,台上的演讲者按照正常的语言节奏往下讲了:"为什么说是长钟呢,就是这个钟要经常敲,不断在耳边地敲,让大家都能做到廉政,经常不断地教育是有效的,所以,同志们,长钟啊!"这就是掩饰错误,将错就错的补救。

[案例7-22]

电视主持人袁鸣随《东西南北中》栏目组到海南省拍摄,正逢当地京剧团举行成立晚会,袁鸣应邀到场,临时担任司仪。在介绍来宾时,袁鸣看到名单上有个叫"南新燕"的人,而来宾席上正好有位女士没报到名字,就脱口而出:"光临庆典的,有海南师范学院党委书记南新燕小姐!"不成想,坐席中慢腾腾地站起来一位花白头发的老汉——南新燕!全场哗然。面对这种尴尬场面,袁鸣灵机一动,说:"对不起,我是望文生义了,不过你的名字让我想起一句古诗,'旧时王谢堂前燕,飞入寻常百姓家',京剧作为国粹,本来在北方比较有观众群,这次乘着东风飞到海南,在海南安家落户,你的名字给京剧团的成立带来一个好兆头。"话音

能力提升（管理卷）

刚落，掌声四起，尴尬的场面被袁鸣这种机智与临场发挥所化解。

启发与思考

掩饰错误而不是强调错误，也许还能化腐朽为神奇。

☞ **思考题**

1. 领导演讲和演讲比赛有何不同？
2. 自己当众讲话在哪一方面最困难？
3. 各种不同场合的演讲有哪些异同？
4. 自己演讲的外部形象有哪些方面存在问题？怎样解决？

☞ **推荐阅读**

1. 《播音主持训练280法》，闻闸著，中国传媒大学出版社，2006年版。
2. 《主持人思维训练教程》，翁如著，中国传媒大学出版社，2007年版。
3. 《实用口语表达与播音主持》，赵俐著，中国传媒大学出版社，2008年版。

☞ **推荐浏览网站**

1. 中国口才网 http：//www.koucai.cn
2. 中华演讲网 http：//www.zhyjw.com

第8单元

公文审核

■ 引 言

公文写作是机关工作的重要内容，也是衡量机关干部工作能力的一个主要标尺。而把好公文审核关是管理层干部一项很重要的工作。一篇好的公文，与其说是写出来的，不如说是改出来的。

■ 学习目的

- 全面把握公文审核的原则、要求及重点；
- 了解拟写公文各构成要素的常见错误及修改要求；
- 提高财政公文审核实际能力。

■ 引 例

清朝中兴名臣曾国藩初起兵时，战事不顺，常吃败仗。有一次，幕僚在起草的一份奏折中说这段时期打仗"屡战屡败"，曾国藩审核时改为"屡败屡战"。同样是四个字，只不过语序换了一下，看似不经意的改动却使奏折精神大变，表现出败而不馁的气概。

启发与思考

这个案例说明了文字本身的重大功能，也说明了公文审核的必要性和重要性。早年间能在政府高层机构中供职的人，语言文字的功底都很深厚。现在能进入机关工作的人员虽然也经历了层层选拔，但是由于我们这个时代的人把大部分的精力放在了更宽泛的其他学科的学习上，加

> 之现行的考试制度与实践的要求存在一定程度的脱节，因此单就公文写作能力而言，我们总体要逊色于古人中的同行。

8.1 财政部机关公文的审核程序

公文是财政系统机关工作的重要内容。本单元以财政部机关的公文审核为例对公文审核程序加以讲解、分析，并着重讲解了处级领导的公文审核要点。财政系统的其他各级单位的公文审核程序以及管理层领导的公文审核要点，可以参照本单元内容，依照本单位具体情况加以适当调整。

8.1.1 部发文（包括部函）审核程序有两种情况

（1）上行文核稿顺序。

拟稿人草拟后自审 → 处领导审核 → 司领导审核 → 司核稿审核 → 分管部领导审核→主要部领导签发→办公厅文秘处复核 → 办公厅领导复审

（2）平行文、下行文核稿顺序。

拟稿人草拟后自审 → 处领导审核 → 司领导审核 → 司核稿审核 → 分管部领导审核签发→办公厅文秘处复核

8.1.2 各司（局）以办公厅名义对外的正式行文审核程序

拟稿人草拟后自审 → 处领导审核 → 司核稿审核 → 司领导核签 →（分管部领导审核签发）→办公厅文秘处复核

8.1.3 财政部机关处级领导公文审核重点

财政部机关的处级领导作为中层干部，承担着承上启下、沟通协调的职责。处领导审核公文是公文起草的最后环节，又是公文审核的首要环节，不仅关系公文起草的质量，还关系公文审核的质量。处领导全面、细致、准确、高效地审核公文，对上而言，可以为司领导、部领导审核公文打下良好的基础，节省上级领导用于审核公文的时间和精力。对下而言，可以起到很好的示范、指导和带兵育人的作用，带动全处同志提高公文起草水平和政策业务水平。

作为管理层的处领导要按照财经公文审核把关的总体要求,全面、细致、准确、高效地审核公文,主要把好四个"关"。

8.1.3.1 行文关

主要包括以下四个方面:

(1)检查行文的必要性。《国家行政机关公文处理办法》规定:"行文应当确有必要,注重效用。"处领导首先要确定是否需要行文,以什么形式行文,对可行文也可以不行文的,应当不行文。

(2)检查行文的合法性。对下发的公文在把好政策法规关方面要注意以下几点:

• 下发的公文不能违反现行法律法规、方针政策,与现行法律法规、方针政策有矛盾的文稿,要认真修改。

• 有些文件,需要针对新情况、新问题对现行政策进行一些调整时,一定要注意根据党中央和国务院的方针政策,反复推敲斟酌,力求表述准确,前后衔接。

• 涉及超出财政部职权范围的事项,应当请示国务院或与有关职能部门协商。有些事情要先请示主管部门领导意见,有些事情要先与部内有关单位沟通,有些事情要先在本单位内部充分沟通、协调,征求各方面意见。

(3)检查行文方式是否适当。公文文种很多,且又有上行文、平行文、下行文之别,行文时容易出现行文方式不当的问题。要根据行文对象和行文内容,审核行文方式是否适当。要根据行文目的、发文机关的职权和与主送机关的行文关系审核公文文种是否准确。

(4)检查是否需要协商、会签。对超越本部门或单位权限的事项,一定要审核是否已与有关部门或单位会签。

8.1.3.2 内容关

主要包括以下四个方面:

(1)审核所拟公文的内容是否做到有的放矢,切实可行;

(2)审核公文主旨依据是否充分,是否与现行的法律、法规、方针、政策相矛盾;

(3)审核数字是否准确无误,特别要注意数字之间的钩稽关系,正文中的有关数字与附件中的有关数字是否一致;

(4)审核附件是否齐全,附件名称是否前后一致,附件内容是否准确、完整。

8.1.3.3 文字关

主要包括以下两个方面：

（1）审核文稿质量是否符合公文写作要求，文字是否简明、通顺，语气是否妥帖，空话、套话要删掉；

（2）审核公文结构是否合理，语句、标点是否正确。

8.1.3.4 体例格式关

主要审核格式是否统一、规范，如标题、发文机关、主送单位、抄送单位、密级、发文字号、紧急程度、公文主题词、成文日期等是否按公文处理的规定填写。

处领导对草拟公文进行审核后，在"处领导审核"一栏内填上姓名全称、联系电话和日期。

处领导审核一般为处长或主持工作的副处长。如副处长审核后须报司领导，应先请处长核阅后报。

[案例 8-1]

2007 年 5 月 7 日的《法制文萃报》报道了某法院一个只有三页的判决书中，竟有"笔误"及法律常识错误十多处。主要有以下几个方面：

一是数字计算错误。"案件受理费 22 010 元，其他费用 140 元，保全费 600 元共计 22 740 元由被告承担"，22 010 + 140 + 600 = 22 750，显然不是 22 740。

二是文字错漏。如"法律规定不服一审判决的，可以在判决书送达之日起 15 日上诉"，"15 日"应为"15 日内"，少了一个"内"字。又如将原告的"住所地"写为"住所"，将"4.2 万"写为"4.2 被万"，将"本院认为……"写为"本院认为，本院认为……"。

三是表述不规范。如"清欠的租金"应为"清偿所欠的租金"，"双方未再重新建租"应为"双方未再续订租赁合同"。

四是其他方面的错误，不一一举例了。

启发与思考

这份判决书反映出来的问题说明了判决书拟稿人、审核人的责任心较差，工作不认真细致，结果是不仅给自己的工作造成了失误，还给单位带来了不好的影响。

8.2 管理层干部公文审核例说

8.2.1 标题拟写的基本要求

公文标题是标明公文主旨或事由的概括性题目名称，一般由发文机关（即行文单位名称）、公文主要内容（即事由）和文种三个部分组成。如《财政部国家税务总局关于个人所得税有关问题的批复》，其中"财政部国家税务总局"是发文机关，"个人所得税有关问题"是事由，"批复"是文种。

拟写公文标题应该做到：结构完整，事由明确，文种恰当，语言规范，文字简洁，文题相符。

8.2.2 常见错误

8.2.2.1 成分残缺不全

（1）无发文机关。如《制止滥发奖金的通知》。

（2）缺少发文机关。如××部与发展改革委、外交部、商务部联合行文，向国务院报告事项，报告的标题为《××部关于××的报告》，标题中缺少发展改革委、外交部、商务部三个部委。

（3）无事由。如《×××市人民政府决定》。

（4）无文种。常见于批转、转发、印发性通知文种被无故舍弃，致使标题无文种。如《××关于批转××的报告》、《××关于转发××的意见》。

（5）既无发文机关也无文种。如《转发××等两个文件》、《关于加快农业发展的十项政策措施》。有的是将类似新闻报道或其他体裁文章的题目直接作为公文标题。如某省级机关公文标题：《××报告团在××产生强烈反响》；某国家机关公文标题：《把农村改革引向深入》。

（6）既无发文机关也无事由。如某机关正式公文：《通知》。

8.2.2.2 文种使用错误

（1）并用文种。

- 最常见的是"请示"和"报告"两个文种混合使用。如《××关于××

的请示报告》。

- 其他两个文种同时使用。如《××关于××的请示函》、《××关于××的批复函》、《××关于××的意见函》。"请示"、"批复"、"意见"是《国家行政机关公文处理办法》规定的公文种类，可以直接使用，不需要用"函"作为载体。又如用"通知"来印发"意见"。"意见"与"通知"一样都是法定主要文种，可以直接发文。《××部印发关于××意见的通知》应改为《××部关于××的意见》。

（2）生造文种。如《中国社会科学院规划联络局关于给本会资助活动经费的批文》，"批文"在国家规定的法定文种中是不存在的，应该使用"批复"文种。一般常用公文被误作法定公文，也造成生造文种的问题。如《××关于××的规划》、《××关于××的总结》。"规划"、"总结"是一般公文文种，不是法定公文，不应作为正式公文下发。

（3）错用文种。文种是公文的重要组成部分，用以表明公文的性质、用途及制发机关的职权范围，规定公文的结构、格式与语言的运用。如果错用文种，就可能影响受文者准确理解发文者的意图。错用文种主要表现在以下几个方面：

- 错用"请示"或"报告"。国务院办公厅与国务院各部门、各直属机构之间是平行关系，不是上下级关系，相互行文不用"报告"、"请示"。一些部门在向国务院办公厅汇报工作、反映情况、答复询问时，使用"报告"；商洽工作时使用"请示"。这些都是不规范的，应使用"函"或"意见"。

- 错用"批复"。如《××部关于××的批复》，此文主送单位是交通部，不能使用"批复"文种。"批复"适用于答复下级机关的请示事项，××部和交通部是不相隶属的平级机关，行文不能使用"批复"，应使用"函"或"通知"。

- 错用"函"。如《××部关于××的复函》，此文的主送单位是××省××厅，从业务上讲，××部与××省××厅是业务指导与被指导关系，这也是一种上下级关系，不能使用"函"（函适用于不相隶属机关之间商洽工作，询问和答复问题，请求批准和答复审批事项，属于平行文文种），应使用"批复"或"意见"。

8.2.2.3 事由表述问题

（1）繁杂冗赘，含混不清。主要是语句提炼概括得不好，不简洁、不准确，词语繁冗累赘。

如《××关于增值税营业税消费税实行先征后返先征后退即征即退办法有

关城市维护建设税教育费附加政策的通知》，该标题对文件内容的表达比较全面，但过于详尽，有繁冗累赘之弊，应进一步提炼使之精练。修改稿：《××关于增值税营业税消费税实行先征后返等办法有关城建税和教育费附加政策的通知》。

又如《××部关于〈××省人民政府关于申请对下划我省有色金属企业上缴中央所得税金额留给地方财政的函〉的复函》，该标题只是在来函标题之上加上发文单位和回复的文种，没有加以必要的提炼，同样存在繁冗累赘的问题，且存在标题中误用标点符号的问题。修改稿：《××部关于下划有色金属企业上缴中央所得税金额留给地方财政的复函》。

为了提高标题事由的精练程度，可以从以下几方面着手：第一，转发多份公文时，无需把每份公文都一一列出，可适当概括或采取在主要公文名称后面加"等文件"形式；第二，转发多部门联合发文时，不把每个部门都一一列出，可采取在主办部门后面加"等部门"形式；第三，层层转发公文时，尽量不要写成"××关于转发××关于转发××的通知的通知的通知"，可采取"自拟摘要"、"适当修辞"和其他方法解决。

（2）过于简略，意义含混。主要是语句过于笼统，意义含混，使人看后不解其意。如《××关于当前几个问题的通知》、《××关于转发两个文件的通知》、《关于转发××市纪委一个经验的通知》，像这样的公文标题，没能有效地概括出公文的主要内容，读后依然无法了解文件的主旨。

8.2.2.4 "关于"使用不当

"关于"应该放在发文机关之后，事由之前。但一些公文"关于"放错位置，导致丢失发文单位。如《关于××省财经学校向××大学联系临时住房问题的函》，"关于"被误置于发文单位"××省财经学校"之前，导致丢失发文单位。规范的标题应为《××省财经学校关于向××大学联系临时住房问题的函》。"关于"与"对"重叠使用。如《××办公厅关于对××征求意见稿的意见》，"关于"和"对"二者连用，取其一即可。规范的标题应为《××办公厅对××征求意见稿的意见》。

8.2.2.5 错用标点符号

公文标题中除法律、法规和规章加书名号外，一般不加标点符号，两个或两个以上单位之间应空半格，不用顿号。如《××部、××部对〈××规划〉的

能力提升（管理卷）

意见》标题中就错误运用了标点符号顿号和书名号。规范的标题应为《××部××部对××规划的意见》。

8.2.3 公文主旨审核

8.2.3.1 公文主旨拟写的基本要求

（1）正确。公文的主旨必须符合党的路线方针政策、国家的法律法规以及上级指示精神，能够反映出客观事物的本质规律，对工作具有积极的指导作用，经得起实践的检验。

（2）鲜明。公文的基本观点和主张要表达得清楚明白。

（3）集中。就是一篇公文里只能有一个中心，而不能有两个或两个以上的中心。

（4）新颖。就是与时俱进，根据事物的发展变化提出创造性的解决方法与措施。

8.2.3.2 常见错误

（1）内容空泛、冗长。内容空泛、冗长的公文时常会在公文实践中出现，这样的公文不仅影响办事效率，还会产生其他负面效果。

（2）意见不明确。如果公文的意见不具体、不明确，有关部门拿到文件后就难以操作、实施。这样，尽管公文的用意很好，却无法实现其初衷。

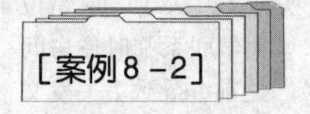

[案例8-2]

【原稿】

关于严格控制以政府名义主办（或举办）经营性活动的意见

省人民政府：

近年来，单位或部门以政府名义主办（或举办）的大型的经营性活动越来越多。这些活动有些由于这种或那种原因经常引起经济纠纷。在对这些纠纷进行司法处理时，法院又追加政府为民事被告。这不仅使政府承担不必要的法律责任，也使政府的形象和声誉受到严重损害。为防止此类事件的再次发生，我们认为：经营性活动原则上不要以政府的名义主办（或举办），如果确有必要以政府名义主办（或举办）的一定要严格控制。为此，我们提出如下意见：

1. 将政府行为和商业行为分开。

2. 严格审批。以省政府名义主办（或举办）的经营性活动一定要经省政府领导审批同意。

3. 对外宣传的内容必须合法真实。

以上意见，供参考。

××市人民政府司法厅
××年×月×日

启发与思考

该文属于对上级政府的建议性意见，发文目的很好。但存在着明显不足，主要问题有：

● 理由根据空泛。本文作者显然是看到了自己所在省发生的"以政府名义主办（或举办）的大型的经营性活动"所引起的经济纠纷中，政府被追加为民事被告的事实。但在背景情况说明中，叙述得比较含混，缺乏具体事实，说服力不够充分。

● 办法措施不具体。本"意见"的核心部分是三条措施，想法很好，但不够具体明确，操作性不够强。比如，第一条"将政府行为和商业行为分开"，是一个目标，但如何分开却没有具体办法。第二条"严格审批"，也没说如何严格审批。

● 从"意见"的现实针对性来看，修改时可将"供参考"意见，改为"请求批转执行"意见，以利于领导批示。

【修改稿】

关于严格控制以政府名义主办（或举办）经营性活动的意见

省人民政府：

近年来，单位或部门以省政府名义主办（或举办）的大型的经营性活动越来越多。这些活动由于这种或那种原因经常引起经济纠纷，法院在对这些纠纷进行司法处理时又追加了政府为民事被告的案例也越来越多，仅今年就有××艺术节、××航空博览会、××时装节等三宗。这些案件，造成了政府承担不必要的法律责任，严重影响了省政府的形象和声誉。为防止此类事件再次发生，一定要严格控制以省政府名义主办（或举办）经营活动。如果一定要以省政府名义主办（或举办）的，也要按以下几点要求办理：

能力提升（管理卷）

1. 将政府行为和商业行为分开。除因外事活动、政治任务或慈善活动需要，必须以省政府名义主办（或举办）的经营性活动或非经营性活动外，今后凡由部门或企业承办的经营性活动，如"博览会"、"演唱会"、"服装节"等一律不要以省政府的名义主办（或举办）。

2. 严格审批制度。一些确有需要以政府名义主办（或举办）的经营性活动，必须由承办部门提出申请，明确主办单位和承办单位以及有关部门的权利、义务，明确法律责任和有关部门的权利、义务，明确政府不承担连带经济责任。然后送省政府办公厅审核，报分管副省长审批同意，再由省政府办公厅发文批复。

3. 经批准以省政府名义主办（或举办）的经营性活动，对外的一切宣传，其内容必须合法真实，并报经分管副省长和承办单位的负责人审核同意后，方可制作和发布。

以上意见如无不妥，请批转有关单位执行。

××省人民政府司法厅
××年×月×日

（3）思路混乱。公文是处理公共事务的手段和凭证，这就要求公文撰写者必须思路清晰，对客观情况能正确分析，并能提出有针对性的解决办法。以下案例恰好在这一点上存在很大问题。

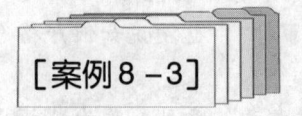

[案例8-3]

××部驻××省××办事处关于电力企业用工资基金结余为职工缴纳补充养老保险金如何征缴个人所得税问题的请示

××部：

我办在对××省部分地区执行国家财税法规及中央所得税征收入库情况进行专项检查时发现，××省电力公司及所属企业，从××年开始，用工效挂钩工资基金结余，除按每人每年工龄若干元钱的标准按月给企业职工缴纳补充养老保险外，还不定期为职工缴纳一次性补充养老保险金（实际上是变相发奖金），少则几百几千多则上万，规定职工在退休后或遇有特殊情况生活困难时经公司批准可以一次性支取。截至××年底，××省电力公司及所属企业在"应付工资"科目共列支职工补充养老保险费××万元。其中：每月按比例为职工缴纳的补充养老保险费××万元；不定期为职工缴纳的一次性大额补充养老保险费××万元；专项用于奖励先进生产者和劳动模范的补充养老保险费××万元。这些资金已全部记入了职工个人账户，企业未代扣代缴个人所得税。我们认为，企业用工资基金结余为职工缴纳补充养老保险，并已落实到每个职工个人账户上，与用现金购买养老保险并无本质上的区别，按规定应当征收个人所得税。对此，××省地方税务部门提出异议，认为应当从职工个人对其账户的资金可以随意支取时，才能计征个人所得税。

由于财税双方对征税环节理解认识上存在较大差异，致使问题难以及时解决。究竟如何掌握，请××部予以答复。

××部驻××省××办事处
××年×月×日

启发与思考

本文的问题是思路混乱，主旨不清。本文是请示电力企业用工资基金结余为职工缴纳补充养老保险金如何征缴个人所得税问题，照理说本文应紧紧围绕这一核心展开叙述，讲明请示理由，明确请求事项。但本文只是讲明了请示理由，请求事项不明确，没有提出解决问题的依据和建议。另外，由于思路不清楚，请示结语根本看不出来，通常写法是"以上意见当否，请批示"或"妥否，请示"，但本文结语写成了"究竟如何掌握，请××部予以答复"，从语气上显然也欠妥。

(4) 主旨不明确。公文（特别是请求批示、批准的上行文）的主旨必须明确，否则将影响公文的效果。某上报国务院的请示，正文中"根据……我部研究制订了《××办法》，建议国务院批准后尽快下发《××办法》"。这句话的意思表述不是很准确（即公文主旨不是很明确），《××办法》被国务院批准后由谁下发？以国务院办公厅名义下发，还是由制订的部门下发？必须准确说明由谁发文，否则要就如何发文向国务院办公厅提供补充说明。可以视情况将其改为"根据……我部研究制订了《××办法》，建议国务院批准后由××部（国务院办公厅）尽快下发《××办法》"。

8.2.4 公文材料审核

公文的材料主要是写作者亲身参加实际工作、调查研究、阅读材料中所了解到的既成事实、情况，以及所获得的其他各种信息，如有关的方针政策规定、各方面的经验与问题、上级的指示和下级的报告等。材料是公文写作的基础。

8.2.4.1 公文材料选用基本要求

公文写作材料的选择有以下要求：

（1）相关性。材料要与公文主旨有关联。无关的材料，即使很典型、很真实，也不能选入公文。

（2）可靠性。材料中的人名、地点、数字、引文等要准确。

（3）典型性。要求选用的材料最能说明观点，具有代表性。

（4）现实性。选用的材料应是现实生活中的新材料，能反映现实情况的最新变化。

8.2.4.2 常见错误

（1）材料空泛，缺乏说服力。公文主旨确立后，就要收集、选择合适的材料来说明主旨。但在公文实践中，我们经常看到材料空泛，无法有效支撑主旨的情况。

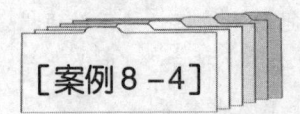

[案例8-4]

【原稿】

关于申请补助××省××县五中建校经费的请示

财政部：

××县是国家扶贫开发工作重点县、革命老区、山区，在各级政府和社会各界的关心与支持下，该县教育事业发展取得了显著成效。但由于该县经济社会发展相对落后，财政比较困难，加上今年遭受水灾，部分学校在发展过程中遇到了一定的困难。

××县五中创办于1960年，在各级领导的关怀下，该校艰苦创业，发奋图强，将昔日杂草丛生的荒土地，建成了校园面积135亩、建筑面积2.8万平方米，现有36个班，在校学生2 200人的省重点中学。但随着教育形势的发展，现有办学条件已不能适应学校发展需要，特别是现仅有男、女生公寓楼各一幢，学生住宿矛盾尤为突出，兴建学生公寓成为亟须解决的问题。目前学校通过政府支持和多渠道筹集了部分学生公寓建设资金，尚有资金缺口，恳请财政部支持80万元。

妥否，请示。

×× 省财政厅
××年×月×日

启发与思考

本文主旨是申请补助××省××县五中建校经费。围绕这个主旨，本文应该重点说明两个方面的情况：一是××县五中学生住宿存在的困难，即兴建学生公寓的必要性和紧迫性；二是兴建学生公寓的可行性。这两方面在文中都有体现，但过于笼统、抽象，缺乏足够的说服力。这样的请示送到上级部门，上级部门不太容易做出决断。修改的要点是增加材料的具体性、典型性，增强说服力。

【修改稿】

关于申请补助××省××县五中建校经费的请示

财政部：

××县是国家扶贫开发工作重点县、革命老区，地处山区。在各级政府和社会各界的关心与支持下，该县教育事业发展取得了显著成效。但由于该县经济社会发展相对落后，财政比较困难，加上今年遭受水灾，部分学校在发展过程中遇到了一定的困难。

××县五中创办于1960年，在各级领导的关怀下，该校艰苦创业，发奋图强，将昔日杂草丛生的荒土地，建成了校园面积135亩、建筑面积2.8万平方米，现有36个班，在校学生2 200人的省重点中学。但随着教育形势的发展，现有办学条件已不能适应学校发展需要，特别是现仅有男、女生公寓楼各一幢，学生住宿矛盾尤为突出。由于该校大部分学生来自农村，需要寄宿，学校采取一个小房间住12个人、腾出3间教室打通铺等办法仍无法满足需要，部分学生只能寄住在亲戚家或每天来回奔波，既不便于学校管理，也不利于学生专心学习。兴建学生公寓成为亟须解决的问题。目前学校通过政府支持和多渠道筹集了部分学生公寓建设资金，县政府拨款××万元，接受社会资助××万元，学校自筹资金××万元，但还有资金缺口，恳请财政部支持80万元。

妥否，请示。

×× 省财政厅
××年×月×日

(2) 材料与主旨联系不紧密。如果说，主旨是公文的灵魂的话，那么材料应当是公文的血肉。在公文写作中，材料与主旨必须统一。要使主旨和材料达到统一，必须做到：第一，在研究材料的基础上形成主旨。第二，主旨要在文件中起统帅作用。

但在公文写作实践中，我们经常看到材料与主旨联系不紧密的情况，造成洋洋洒洒，离题万里的结果。以下案例就是一篇材料与主旨关系上存在问题的病文。

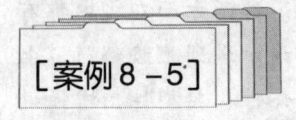

[案例8-5]

【原稿】

××省地方税务局关于增拨办税大厅基建经费的请示

××省人民政府、××省长：

××年××月，我局派出调查组到（外省）××市国税局学习考察其办税大厅的建设情况。调查组认为办税大厅功能较齐全，适应税收征管模式的改革，方便纳税人缴纳税款。为此我局于××年决定建办税大厅，并得到省人民政府的支持，在×府［××］×号文"关于拨款修建办税大厅的批复"中，拨给我局150万元，此项资金已专款专用。

但由于建筑材料涨价，原预算资金缺口较大，恳请省人民政府拨给不足部分，否则将影响办税大厅的竣工及我省税收任务的完成。

××省地方税务局
××年×月×日

启发与思考

本文篇幅不长，但问题很多。首先一个问题就是，主旨与材料关系不够紧密。本文的主旨是请求"增拨办税大厅的基建经费"，那么就应该在理由部分重点叙述"增拨"经费的原因，陈述"建筑材料涨价"的具体情况，"原预算资金缺口"的具体数额，为上级部门领导决策提供充分、坚实的事实基础，进而达到行文目的。可是本文却用三分之二的篇幅陈述建"办税大厅"的理由和省政府的批复这些与"增拨"关系不大的情况，这就明显背离了该请示的主旨，很难达到"增拨"经费的目的。

此外，该文还存在请示事项不明确、多头主送和主送领导者个人、结尾语不规范等问题。都需一一改正。

【修改稿】

关于增拨办税大厅基建经费的请示

××省人民政府：

　　省政府××年拨给我局修建办税大厅的基建费150万元。办税大厅的基建正在严格按计划进行。但由于近两三年来建筑材料大幅涨价（钢材每吨由××元涨到××元，涨幅××%；水泥每吨由××元涨到××元，涨幅××%），致使办税大厅的基建预算资金出现××万元的缺口，这将严重影响办税大厅修建的进度。为了保证办税大厅的修建如期竣工，我们请求增拨办税大厅基建费××万元。

　　特此请示，恳请批准。

　　附件：××办税大厅基建费开支情况表

××省地方税务局
××年×月×日

　　（3）引用公文不规范。公文中引用公文不规范有以下三种情况：一是只引标题不引发文字号；二是先引发文字号后引标题；三是首次引用公文时只引发文字号不引标题。引用公文应当先引标题，后引发文字号。在一篇文稿中，首次引用公文时，应当先引公文标题，后加括号注明发文字号，文中再次提到时可直接引用发文字号。

　　（4）数字错误。财政公文因其特殊性，经常涉及数字、计量单位，稍有疏漏，就可能出现分项数字相加不等于合计、币种和计量单位不清楚、正文和附件数字不一致等问题。数字错误主要有以下几个方面：一是年份错误。如《××省××厅关于开展××专项检查的通知》，正文中"本次检查工作从2005年8月上旬开始，10月底结束"，该通知是2006年8月6日签发的，正文中的"2005年"应为"2006年"。二是漏写计量单位。如《××省××厅关于××的批复》，正文中"日常公用支出1 953.04万元，业务支出13 879.29"，漏写了"万元"两字。三是正文中的数字与附件中的数字不一致。如《关于××的通知》，正文中"尚欠资金198 059万元"，与附件中的数字"19 805万元"不符，正确的数字是"尚欠资金198 059万元"。四是某某（含）以上的表述不够准确。如某公文中"吸收网点数100个（含）以上且2005年末净资产10亿元（含）以上的新申请机构加入"，这里的两个（含）均表述不规范，位置也不当，根据文义，前一个（含）应该是（含100个），后一个（含）应该是（含10亿元)。为此,应改为"吸收网点数 100 个以上(含 100 个)且 2005 年末净资产 10 亿元以上(含 10 亿元)的新申请机构加入"。

(5)常识性错误。如某公文中"2006 年 11 月 31 日以前……"这句话的日期表述得不够准确,2006 年(每年)11 月没有 31 日,将其改为"2006 年 11 月 30 日以前……"。

8.2.5 公文结构审核

8.2.5.1 公文结构基本要求

公文结构,就是公文的组织和构造,即谋篇布局,是构思过程的主要内容。公文结构是作者根据主旨的需要,同时为了更好地表现主旨,对文中各个部分的先后次序作合理安排的筹划过程。也就是说,通过构思找到表现主旨的完整而严谨的结构形式,通过结构对材料进行妥善的安排,即如何安排层次、段落,如何过渡、照应,如何开头、结尾等。

公文结构的基本要求是:完整严谨、比例恰当、层次分明、条理清楚、前后连贯。

8.2.5.2 常见错误

(1)层次混乱。结构层次是公文主旨的体现,结构的完善与否可以看出公文撰写者思路清晰与否。以下案例的结构存在较大问题。

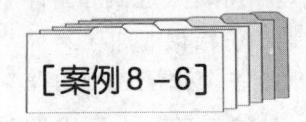

[案例 8-6]

【原稿】

××省人民政府关于促进农产品加工业发展的意见

各市州人民政府,省政府各厅委、各直属机构:

近些年来,我省农产品加工业得到了较快发展,成为全省经济中发展颇具潜力的增长点。但总体而言,还不能适应全省经济和社会发展的需要,尤其是农产品加工水平较低、专门用于加工的农产品不足、产加销各环节衔接不紧密、布局和结构不尽合理等问题仍比较突出。为促进农产品加工业持续健康发展,结合我省实际情况，提出如下意见：

一、发展农产品加工业具有重大的社会和经济意义

农产品加工水平是衡量一个省农业发展水平的重要标志。发展农产品加工业，实现农业产业化经营，是促进我省农业和农村经济结构战略性调整的重要途径，意义十分重大。发展农产品加工业，可以促进优化农产品区域布局和优势农产品生产基地的建设，延长农业产业链条，有利于不断开拓农业增效、农民增收的新空间；通过扩大农产品深加工，提高产品档次和质量，有利于提高我省农业的竞争力；通过发展农产品加工业，推进农业产业化经营，有利于吸纳农村富余劳动力就业、维护社会稳定。

二、发展农产品加工业的基本原则和重点领域

（一）基本原则

1. 以市场需求为导向。遵循市场经济规律，发展优质、安全、方便、营养的农产品加工制品，巩固城市消费市场，开拓农村、小城镇和国际市场，不断适应和满足市场需求。

2. 发挥比较优势。依托省内优势农产品专业化生产区域，发展优势、特色农产品加工业，逐步形成农产品生产和加工产业带，实现农产品加工与原料基地有机结合。

3. 适度规模经营。发展农产品加工业，要与原料基地的规模和市场需求相适应，既要大力培育龙头企业，又要发展有市场、有特色、有潜力的小型企业。

4. 采用先进适用技术。保护和发展具有民族特色的传统工艺，采用先进适用的技术装备，鼓励有条件的农产品加工企业积极引进和开发高新技术。

5. 发展和保护相结合。坚持高标准、严要求，采用先进工艺和技术，切实推行清洁生产，保护生态环境，有利于可持续发展。

6. 加强政策指导。引导农产品加工业合理布局，防止盲目铺摊子和低水平重复建设，新上项目一开始就要做到高起点、高水平，提高农产品加工的现代化水平。

（二）重点领域

1. 大力发展粮、棉、油料等重要农产品精深加工。粮食加工以小麦、玉米、薯类、大豆深加工为主，配套发展粮食烘干等产后处理能力。发展各类专用粮油产品和营养、经济、方便食品加工。

2. 积极发展"菜篮子"产品加工。肉类重点发展猪、牛、羊、鸡、鸭、鹅等产品深加工；奶业要优先提供优质、符合营养要求的学生饮用奶；积极发展有机蔬菜产品和绿色蔬菜产品加工，搞好蔬菜的清洗、分级、整理、包装，推广净

菜上市，发展脱水蔬菜、冷冻菜、保鲜菜等；注重发展干鲜果品保鲜、储藏及精深加工。

三、发展农产品加工业的指导思想和目标

指导思想：紧紧围绕农业和农村经济结构的战略性调整，因地制宜，科学规划，合理布局，依靠科技进步发展农产品加工业；在优化资源配置、提高农产品综合加工能力的同时，逐步实现农产品由初级加工向精深加工转变，由传统加工工艺向采用先进适用技术转变；推进农产品加工原料生产基地化，产加销经营一体化，加工制品优质化，促进农产品加工业持续健康发展。

发展目标：经过5~10年发展，形成与优势农产品产业带相适应的加工布局，建成一批农产品加工骨干企业和示范基地；建立农产品加工业的技术创新体系，健全重要农产品加工制品质量安全标准；使农产品加工业增加值占省内生产总值、工业增加值的比重有较大提高。

四、促进农产品加工业发展的重点工作

（一）制定和实施发展规划

各市州人民政府要根据《全省主要农产品加工业发展规划》和《全省优势农产品区域布局规划》等有关规划，结合本地实际情况，制定本地的农产品加工业发展规划并认真组织实施。要重点做好对县、乡两级农产品加工业发展规划编制和实施的指导，优化资源配置，防止盲目发展和重复建设。

（二）建设原料生产基地

在现有农产品生产基地的基础上，加强优势农产品良种繁育、技术推广、运销服务等基础设施建设，建设和形成布局合理、专用、优质、稳定的优势农产品原料生产基地。

（三）建立生产经营新机制

鼓励农产品加工企业通过定向投入、定向服务、定向收购等方式，发展产业化经营，与农民建立稳定的产销关系和利益联结机制，通过订单农业等多种形式，使农民分享农产品加工、销售环节的好处。

（四）大力培育龙头企业

支持农产品加工骨干企业实行优质农产品基地建设、科研开发、生产加工、营销服务一体化经营。重点扶持一批有自主知识产权、产业关联度大、带动能力强、有竞争力的大中型农产品加工龙头企业。

（五）扶持和发展中介组织

加强农产品加工业行业协会、专业技术服务等中介组织建设。发挥各种专业化中介组织在提供社会化服务、开展行业自律、防止无序竞争、协助解决国际贸易争端等方面的作用。

（六）促进技术进步和科技创新

省农业和科技行政主管单位要抓紧制定农产品加工业的技术发展政策措施。优先开发大宗农产品的精深加工工艺、技术和装备。支持科技成果转化和推广先进适用的农产品加工技术。鼓励农产品加工骨干企业与大专院校、科研院所联合组建科学技术研究与开发中心。各市州有关单位和农产品加工企业，要重视对职工的技能培训。

五、发展农产品加工业的政策措施

（一）加强金融支持

将农产品加工作为农业信贷的重点。商业银行要大力支持农产品加工企业发展，及时满足农产品加工企业合理的资金需求。对农产品加工企业向农民收购农产品和完成国内外订单生产所需流动资金，有关银行应积极予以支持。对农产品加工企业申请贷款，应视项目用途与实际需要，适当放宽担保抵押条件，合理确定贷款期限。

（二）加大政府投入力度

提高农产品加工业基本建设投资占整个基本建设投资的比重，增加对农产品加工业的技术改造投入。财政支农资金和农业综合开发有偿资金要重点支持农产品加工企业的基地建设、科研开发、技术服务、质量标准和信息网络体系建设。科技、农业等行政主管单位的科技开发资金、教育培训资金，应有一定比例用于支持农产品加工业发展。

（三）采取其他配套措施

要切实落实好国家对农产品生产和加工的税收优惠政策，调动和保护好有关方面发展农产品加工的积极性。省内各级国土资源管理单位在编制土地利用总体规划和计划时，要对农产品加工企业用地进行统筹考虑，合理安排。农产品加工企业特别是骨干企业生产经营所需征用土地应依法报批，各项费用按合理标准收取。电力单位要保证对农产品加工企业的供电。

××省人民政府
××年××月××日

启发与思考

本文存在的问题是结构层次有点混乱，未能将主旨有条理、有重点地突出出来，具体表现是：

第一，本文五个方面内容的先后顺序安排得不够恰当。按照逻辑思维和处理具体事务惯有的顺序，下发关于促进农产品加工业发展的意见，应该先说意义、指导思想和目标，再说基本原则和重点领域、重点工作和政策措施。而本文却是先说意义、基本原则和重点领域，再说指导思想和目标、重点工作和政策措施。

第二，"重点工作"部分中，内容应按工作的重要性从大到小排列。"政策措施"部分中，内容应按政策措施的重要性从大到小排列。但本文这两部分中都有不足之处。相对而言，"促进技术进步和科技创新"比"扶持和发展中介组织"重要，"加大政府投入力度"比"加强金融支持"重要，应提前。

【修改稿】

<h2 style="text-align:center">××省人民政府关于促进农产品加工业发展的意见</h2>

各市州人民政府，省政府各厅委、各直属机构：

近些年来，我省农产品加工业得到了较快发展，成为全省经济中发展颇具潜力的增长点。但总体而言，还不能适应全省经济和社会发展的需要，尤其是农产品加工水平较低、专门用于加工的农产品不足、产加销各环节衔接不紧密、布局和结构不尽合理等问题仍比较突出。为促进农产品加工业持续健康发展，结合我省实际情况，提出如下意见：

一、发展农产品加工业具有重大的社会和经济意义

农产品加工水平是衡量一个省农业发展水平的重要标志。发展农产品加工业，实现农业产业化经营，是促进我省农业和农村经济结构战略性调整的重要途径，意义十分重大。发展农产品加工业，可以促进优化农产品区域布局和优势农产品生产基地的建设，延长农业产业链条，有利于不断开拓农业增效、农民增收的新空间；通过扩大农产品深加工，提高产品档次和质量，有利于提高我省农业的竞争力；通过发展农产品加工业，推进农业产业化经营，有利于吸纳农村富余劳动力就业、维护社会稳定。

二、发展农产品加工业的指导思想和目标

指导思想：紧紧围绕农业和农村经济结构的战略性调整，因地制宜，科学规划，合理布局，依靠科技进步发展农产品加工业；在优化资源配置、提高农产品综合加工能力的同时，逐步实现农产品由初级加工向精深加工转变，由传统加工工艺向采用先进适用技术转变；推进农产品加工原料生产基地化，产加销经营一体化，加工制品优质化，促进农产品加工业持续健康发展。

发展目标：经过5~10年发展，形成与优势农产品产业带相适应的加工布局，建成一批农产品加工骨干企业和示范基地；建立农产品加工业的技术创新体系，健全重要农产品加工制品质量安全标准；使农产品加工业增加值占省内生产总值、工业增加值的比重有较大提高。

三、发展农产品加工业的基本原则和重点领域

(一) 基本原则

1. 以市场需求为导向。遵循市场经济规律,发展优质、安全、方便、营养的农产品加工制品,巩固城市消费市场,开拓农村、小城镇和国际市场,不断适应和满足市场需求。

2. 发挥比较优势。依托省内优势农产品专业化生产区域,发展优势、特色农产品加工业,逐步形成农产品生产和加工产业带,实现农产品加工与原料基地有机结合。

3. 适度规模经营。发展农产品加工业,要与原料基地的规模和市场需求相适应,既要大力培育龙头企业,又要发展有市场、有特色、有潜力的小型企业。

4. 采用先进适用技术。保护和发展具有民族特色的传统工艺,采用先进适用的技术装备,鼓励有条件的农产品加工企业积极引进和开发高新技术。

5. 发展和保护相结合。坚持高标准、严要求,采用先进工艺和技术,切实推行清洁生产,保护生态环境,有利于可持续发展。

6. 加强政策指导。引导农产品加工业合理布局,防止盲目铺摊子和低水平重复建设,新上项目一开始就要做到高起点、高水平,提高农产品加工的现代化水平。

(二) 重点领域

1. 大力发展粮、棉、油料等重要农产品精深加工。粮食加工以小麦、玉米、薯类、大豆深加工为主,配套发展粮食烘干等产后处理能力。发展各类专用粮油产品和营养、经济、方便食品加工。

2. 积极发展"菜篮子"产品加工。肉类重点发展猪、牛、羊、鸡、鸭、鹅等产品深加工;奶业要优先提供优质、符合营养要求的学生饮用奶;积极发展有机蔬菜产品和绿色蔬菜产品加工,搞好蔬菜的清洗、分级、整理、包装,推广净菜上市,发展脱水蔬菜、冷冻菜、保鲜菜等;注重发展干鲜果品保鲜、储藏及精深加工。

四、促进农产品加工业发展的重点工作

(一) 制定和实施发展规划

各市州人民政府要根据《全省主要农产品加工业发展规划》和《全省优势农产品区域布局规划》等有关规划,结合本地实际情况,制定本地的农产品加工业发展规划并认真组织实施。要重点做好对县、乡两级农产品加工业发展规划编制和实施的指导,优化资源配置,防止盲目发展和重复建设。

(二) 建设原料生产基地

在现有农产品生产基地的基础上,加强优势农产品良种繁育、技术推广、运

销服务等基础设施建设，建设和形成布局合理、专用、优质、稳定的优势农产品原料生产基地。

（三）建立生产经营新机制

鼓励农产品加工企业通过定向投入、定向服务、定向收购等方式，发展产业化经营，与农民建立稳定的产销关系和利益联结机制，通过订单农业等多种形式，使农民分享农产品加工、销售环节的好处。

（四）大力培育龙头企业

支持农产品加工骨干企业实行优质农产品基地建设、科研开发、生产加工、营销服务一体化经营。重点扶持一批有自主知识产权、产业关联度大、带动能力强、有竞争力的大中型农产品加工龙头企业。

（五）促进技术进步和科技创新

省农业和科技行政主管单位要抓紧制定农产品加工业的技术发展政策措施。优先开发大宗农产品的精深加工工艺、技术和装备。支持科技成果转化和推广先进适用的农产品加工技术。鼓励农产品加工骨干企业与大专院校、科研院所联合组建科学技术研究与开发中心。各市州有关单位和农产品加工企业，要重视对职工的技能培训。

（六）扶持和发展中介组织

加强农产品加工业行业协会、专业技术服务等中介组织建设。发挥各种专业化中介组织在提供社会化服务、开展行业自律、防止无序竞争、协助解决国际贸易争端等方面的作用。

五、发展农产品加工业的政策措施

（一）加大政府投入力度

提高农产品加工业基本建设投资占整个基本建设投资的比重，增加对农产品加工业的技术改造投入。财政支农资金和农业综合开发有偿资金要重点支持农产品加工企业的基地建设、科研开发、技术服务、质量标准和信息网络体系建设。科技、农业等行政主管单位的科技开发资金、教育培训资金，应有一定比例用于支持农产品加工业发展。

（二）加强金融支持

将农产品加工作为农业信贷的重点。商业银行要大力支持农产品加工企业发展，及时满足农产品加工企业合理的资金需求。对农产品加工企业向农民收购农产品和完成国内外订单生产所需流动资金，有关银行应积极予以支持。对农产品加工企业申请贷款，应视项目用途与实际需要，适当放宽担保抵押条件，合理确定贷款期限。

(三) 采取其他配套措施

要切实落实好国家对农产品生产和加工的税收优惠政策，调动和保护好有关方面发展农产品加工的积极性。省内各级国土资源管理单位在编制土地利用总体规划和计划时，要对农产品加工企业用地进行统筹考虑，合理安排。农产品加工企业特别是骨干企业生产经营所需征用土地应依法报批，各项费用按合理标准收取。电力单位要保证对农产品加工企业的供电。

××省人民政府

××年××月××日

(2) 结构比例失调。结构比例失调的情况在公文写作中也常常遇到，特别是一些篇幅较长的公文，由于内容较多，表达的主旨比较复杂，容易出现各部分之间比例失调。要做到结构比例匀称，必须紧紧围绕主旨，精心组织、剪裁材料，妥善安排各部分结构。以下案例就是一篇结构比例失调的公文案例。

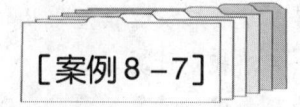

[案例8-7]

【原稿】

关于普遍开展清仓利库工作的通知

各××、××、××直属各单位：

根据省委、省政府关于清仓利库的指示和××、××、××联合下发的××字〔××〕第45号文件《关于开展清仓利库工作的通知》要求，市政府决定于今年"双增双节"运动中普遍进行一次清仓利库。现将有关问题通知如下：

(一) 清仓查库的范围和重点

凡是有物资库存的单位，都要对××年末和××年×月末库存的钢材、生铁、铜、铝、煤炭、水泥、木材、新机电设备和其他物资进行认真的清查，并填报《清仓利库物资情况报表》。××和直属单位要于7月5日前将《清仓利库物资情况报表》报给××清仓办，这次清查的重点是钢材、二类机电产品、农机配件、汽车配件和其他库存量比较大的物资，报表中没有列出的物资，应在报表说明中加以说明。

(二) 核定库存量的依据和标准

核定物资储存周转量，要从生产建设消耗物资的实际情况出发，考虑运输距离的远近、物资供应情况、管理水平和其他特殊情况，根据保证供应、加速周转的原则进行核定。各类物资的库存周转量××和××直属单位自行核定，报上级主管部门审定。但主要物资的库存周转定额不得超过部的规定。

钢材库存周转期：部规定四个半月。

生铁库存周转期：部规定四个半月。

钢和铝库存周转期：部规定四个半月。

木材库存周转期：部规定三个月。

水泥库存周转期：部规定一个半月。

以上主要原材料的库存周转量，都按全年计划分配指标进行计算。

基本建设用的机电产品库存周转量：按主管部门批准的建设和设计清单，提前为下一年设备安装中必须准备的机电产品计算。

生产维修用的二类机电产品和农机配件的库存周转期为九个月。

汽车配件的库存周转期为六个月。

煤炭库存周转期：铁路沿线单位为两个月；沿江单位为四个月。

机电产品、农机配件、汽车配件和煤炭的库存周转量，××和××供应机构按上一年的全年中转供应量计算，使用单位按上一年的全年消耗量计算。

其他物资的库存周转量，可按上一年的六个月实际消耗量进行计算。

核定出合理的物资库存量后，要划出超储积压物资，填报《清仓利库物资情况报表》，并按明细登记造册，按隶属关系上报。××、××直属单位和物资局所属单位于七月二十日前上报××清仓办，以备调度调剂。

（三）超储积压物资的处理

处理超储积压物资，要坚持以自己利用为主、先易后难、先系统内后系统外的原则。根据省的要求，各单位要制定出处理超储积压物资计划，要求××年处理百分之五十，××年底前处理完。处理积压物资，可采取多种多样形式进行，除了按《关于开展清仓利库工作的通知》中规定的办法以外，还可以根据中共××省委×发［××］×号文件规定："对确系滞销积压产品，经主管部门和同级财政部门审核，可以实行销售承包，承包所提取奖金数量按不超过半年的银行利息掌握，列入企业产品销售费用，不计入企业奖金总额，不缴纳奖金税"处理。在××调剂的基础上，准备在全市范围内组织一次库存物资调度调剂会，进一步处理超储积压物资。

（四）巩固清仓利库工作成果和改善经营管理

各单位要在清仓查库的基础上，认真总结经验教训，改善经营管理水平，特别是对那些管理差的企业，要帮助找出原因，制定措施，建立健全经营管理承包责任制，尽快扭转局面。为了巩固清仓利库的成果，防止新的积压，市政府决定采取以下措施：

1. ××年末钢材库存超过规定周期的，××年要相应地扣减计划分配指标。

2. 把压库指标和处理积压物资计划纳入厂长、经理任期目标责任制进行管理。

3. 对造成物资积压的责任者，根据经济损失的多少，按《职工奖惩条例》进行处罚。

4. 国家计划分配的物资，自供应单位通知使用单位提货之日起，三个月后不来提货，供应单位可按先系统内后系统外的原则另行分配。

（五）加强领导切实搞好清仓利库工作

清仓利库工作，是双增双节的一项重要内容，是改进物资供应，减少物资积压和损失的必要措施，是加强企业管理，提高经济效益的一件大事，为了认真贯彻省委、省政府的指示，搞好库存物资的利用，满足生产需要，减少资金占用，推动"双增双节"运动的深入发展，各单位要加强对这项工作的领导，成立清仓利库领导小组和办公室。经常检查和掌握工作情况，按时报送《清仓利库物资情况报表》，及时发现问题、解决问题，善始善终地搞好清仓利库工作，推动"双增双节"运动的深入开展。

附：×计经物字［××］第××号、×财工字［××］第××号文件

××年×月×日

启发与思考

本文是一份布置工作的通知。文种选用正确，内容比较充实，各部分阐述也比较具体。但在结构上存在较明显的问题。

本文的主旨是"普遍开展清仓利库工作"，从结构上来说分为两大部分：导语及具体通知事项。导语部分虽然提出了发文的依据，但未能充分概括出行文的意义和目的，在近三千字的通知中显得过于简略。而主体部分则失之过繁，有许多不必要的重复。如，"（一）清仓查库的范围和重点"中，夹带了填报"清仓利库物资情况统计表"内容，而在最后一个问题即"（五）加强领导切实搞好清仓利库工作"中又不得不重新提起。在"（二）核定库存量的依据和标准"中，没有很好地综合和概括，而且谈及"库存周转期"和"库存周转量"混杂交错，给人以杂乱无章之感。全文前、中、后共三处出现同一内容。

修改办法：适当加强导语部分内容，将主体部分重复、累赘部分用删除、合并等方法加以精练。

【修改稿】

××××关于普遍开展清仓利库工作的通知

各××、××、××直属各单位：

清仓利库工作是增产节约、增收节支的一项重要内容；是改进物资供应，减少物资积压和损失的必要措施；是加强企业管理，提高经济效益的一件大事。根据省委、省政府关于清仓利库的指示和××、××、××联合下发的《关于开展清仓利库工作的通知》精神，为了减少资金占用，满足生产需要，推动增产节约、增收节支运动的深入发展，市政府决定于今年"双增双节"运动中在全市范围内普遍进行一次清仓利库。具体通知如下：

（一）清仓利库的范围和重点

凡是有物资库存的单位，都要对××年末和××年×月末库存的各种物资进行认真的清查。重点是钢材、二类机电产品、农机配件、汽车配件和其他库存量比较大的物资。

（二）库存物资周转期和周转量的核定

总的要求是，要从生产建设消耗物资的实际情况出发，考虑运输距离的远近、物资供应情况、管理水平和其他特殊情况，本着"保证供应、加速周转"的原则进行核定。各类物资的库存周转量××和××直属单位自行核定，报上级主管部门审定。但主要物资的库存周转定额不得超过部的规定。

1. 库存物资周转期

钢材、生铁、钢、铝均规定为四个半月。

木材库存周转期规定为三个月。

水泥库存周转期规定为一个半月。

生产维修用的二类机电产品和农机配件的库存周转为九个月。

汽车配件的库存周转期规定为六个月。

煤炭库存周转期：铁路沿线单位为两个月；沿江单位为四个月。

2. 库存物资周转量

钢材、生铁、钢和铝、木材、水泥等主要原材料按全年计划分配指标进行计算。

基本建设用的机电产品按主管部门批准的建设和设计清单，提前为下一年设备安装中必须准备的机电产品计算。

机电产品、农机配件、汽车配件和煤炭，供应单位按××年的全年中转供应量计算，使用单位按××年的全年消耗量计算。

其他物资的库存周转量，可按××年半年消耗量计算。

（三）超储积压物资的处理

处理超储积压物资，各单位要制定出处理超储积压物资计划，做到××年处理50％，××年底前处理完。处理超储积压物资，要坚持"以自己利用为主、先易后难、先系统内后系统外"的原则，可采取多种多样形式进行。除了可按《关于开展清仓利库工作的通知》文件中规定的办法以外，还可以根据《中共××省委关于……》文件规定的："对确系滞销积压产品……不缴纳奖金税"处理。在调剂的基础上，准备在全市范围内组织一次库存物资调度调剂会，进一步处理超储积压物资。××、××直属单位和物资局所属单位要于7月20日前将超储积压物资情况上报市清仓办，以备调剂。

（四）采取有效措施防止产生新的积压物资

各单位要在清仓利库的基础上，认真总结经验教训，改善经营管理水平；主管部门要帮助管理差的企业找出原因、制定措施，尽快扭转局面。为了巩固清仓利库的成果，防止产生新的积压物资，××决定采取以下措施：

1. 把压库指标和处理积压物资计划纳入厂长、经理任期目标责任制和经营承包责任制，切实加强和改善企业管理。

2. 对造成物资积压的责任者，根据经济损失的大小，按《职工奖惩条例》进行处罚。

3. 对××年末钢材库存超过规定周期的单位，××年要相应地扣减计划分配指标。

4. 供货单位对国家计划供应的物资，在使用单位接到通知三个月不来提货时，可按"先系统内后系统外"的原则另行分配。

（五）加强领导切实搞好清仓利库工作

清仓利库工作是一项严肃认真和复杂细致的工作。××都要成立清仓利库领导小组和办公室。要经常检查和掌握工作情况，按时填报"清仓利库物资情况报表"。7月5日前报清仓办，任何单位都不得敷衍搪塞、弄虚作假。要及时发现问题、解决问题，善始善终地搞好清仓利库工作，推动增产节约、增收节支运动深入开展。

附件：1. ×计经物字［××］第××号
　　　2. ×财工字［××］第××号

　　　　　　　　　　　　　　　　　　　　×××××
　　　　　　　　　　　　　　　　　　　　××年×月×日

（3）结构层次序数错误。公文中的结构层次序数一般用来表示文中内容的排列顺序，如果结构层次序数出现错误，会使受文单位感觉公文内容缺失或难以理解，也会影响办文单位的形象。结构层次序数错误主要有以下两种情况：一是正文在修改过程中增加了一个结构层次序数，但其后的结构层次序数没有顺次改过来，如《关于××的通知》，正文中的结构层次序数排列是"一、二、三、四、五、五"，正确的结构层次序数排列应该是"一、二、三、四、五、六"。二是正文在修改过程中减少了一个结构层次序数，但其后的结构层次序数没有相应改过来，如《关于××的意见》，正文中的结构层次序数排列是"一、二、三、五"，正确的结构层次序数排列应该是"一、二、三、四"。

8.2.6 公文语言表达审核

8.2.6.1 公文语言表达基本要求

（1）朴实。公文所使用的都是最平实的词汇，以及有关的政治、经济、法律、文化等方面的专业词汇。公文多用叙事、说明、议论，尽可能不用描写、夸张、渲染等修辞手法。

（2）准确。措辞遣句准确、恰当，句与句之间逻辑联系紧密，能恰如其分地说明情况、阐述做法、表达思想。

（3）简要。力求用最简练的语言把主旨表达清楚。要达到这个目的就必须做到：其一，词义要明确。其二，多用基本义。其三，常用规范简称。其四，多用陈述句、祈使句，尽可能少用描写句、疑问句和感叹句。

（4）庄重。要达到庄重的语言效果，必须做到：一要客观地叙述、阐释和评价。二要使用书面语。三要使用公文专用语。

8.2.6.2 常见错误

（1）语言空洞累赘。公文语言应当力求简洁精练，要有针对性，以利于受文单位批准、知晓或贯彻执行。可有可无的词语、句子应尽力删除。以下案例在语言表述上就存在这样的问题。

[案例8-8]

【原稿】

××省人民政府转发省经委关于当前工业生产意见的通知

各市人民政府，省直属各单位：

省人民政府同意省经委《关于当前工业生产的意见》，现印发给你们，望遵照执行。

当前，全省工业园区万紫千红，百花争艳，一派欣欣向荣的景象，工业生产形势喜人。省人民政府希望工业战线广大职工借这股强劲的东风，像园丁一样，开动脑筋，群策群力，辛勤地耕耘我省的工业园地，努力奋斗，勤俭节约，力争超额完成今年全省工业生产任务，多创利税，把我省工业生产推上一个新台阶。

××省人民政府
××年×月×日

《省经委关于当前工业生产的意见》（略）

启发与思考

本文为批转文件的通知，按写作规范，一般由一段文字构成，即用简洁的文字陈述转发文件的名称和要求。如果所发布的文件比较重要，为了表示发文单位对所发文件的重视，可以在第二段强调性的结尾语中阐述发文的背景情况、意义，希望受文单位加强有关方面工作。第二段同样要求语言简洁，庄重严肃。

如《国务院批转财政部、水利电力部〈关于水土保持经费问题的请示〉的通知》的第二段："我国水土流失严重，有些地方生态环境日益恶化。做好水土保持工作，不仅是造福子孙后代，而且是发展国民经济的当务之急。望各地加强对这一工作的领导，在群众自力更生的基础上，国家给予必要的支援，切实把这项利国利民的大事做好。"介绍了发文的背景，指出了水土保持工作的重要性，提出了希望，增强了发文的针对性。

而在上例病文中，大量使用"万紫千红，百花争艳"一类华丽辞藻，还使用"借这股强劲的东风"、"像园丁一样"这样的文学修辞手法，空洞无物，华而不实，不符合公文写作要求。

修改方法是将第二段进一步精简。

另外，从此文内容来看，应该是××省人民政府批转省经委有关文件，而不是转发，这一点也要改正。

【修改稿】

××省人民政府批转省经委关于当前工业生产意见的通知

各乡、市人民政府，省直属各单位：

省人民政府同意省经委《关于当前工业生产的意见》，现印发给你们，望遵照执行。

当前，全省工业生产形势很好，省人民政府希望工业战线广大职工戒骄戒躁，努力奋斗，踏实工作，多创利税，力争超额完成今年全省工业生产任务。

××省人民政府
××年×月×日

《省经委关于当前工业生产的意见》（略）

(2) 语言表述不得体。公文语言的总体要求是朴实、准确、简洁、庄重。而在不同的行文目的中，面对不同的行文对象，其语言表述方式亦有不同。如下行文，一般表现为庄重严肃，语气坚定有力。而向上级请示事项、与不相隶属单位商洽问题，则需要语言表达谦和。修辞学家陈望道先生曾经指出，修辞的目的就是要在不同的语言情境中，做出合宜的、得体的表达。公文语言表达也要实现这一目标，更好地为行文目的服务。公文语言表述不得体，不仅对达到行文目的有影响，还可能在工作中产生负面影响。以下案例作为一个商洽函，在语言表达上存在明显问题。

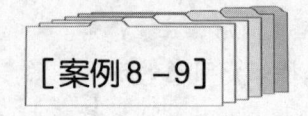

[案例8-9]

【原稿】

××厅关于征求××意见的函

××厅：

遵××领导指示，现将我厅起草的《××××》征求意见稿转来，望速提意见，务必于×月×日上午10：00之前返回我厅值班室，以免耽误工作。

××厅
××年×月×日

启发与思考

本文最大的问题，就是语言不够谦和，没把握好分寸。兄弟单位或不相隶属的单位之间联系公务、商洽事宜，必须特别注意措辞，把握好分寸，要在语言表达上显示出对对方的尊重和商洽问题的平等意愿，使受文单位接受来文时不感到生硬，实现商洽解决问题的目的。而此文中的"遵××领导指示"、"望速提意见"、"务必"、"以免耽误工作"等语，显得有咄咄逼人、以势压人之感。

【修改稿】

××厅关于征求××意见的函

××厅：

现将我厅起草的《××××》征求意见稿送上，请提出修改意见，并请于×月×日上午10：00之前返回我厅值班室。

××厅
××年×月×日

（3）语言表述不够准确。如某公文"一是定额扣除办法，即允许企业按每人800元/月标准扣除，另外规定省级人民政府可在此标准内上浮20%"，这里的"在此标准内"难以让人准确理解，因为600元、700元都是"在此标准内"。这句话的本意是省级人民政府可在800元/月的基础上再上浮20%，应将"在此标准内"改为"按此标准"。

（4）习惯说法欠规范。拟写公文时，有时会用一些平时习惯的说法，但不是很规范。如"三定方案"的提法不准确。1998年，国务院对所属各部委、各直属机构的职能配置、内设机构和人员编制进行了调整，由国务院办公厅印发了《关于××部职能配置内设机构和人员编制规定的通知》，对此，应当简称为"三定规定"而不是"三定方案"。又如"辖区"的提法不准确。公文中有时出现"××省对本辖区内的××工作……"。根据国务院行文用词规范，"辖区"应为"行政区域"。

（5）法律术语表述不够准确。某些规章及规范性文件中有这样的表述："构成犯罪的，依法追究刑事责任"或"触犯刑律的，依法追究刑事责任"。根据有关法规规定，规章及规范性文件一般不写刑事条款，如有必要写，应当表述为："涉嫌犯罪的，移送司法机关处理"，不宜表述为"构成犯罪的"或"触犯刑律的"。

（6）字词使用不当。字词使用不当，不仅影响受文者准确、全面理解公文内容，还可能影响发文机关的形象。主要应注意以下几个方面：一是重复累赘。如某公文"在××法正式施行前"一句，《现代汉语规范词典》对"正式"的注释为：符合正规标准，合乎一定手续的；对"施行"的注释为：法令、规章制度等公布后生效、执行。"施行"一词已经包含了符合标准、合乎手续的意思，应删去"正式"两字。二是搭配不当。如某公文"涉及犯罪的是否按照规定及时移送司法机关"一句，《现代汉语规范词典》对"涉及"的注释为：牵扯到，关联到；对"涉嫌"的注释为：被怀疑跟某事有牵连。规章及规范性文件一般不写刑事条款，如有必要，应当表述为"涉嫌犯罪"，不宜表述为"涉及犯罪"、"构成犯罪"或"触犯刑律"等。三是错字、多字、少字。如某公文"请与8月2日前回复为盼"中的"与"应当是"于"。某公文"中央先后制定了一系列列扶持政策"多了一个"列"字。某公文"具体优惠政策内容需一步研究后"少了一个"进"字。

(7) 误用标点符号。"标点可以神文字之用"。也就是说，标点虽不是文字，但重要性并不在文字之下。老到的文字，加上得体的标点，往往会使作品神采飞扬。公文里标点符号的运用更加需要注意。如果误用标点符号，不仅可能影响受文者对公文内容的全面、正确理解，还可能影响公文的庄重性、严肃性。常见的错误主要有以下几个方面：一是某一自然段完了之后没有句号，或者有两个句号。二是误用感叹号，如某公文中的"请予支持！"，公文语言的总体要求是朴实、准确、简洁、庄重，一般不用感叹号，应用句号。三是书名号标注不全，如某公文引用文件"《××部关于××的通知"，书名号标注不全。

8.2.7 主送单位、抄送单位标注审核

主送单位是指公文的主要受理单位；抄送单位是指除主送单位之外需要执行或知晓公文内容的其他单位。主送、抄送单位审核，应重点注意以下几个方面的问题：

(1) 无主送单位。主送单位是公文的主要受理单位，除了少数一些文种如"命令（令）"、"决定"、"公告"等可以通过张贴或在大众传媒上发布以外，一般都应写明主送单位，以达到快速办理公务的目的。以下案例就是一个无主送单位的例子。

[案例 8-10]

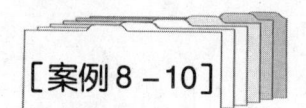

××省××厅关于转发《中国建设银行中央级基本建设储备贷款管理暂行办法》的通知

现将《中国建设银行中央级基本建设储备贷款管理暂行办法》(×建设投字[××]第××号)转发给你们，请遵照执行。

××省××厅××年×月×日

启发与思考

《中国建设银行中央级基本建设储备贷款管理暂行办法》规定特定的贷款对象是"国家用中央财政预算内资金投资建设安排的中央级基本建设项目"。××省××厅管理着一些中央财政预算内资金投资建设的国家重点项目，在接到文件后，应将此文转发给下属的几大工程管理局或工程建设指挥部。而此文却缺少主送单位，需订正。

(2) 遗漏主送单位。如《关于××的通知》，文中要求××厅负责××工作，但此文的主送、抄送单位中都没有××厅。从文中内容看，应将××厅作为主送单位。

(3) 主送单位填写不够明确、规范。如《关于××的通知》，主送单位为"北京市××局、××局，财政监察专员办事处"，其中"财政监察专员办事处"表述既不明确，也欠规范。正确的写法是"北京市××局、××局，财政部驻北京市财政监察专员办事处"。

(4) 主送单位不对等。如××部个别司局在办理以办公厅名义的发文时，将主送单位写为：国务院各部委、各直属机构。以办公厅名义发文对其他部委，行文关系不对等，应当对其他部委办公厅或相关司局。

(5) 上行文多头主送。多头主送是指一个上行公文(一般是指"请示")向多个单位主送。按照国家公文行文规则，请示一般是一个主送单位，以利于问题及时有效的解决。多头主送容易造成主送单位之间相互推诿、扯皮，不利于问题的解决、工作的开展。以下案例就是一个多头主送的例子。

能力提升（管理卷）

[案例 8-11]

【原稿】

××省交通厅关于成立××公路技工学校的请示

省劳动厅并省人民政府：

　　近年来，我省公路交通建设事业发展很快，但公路养护工人数量不足、素质较低，不能适应公路建设的需要。为了解决公路建设和养护技术工人的培训问题，我厅同意省公路管理局在××公路职工学校的基础上建立××公路技工学校，并力争在××年招生，学校编制××人，定为副处级事业单位，在校人数为××人。学校校址在××市长岗岭三里10号。开设公路工程与养护、筑路养路机械运用与修理等专业。招收初中毕业生，学制三年。面向全省招生、定向分配。所需办学经费从公路养路费中解决。

　　特此请示，请予以批复。

××省交通厅
××年×月×日

启发与思考

　　此文的主旨是"成立××公路技工学校"，"编制××人，定为副处级事业单位"、"面向全省招生、定向分配"，"所需办学经费从公路养路费中解决"。这样一个重大的事项，肯定不是省劳动厅能批准的，而只有省政府有批准权限。交通厅和劳动厅是平级单位，不能用"请示"文种行文。同时，多头请示，犯了公文处理的大忌，容易引起扯皮现象。因此，修改的方法是，主送单位定为省人民政府，省劳动厅列为抄送单位。

【修改稿】

××省交通厅关于成立××公路技工学校的请示

省人民政府：

　　近年来，我省公路交通建设事业发展很快，但公路养护工人数量不足、素质较低，不能适应公路建设的需要。为了解决公路建设和养护技术工作的培训问题，我厅同意省公路管理局在××公路职工学校的基础上建立××公路技工学校，并力争在××年招生，学校编制××人，定为副处级事业单位，在校人数为

××人。学校校址在××市长岗岭三里10号。开设公路工程与养护、筑路养路机械运用与修理等专业。招收初中毕业生，学制三年。面向全省招生、定向分配。所需办学经费从公路养路费中解决。

特此请示，请予以批复。

××省交通厅
××年×月×日

（6）越级行文。越级主送是指下级机关越过直属上级机关向更高一级机关行文请示、报告。国家公文行文规则明确规定，行文关系根据隶属关系和职权范围确定，一般不得越级请示和报告。越级行文容易造成隶属关系不清，职权范围不明，扰乱正常工作秩序。

（7）向领导个人主送。《国家行政机关公文处理办法》规定："除上级机关负责人直接交办的事项外，不得以机关名义向上级机关负责人报送'请示'、'意见'和'报告'。"向领导个人直接行文，既不符合行文规则，也不利于文件的集中统一、准确快速地办理。

（8）遗漏抄送单位。如《关于××的通知》，此文会签了××局，却没有抄送××局。依照办文惯例，会签单位应作为抄送单位。

（9）重复发送。如《××部关于××的通知》，将"党中央有关部门，国务院各部委、各直属机构"既作为主送单位又作为抄送单位。正确的做法是将上述单位确定为主送单位，不再抄送。

（10）误将联合发文单位作为抄送单位。如《×× 部 发展改革委 农业部 税务总局 林业局关于××的实施意见》，此文将发展改革委、农业部、税务总局、林业局的名称填写在发文稿纸的"抄送单位"栏中，将这4个联合发文单位又作为抄送单位。联合发文单位是公文的制发单位，不能再作为公文的主送或抄送单位。

（11）主送、抄送单位排序不当。一般情况下，主送、抄送单位的排序，应按以下几个原则掌握：先地方政府后中央部门；部门按党、政、军、群的顺序排列；国务院各机构按国务院办公厅、组成部门、直属特设机构、直属机构、办事机构、直属事业单位、部委管理的国家局的顺序排列，可参考《国务院机构简称》；地方部门根据发文内容需要排序。

（12）主送、抄送单位称谓不规范。主送、抄送单位的称谓应当使用全称或者规范化简称、统称。在公文拟写中，对主送、抄送单位的称谓不规范的现象时有发生，如"中国证监会"、"中国保监会"、"中国银监会"、"国家发改委"、"国家审计署"的称谓均不是规范简称，应分别为"证监会"、"保监会"、"银

能力提升（管理卷）

监会"、"发展改革委"、"审计署"。对地方的称谓也要规范，如将内蒙古称为"内蒙"，将黑龙江称为"龙江"，均不规范。

8.2.8 公文版头标注审核

文件版头也叫文头，位于文件首页上端，通常用红色套印，所以也叫"红头"。如果发文稿纸的版头栏填写不规范，会导致公文版头印制错误，造成公文重印。财政部的文件版头主要有四类，共六种格式。使用不同的版头，标志着文件的不同规格，因此，一定要严格遵守。一般来说，财政部的公文版头都是预先印好的。公文版头标注审核需要注意的是，如果是联合发文，要将联合发文单位的名称填写在发文稿纸的版头栏内。以下案例可以说明公文版头标注存在的共同问题。

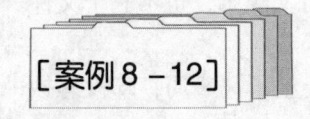

[案例8-12]

【原稿】

××省人民政府（报告）
×政报［2005］4号
××省人民政府关于××××的报告

国务院：
　　××××××××××××××××××。

　　　　　　　　　　　　　　　　××省人民政府
　　　　　　　　　　　　　　　　××年×月×日

启发与思考

此文是省人民政府的公文，属行政公文。此文在版头标注上有如下问题：

第一，行政机关的公文版头没有"发文机关+括号"的版式。

第二，该文缺少签发人标注，发文字号标注位置错误。《国家行政机关公文处理办法》规定："上行文应当注明签发人、会签人姓名。"《国家行政机关公文格式》规定："上报的公文需标示签发人姓名，平行排列于发文字号右侧。发文字号居左空1字，签发人姓名居右空1字。"所以，该文应标示签发人姓名，同时调整发文字号位置。

【修改稿】

××省人民政府

×政报〔2005〕4号　　签发人：×××

××省人民政府关于××××的报告

国务院：

　　×××××××××××××。

××省人民政府

××年×月×日

8.2.9　发文字号标注审核

　　发文字号是公文格式中不可缺少的部分。《国家行政机关公文处理办法》规定，发文字号应当包括机关代字、年份、序号。联合行文，只标明主办机关发文字号。

　　如："国办发〔200×〕×号"，其中"国办"代表国务院办公厅，属机关代字；〔200×〕是年份；后面的×为顺序号。

　　总的来讲，确定发文字号字数多少要以简明、准确、没有歧义为原则。

　　财政部公文发文字号有三大类：

　　财政部部发文字号写法：财×〔200×〕×号。

　　财政部办公厅发文字号写法：财办×〔200×〕×号。

　　财政部的部函发文字号写法：财×函〔200×〕×号。

　　常见的错误有：三要素颠倒，年号不全、年号错误，错用括号，搭配虚字或乱设虚位、一文多号等，具体见以下案例。

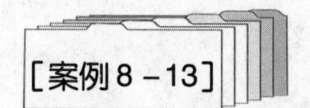

[案例8-13]

【原稿】

　　下面是一些发文字号方面存在瑕疵的案例：

　　例1：×政发89号

　　例2：×政发字（2003）第07号

　　例3：×政发2003年08号

　　例4：（2003）×政发第09号

能力提升（管理卷）

例5：某省财政厅、劳动厅、人民银行等单位联合发文，发文字号是"×财发〔2003〕61号"、"×劳联字〔2003〕168号"、"×会字〔2003〕82号"。

例6：某个公文是2007年制发的，发文字号却标注为××〔2006〕××号。

启发与思考

例1所编发的文号没有年号，要素残缺，从文号上看不出那是哪一年发的89号文。

例2年号是使用圆括号括起来的，属错用括号，不符合规范要求。另外，顺序号前加上"第"字为虚字，没有实际意义，违反了搭配虚字的错误；顺序号标注为"07"号，其中的"0"是虚位，没有实际意义，违反了"序号不编虚位（即1不编为001）"的规定，应略去不写。

例3的年号为虚号，也应略去不写。同时年号要添加六角括号。

例4排列顺序颠倒，应先排机关代字，再到年号，最后才是序号，而不是先把年号前置。另外，"第"字及序号中"0"字分别为虚字和虚位，应删去。年号应加六角括号，而不是圆括号。

例5属联合发文，不需编制三个文号，只需注明主办单位发文字号即可。

例6的年号错误，主要是办文人员的疏忽。按照办文惯例，2007年制发的公文应编2007年的文号。

【修改稿】

例1：×政发〔2003〕89号

例2：×政发〔2003〕7号

例3：×政发〔2003〕8号

例4：×政发〔2003〕9号

例5：×财发〔2003〕61号

例6：××〔2007〕××号

8.2.10 密级标注审核

密级即公文的秘密等级。凡涉及国家秘密的公文都应当标明密级及保密年限。公文密级分为"绝密"、"机密"、"秘密"三级，其中"绝密"、"机密"级公文应当注明份数序号。密级标注方面存在的问题：

8.2.10.1 该标注密级的公文没有标注

主要有两种情况：一是"密来明复"。即来文标明密级，回文却没有标明密级。如××部办公厅来文，就××问题征求××部意见，来文的密级是"秘密"，××部有关司的回复意见涉及了来文中的内容，却未标明密级。二是公文附件有密级，正文未标明密级。公文附件是公文的附属正文，是对公文进行补充说明和参考的文字资料，是公文的重要组成部分，如果公文附件有密级，正文就应当标明密级。如某个公文的正文虽然没有涉及国家秘密，但公文附件的密级是"秘密"，此公文的密级就应当标明"秘密"。再如某个公文的正文虽然没有涉及国家秘密，但附件有两个，一个密级是"秘密"，另一个密级是"机密"，此公文的密级就应当标明"机密"（根据保密规定，同一个载体上含有两个以上密级的国家秘密事项，应当按其最高密级确定）。

8.2.10.2　密级标注不清楚

如《关于××的通知》，发文稿纸中的密级栏只写了一个"密"字，公文密级标注不清楚。公文密级是指公文机密程度的等级，分为绝密、机密、秘密三种，应根据公文的内容，清楚地标出公文的密级。

8.2.10.3　标注的方式、位置错误，保密年限错误等

以下是一些有毛病的密级标注案例。

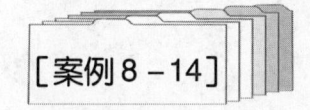

[案例8-14]

【原稿】

（机密·30年）

××省财政厅文件

×财发［××××］×号

启发与思考

该文为行政机关公文，定密级为"机密"，而保管期限却定为"30年"，这与国家保密局所定的保密期限不符。根据国家保密局规定，"秘密"级文件保密期限最多为10年；10年以上至20年为"机密"的密级；20年以上至30年为"绝密"的密级。如果××省财政厅的文件要定"机密"，保密期限应缩短到20年或20年以下。另外，该文为机密级以上文件，按规定应标份数序号；同时，密级及保密期

限中间应用"★"隔开，而不是用"·"隔开，也不用圆括号括入。

【修改稿】

份号：011　　　　　　　　　　　　　　　　　机密★20年

××省财政厅文件
×财发〔××××〕×号

8.2.11　附件标注审核

公文附件是公文的附属正文，是对公文进行补充说明和参考的文字资料，是文件的重要组成部分。只有内容需要，又不便于直接写入正文的，才使用附件来处理。

附件的标题和件数应写在正文之后，发文机关名称及成文时间之前。

草拟公文时，附件名称应标注在发文稿纸规定的附件栏内。所写附件名称要与所附附件名称一致，忌用"附件：如文"、"附件：××等三件"。

以下案例是两个有毛病的附件标注案例。

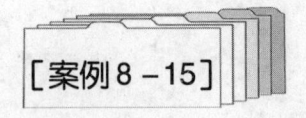

[案例8-15]

【原稿】

××省××厅文件
×计发〔××〕6号
××省××厅关于××××通知

厅直属各单位：

　　××。

　　附件：附件两份见后

××省××厅
××年×月×日

启发与思考

原稿附件标注处仅写"附件两份见后",不明确,也不符合"应注明附件顺序和名称"的规定,应把这两份附件分开单列,写清附件标题、件数等。

【修改稿】

××省 ××厅文件

×计发［××］6号

××省××厅关于××××通知

厅直属各单位:

　　××。

　　附件:1.××××××

　　　　2.××××××

××省××厅
××年×月×日

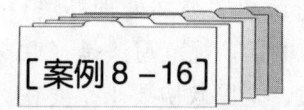

[案例8-16]

【原稿】

××省财政厅文件

×财发［××］2号

关于印发《××省财政厅××年工作计划安排》的通知

厅直属各单位:

　　现将《××省财政厅××年工作计划安排》印发给你们,请认真贯彻落实。

××省财政厅
××年×月×日

　　附件:1.××××××

　　　　2.××××××

启发与思考

原稿标注附件的位置错误。附件标注应在正文最后一行之下、发文机关署名之前，空两格起行标注，不能放在落款及成文日期之后标注。同时，其附件序号后用顿号也不规范，应用一个小圆点。另外，附件标注与正文之间应空一行。

【修改稿】

××省财政厅文件

×财发［××］2号

关于印发××省财政厅××年工作计划安排的通知

厅直属各单位：

　　现将《××省财政厅××年工作计划安排》印发给你们，请认真贯彻落实。

　　附件：1.××××
　　　　　2.××××

××省财政厅

××年×月×日

8.2.12　附注栏审核

附注栏内填写需要说明的其他事项。根据《国家行政机关公文处理办法》规定，拟写"请示"应当在附注处注明联系人的姓名和电话。规范写法是（联系人及电话：××司××处 姓名 电话）。根据全国人大、全国政协要求，要在全国人大代表建议（议案）答复件、全国政协委员提案答复件的附注栏注明联系单位和电话，规范写法是（联系单位及电话：××部××司 电话）。根据国务院办公厅要求，向国务院或国务院办公厅报送公文，要实事求是地标注公文缓急程度，确属紧急事项的，应在文中注明紧急原因及在本部门的办理过程（实际工作中，一般在附注栏注明紧急原因及在本部门的办理过程）。

8.2.13　主题词审核

公文主题词是将公文内容作高度概括并经规范化和优选处理过的词和词组，是为计算机进行公文信息（存储和检索）提供标志。能表达公文主题词内容的语词，即关键词，并不都是主题词。主题词审核应重点注意以下几个方面：一是一份公文的主题词不能超过6个；二是主题词一般应该是《财政系统公文主题词表》中的词，不能擅自造词，《财政系统公文主题词表》内未列入的但又必须标引的新生语词在本语词后加"△"；三是主送国务院或国务院办公厅的公文，必须在《国务院公文主题词表》的范围内标引主题词（即《财政系统公文主题词表》中的非黑体词），如果不是《财政系统公文主题词表》中的非黑体词但又必须标引的，在语词后加"△"，第一个词标类别词"财政"。

8.2.14 成文日期审核

成文日期又称成文时间、发文日期。一般情况下，成文日期以领导人签发时间为准；联合行文，以最后签发机关领导人签发时间为准；会签文，以最后会签机关领导人签发时间为准；经会议讨论的公文，以通过日期为准；法规性公文以批准日期为准。电报，以发出日期为准。特别需要说明的是，上年拟稿，下年初签发的文件，一般应编下年的文号，成文日期为领导下年初签发的日期（若因工作需要，确须编上年的文号，成文日期应为上年年末的日期）。常见错误主要有：

一是联合行文、会签文以本机关领导人签发的日期为成文日期，正确的做法是以最后签发（会签）机关领导人签发时间为成文日期。

二是成文时间用阿拉伯数字，如某公文的成文日期写成"2007年12月28日"。成文时间必须使用汉字数码，应将其改为"二〇〇七年十二月二十八日"。

三是成文日期书写不规范。如某公文的成文日期写成"二〇〇七年元月三日"，某公文的成文日期写成"二〇〇七年三月二十号"，正确的写法应为"二〇〇七年一月三日"，"二〇〇七年三月二十日"。

☞ **思考题**
1. 如何全面、深刻认识和理解公文审核的重要性和必要性？
2. 审核公文各构成要素时应分别注意哪些方面？

☞ **推荐阅读**
1. 《财政公文处理手册》，财政部办公厅编，经济科学出版社，2001年版。

后记

《能力提升》第一版自2006年出版以来，受到财政系统内外的广泛关注和一致好评，读者普遍反映这是一套定位准确、框架合理、切合实际、立意新颖的好教材。同时，在本套教材出版座谈会上，财政部党组成员、副部长、本套教材编写委员会主任王军提出了"能否用一段时间，把这套教材再修改完善一下再版"的指示，要求我们"找出不足，然后更正之，补充之，完善之"。

为了贯彻财政部领导的指示精神，使本套教材更好地满足财政系统，甚至财政系统以外的广大读者的学习需要，我们在系统总结教材编写经验的基础上，进行了深入细致的调查研究。调研过程中，我们选取了曾参加过财政部岗前培训班及科级、副处级、正处级、司局级岗位培训班的部机关、驻各地专员办和部属事业单位的干部作为重点进行了问卷调查，共下发问卷260份。同时我们向9名编委发出了征求修订意见的函。调研对象认真进行了回答并及时反馈了信息，为修订工作提供了可靠的依据，在此，我们深表感谢！

根据对调研结果的分析研究，我们制订了详尽的修订计划，并组织财政部有关司局、专家和学者对本套教材进行了精心修订。参与修订工作的涉及财政部7个司局及事业单位的50余位同志，以及20位专家、学者。这些同志为教材的修订工作动了很多脑筋，下了很大工夫，费了许多心血。经济科学

后 记

出版社对本套教材的出版高度重视,给予了大力支持,特别是崔岱远同志,为教材修订再版做了大量工作。我们在此表示由衷的感谢!

当然,我们深知,本套教材依然存在着许多不足和疏漏,诚恳希望广大读者以各种形式多提宝贵意见,以便我们在下一次修订中继续改进,努力使教材"切实体现时代性、把握规律性、富于创造性,在建设一支宏大的高素质干部队伍中发挥积极作用"。

编 者

2009 年 3 月 28 日